El Mejor Comienzo

El Primer Año de Tu Bebé

Deborah D. Stewart
Linda S. Ungerleider, RN, MSN

Ilustrado por
Christine Thomas

Bull Publishing Company
Boulder, Colorado

Traducción al Español
de Amanda Trujillo Morán y José A. Morán
de Morán Trujillo Associates

El Mejor Comienzo: El Primer Año de Tu Bebé

Publicado por Bull Publishing Company, P.O. Box 1377, Boulder, Colorado 80306; www.bullpub.com

ISBN 0-923521-67-4

Library of Congress Cataloging-in-Publication Data

Stewart, Deborah D.
  [Best start. Spanish]
  El mejor comienzo : el primer año de su bebé / by Deborah D. Stewart and Linda S. Ungerleider.
     p. cm.
Includes index.
  ISBN 0-923521-67-4
1. Infants—Care. 2. Infants—Health and hygiene. 3. Parenting. 4. Child rearing. I. Ungerleider, Linda S. II. Title.

RJ61.S893518 2002
649'.122—dc21   2001052918

Impreso en Canadá

Dedicatorias

A mi esposo, ya fallecido, Don Stewart, cuyo amor y visión me sostuvieron durante el tiempo de escribir este libro; y a nuestros nietos maravillosos, Dannielle, Lukas y Dillon Stewart, y Ian, Nolan, Leah y Tessa Fisk, quienes me han inspirado y me han enseñado tanto.

Deborah D. Stewart

Escritora y Educadora de Salud

Seattle, Washington

A mi esposo Bob y mis hijas Michelle Friedman y Debbie Tight por su amor, apoyo, ánimo y experiencias que han enriquecido mi vida; a los esposos de Michelle y Debbie, Ed y Jay, quienes han sido una añadidura maravillosa a nuestra familia; y a Lindsay y Danny, mis nietos, quienes son un gozo constante y quienes me recuerdan diariamente del mundo maravilloso de un niño.

Linda S. Ungerleider, RN, MSN

Evanston, Illinois

enero 2003

Contenido

Reconocimientos

Muchas gracias a todas estas personas quienes revisaron y compartieron su conocimiento, pensamientos y entusiasmo acerca de este libro:

Margaret Austin, BSN, RN

Wendy Burgess, PhD, RN, CS

Michelle Friedman, MEd

Steffie Goodman, CNM, MSN

Joy Gill, RN, BS

Cheryl Hobart, MS, RN

Adrienne Lieberman, co-autor de *Nine Months and a Day* (*Nueve Meses y un Día*)

Judy Marshall, MS, RNCS, CCRN

Urmila Shende, MD

Louise Simonsen, MS, RNC, WHCNP

Colina Stanton, MEd, LRD

Mark Widome, MD, MPH

Jeanette Zaichkin, RNC, MN, Editor, *Newborn Intensive Care: What Every Parent Needs to Know* (Editor de: *Cuidado Intensivo del Recién Nacido: Lo que Todo Padre Necesita Saber*)

Gracias especiales a Chung Ho Lee, Nancy Beaumont, Marni Keogh, Karen Fraser, Amanda Trujillo Morán y Christine McCleary por su ayuda en la producción de este libro.

Un Mensaje Personal a los Nuevos Madres y Padres

¡Felicitaciones por su nuevo bebé!

Los bebés traen consigo gozo y cansancio, alegría y frustración. Ellos expanden nuestras vidas y nos conectan con nuestros padres primero y con nuestros nietos después. Los momentos difíciles se equilibran con los momentos maravillosos.

Los mejores regalos que ustedes pueden dar a su bebé son buena salud y amor. El que ustedes se mantengan saludables es también una parte muy importante en la crianza de los hijos.

Hemos escrito este libro para darles a ustedes la información básica que necesitan para cuidar de su bebé durante el primer año de su vida. Una de nuestras metas es ayudarles a ustedes a prevenir lo más posible de que ocurran problemas de salud. Otra meta es darles las herramientas para que ayuden a su bebé a desarrollarse en un niño inteligente, seguro de sí mismo y lo más capaz que sea posible. La tercera es de guiarles a ustedes para que se cuiden de sí mismos y consigan apoyo cuando lo necesiten.

Les deseamos éxito como padres. Tenemos la esperanza que ustedes disfrutarán de su bebé y le darán a él o ella mucho amor y atención. Recuerden que el ser padre requiere mucha práctica. También necesitan continuar aprendiendo porque su bebé tendrá diferentes necesidades a medida que él o ella crece.

¡Nuestros mejores deseos a todos ustedes!

Deborah Davis Stewart

Educadora de Salud

Linda Salsman Ungerleider

RN, MSN, FACCE, ACRN

Cómo Utilizar Este Libro

Toma un momento para hojear el libro completo. Los capítulos los encontrarás señalados con bordes de color en las orillas de éstos.

Esperamos que puedas tener la oportunidad de comenzar a usar este libro antes de que tu bebé nazca. Si es así, puedes alistarte de varias maneras antes del nacimiento. En la primera sección hablamos acerca de las cosas por hacerse antes del nacimiento y las decisiones importantes por realizar. Esta parte también tiene capítulos específicamente para la mamá y para el papá.

Una manera muy importante de prepararte es aprendiendo acerca del cuidado del bebé. La segunda parte de este libro te proporcionará la información básica. Probablemente querrás volver a revisar estos capítulos a medida que tu bebé crezca, especialmente los capítulos acerca de la prevención de enfermedades y lesiones.

La tercera parte de este libro es para que la uses mientras tu bebé continúa creciendo. Primeramente se te presentará el recién nacido. Luego encontrarás capítulos que cubren el primer mes y el resto del primer año. Encontrarás páginas de registro que te ayudarán a mantener anotaciones del desarrollo de tu bebé, exámenes de salud y comidas. Escribe en esta sección todo lo que desees.

La última sección te será de ayuda si tu bebé se enferma, o se lesiona o tiene alguna necesidad especial. El último capítulo tiene sugerencias de muchos otros lugares en los cuales puedes conseguir información específica sobre la crianza de los hijos y el cuidado del bebé. También incluye páginas de registro adicionales para ayudarte a mantenerte al tanto de la salud de tu bebé y su desarrollo.

Costumbres Familiares y Tradiciones de Salud Diferentes

Las costumbres de salud y los consejos en este libro pueden parecerte diferentes a las de tu familia o de tu país de origen. Por ejemplo, en algunas culturas las mujeres no comienzan a dar el pecho inmediatamente después del parto. En otros, el padre del bebé generalmente no está presente durante el parto. Existen muchas maneras para tener buena salud. La información que contiene este libro se basa en el conocimiento médico actual. Les dará a ti y a tu bebé una buena oportunidad de un comienzo sano.

Si tus costumbres son diferentes, habla acerca de ellas con el doctor de tu bebé o la enfermera especialista.

Palabras Especiales

Debido a que algunos bebés son niñas y otros son niños, tomamos turno al usar "él" y "ella". Además, siguiendo la costumbre de los países hispanos, cuando decimos "el bebé", nos referimos a un niño o una niña. Para facilitar la lectura, cuando usamos las palabras "padres", "niños", "hermanos", etc., nos referimos a padre y madre, niño y niña, hermano y hermana, etc. En la misma manera, usamos "ella" o "él" cuando nos referimos al doctor o la enfermera especialista.

En algunos lugares hemos usado "profesional médico" para referirnos al doctor de tu bebé o la enfermera especialista.

Hemos tratado de usar lo menos posible términos médicos muy largos. Es importante que aprendas las palabras básicas porque tu doctor o enfermera especialista tal vez las usen. Las definiciones de las palabras las encontrarás en la página donde aparecen por primera vez. Cuando leas una palabra marcada con un (*), busca el significado de ésta al costado de la página. Además hay muchas definiciones en el glosario (vocabulario) en la parte posterior de libro. (Capítulo 18)

Nota: Este libro no debe ser la única guía que uses para tu tratamiento y el de tu bebé. Cerciórate de seguir los consejos de tu propio doctor o enfermera partera y del doctor de tu bebé o enfermera especialista. Estos profesionales han sido entrenados para ayudarte a atender las necesidades de atención médica particulares de tu bebé.

Coloca una fotografía tuya y de tu compañero (y de los otros niños) cuando estabas embarazada.

Nuestra Familia Crece

_____(fecha)

en_____

Parte I: El Mejor Comienzo

Capítulo 1

Cómo Brindar el Mejor Comienzo a Tu Familia

Una nueva familia empieza cuando un nuevo bebé nace. Aun si ya tienes otros niños, añadir una personita nueva trae consigo cambio. Esto brinda nuevas oportunidades para aprender y crecer. Por la emoción de ayudar a tu bebé a crecer, todo el esfuerzo vale la pena.

Tú puedes prepararte para la llegada de tu bebé. Esto ayudará a que los cambios sean fáciles de manejar.

Muchos nuevos padres no están seguros de que serán buenos padres. Quizás no han tenido la oportunidad de aprender acerca del cuidado infantil. De repente descubren que sus vidas están controladas por las necesidades de un bebé indefenso. Muchos padres también se dan cuenta que su relación cambia. Con frecuencia ellos necesitan descubrir nuevas maneras de apoyarse mutuamente.

Los padres solteros tienen otros desafíos. Tú también puedes descubrir el gozo de criar a tus hijos. Tus amistades, familiares y la comunidad serán tu apoyo.

En este capítulo se incluye:

- Cómo ajustarse a vivir con un bebé
- Cómo enfrentar los sentimientos ("la tristeza") y la depresión
- Los papás aprenden nuevas destrezas
- Cómo mantener sencillo tu estilo de vida
- Cómo buscar apoyo en tu comunidad
- Cómo lidiar con los abuelos
- Padres solteros

El Ajuste a las Necesidades de Tu Bebé

El ser un padre nuevo significa la adaptación de tu vida de acuerdo a las necesidades de tu bebé. La rutina de tu vida anterior desaparecerá, especialmente durante los primeros meses. Las necesidades del bebé controlarán cuándo puedes dormir, visitar a tus amigas y si los quehaceres domésticos se hacen o no. Te sentirás a veces muy cansada y frustrada. Esto es parte de tener un nuevo bebé.

El ajuste de estar en casa puede ser difícil si es que estabas acostumbrada a salir a trabajar todos los días. Es normal que extrañes a tus amigas del trabajo y tu antigua rutina. Toma en cuenta, sin embargo, que algún día volverás a tener tu vida propia.

Con el nuevo bebé, tu vida como pareja también cambia. Si la mamá ocupa la mayor parte de su tiempo en atender al bebé, el papá puede que se sienta aislado. A medida que aprendas a compartir con tu pareja el cuidado del bebé, los dos compartirán tanto las preocupaciones como los placeres.

Los padres necesitan trabajar juntos, como un equipo, para cuidar de un bebé.

"Después de que mi bebé nació, su papá y yo tuvimos que luchar porque los dos teníamos diferente forma de pensar en cuanto a quién debía hacer los quehaceres domésticos. Teníamos muy poco tiempo para hablar acerca de ello, pero cuando lo hicimos, realmente nos ayudó."

Cómo Trabajar Unidos como Padres

La crianza de los hijos conlleva trabajo en equipo: planear, hablar y trabajar juntos. El compartir el trabajo y el gozo les ayudará a ustedes dos a conocer a su bebé. Si tienen gemelos o trillizos, el trabajo en equipo es todavía más importante.

Encuentren el tiempo para hablar juntos acerca de la crianza de los hijos y de su bebé. Puede ser difícil decir algunas cosas, pero puede ayudar si hablan respecto a sus preocupaciones y problemas. **Ustedes serán una pareja más fuerte si pueden escucharse y confiarse uno al otro.**

Si están en desacuerdo en algunas cosas, traten de trabajarlas juntos. Aprendan a escuchar y ver el punto de vista de la otra persona. Los bebés crecen felices en un ambiente de paz. Ellos parecen entender cuando sus padres están enojados.

Cómo relajarte con tu nuevo bebé

- Deja lo que estás haciendo en el momento, cierra tus ojos y respira profundamente.
- Toma unos minutos, varias veces cada día, para estirar tus hombros, brazos y la espalda.
- Pídele a tu compañero que masajee tus hombros o pies. Después, también dale a él un masaje.
- Lleva a tu bebé a pasear.
- Toma un tiempo libre para ti. Toma un baño caliente mientras tu bebé duerme su siesta. Pídele a alguien en quien confías que se quede con tu bebé mientras tú vas a caminar o a una clase de gimnasia.
- Acepta la ayuda de otras personas quienes te la ofrezcan.
- Recuerda que el descanso es más importante que los quehaceres.
- Aprende a decir "no" cuando tienes demasiadas cosas que hacer.
- Si te sientes triste, habla con tu compañero o una amiga íntima acerca de tus sentimientos. A veces, simplemente hablando con alguien puede ayudarte a sentirte mejor. Llorar puede ayudarte a sentirte mejor.
- Escribe en un diario o libreta personal acerca de tus sentimientos. Más adelante podrás leer y ver cómo han cambiado las cosas.

Maneras de trabajar juntos:

- Tomen turnos para cuidar al bebé y para los quehaceres.
- Si no están de acuerdo, hablen acerca del problema. Traten de encontrar una solución que los dos puedan aceptar.
- Habla de lo que te preocupa. No trates de esconder tus sentimientos.

El papá aprende a ser "padre"

Tu bebé necesitará un padre tanto como una madre.
El mejor tiempo para empezar a envolverte en la vida

Los papás son muy especiales para sus hijos.

"¡Cuando me di cuenta que yo podía hacer casi todo lo que mi esposa podía hacer para nuestra bebita, yo comencé a sentirme de lo mejor!" —un nuevo padre

de tu hijo es al momento de nacer tu niño. ¡Es increíble cuán rápido llegarás a amar a tu bebé!

¡Recuerda, tú podrás hacer todo lo que la madre de tu bebé puede, excepto darle el pecho!

Este libro no es sólo para mamás. Éste ayudará a los papás a comprender el cuidado básico del bebé y su desarrollo. El Capítulo 5 cubre muchos aspectos de la paternidad.

Consejo práctico para mamá

Deja que tu compañero aprenda sus propias maneras de cuidar al nuevo bebé. Uno de ustedes puede ser que tenga más práctica con el cuidado del bebé. Cada uno de ustedes necesita descubrir qué es lo mejor para cada uno. El papá necesita tener un tiempo para cuidar al bebé él solo.

¡Si el papá pide ayuda, dásela, pero evita criticarle por la forma en que hace las cosas! En muchos casos, existen varias maneras para cuidar a un bebé. Por supuesto, si cualquiera de los dos hace algo peligroso, como poner a su bebé a dormir boca abajo, es importante decirlo.

Si eres una madre soltera

Ayuda al padre de tu bebé a compartir el cuidado de su hijo lo más posible. Una relación sana con el padre le ayudará a tu bebé a desarrollarse bien. Mientras más tiempo el padre le dedique a su bebé, se sentirán más cercanos el uno del otro.

La mayoría de las mamás solteras también necesitarán la ayuda de la familia, amistades y la comunidad. Tu bebé puede crecer con una familia amorosa que es más extensa que simplemente una madre y un padre.

Lee la página 9 para más información acerca de la crianza de los hijos.

Cómo Dedicar Tiempo a Tu Bebé

El tiempo que tú tienes con tu bebé volará, como cualquier padre de niños ya grandes te puede decir. Estos primeros años son los del desarrollo de tu hijo. Lo que tú haces durante los primeros años le afectará para siempre.

Nuestro mundo de hoy exige mucho de la gente joven. Quizás descubrirás que ahora tienes que escoger diferentes opciones acerca de cómo usar tu tiempo y gastar tu dinero.

Es difícil encontrar tiempo para hacer todo, sin embargo, los bebés necesitan pasar tiempo con sus papás. Planea tomar la licencia por maternidad más larga que sea posible para que le brindes a tu bebé un buen comienzo. Muchos padres usan su tiempo de vacaciones para estar en casa con sus bebés. Por supuesto que la mayoría de los padres tienen que regresar a sus empleos en un tiempo determinado. Si tienes alternativa, considera encontrar la forma de pasar más tiempo en casa, aunque sea a tiempo parcial.

A algunos papás se les hace posible tomar licencia por paternidad para que puedan cuidar de sus bebés. Algunos padres pueden también trabajar a tiempo parcial o compartir trabajos. Otros trabajan diferentes turnos, de esta forma los dos puedan cuidar de sus niños. Los padres hacen esto usualmente cuando no pueden encontrar el cuidado infantil adecuado. Si ellos descubren que el costo del cuidado infantil toma la mayor parte de sus salarios, generalmente buscan maneras de hacer dinero desde la casa.

La Ley de Licencia por Razones Familiares ("Family Leave Act") le da a los padres el derecho a tomar permiso del trabajo, sin sueldo, para cuidar de un miembro de la familia, tal como un bebé.

Encontrar un cuidado infantil bueno debe ser una prioridad si los dos padres deben trabajar a tiempo completo o si eres madre soltera. El tener los mismos proveedores por el mayor tiempo posible, le ayuda a tu bebé a sentirse seguro. Comienza a buscar antes del nacimiento ya que toma bastante tiempo para encontrar un proveedor, una guardería familiar o guardería infantil que te guste. (Capítulo 2, página 18)

Los Servicios Comunitarios y el Apoyo Fortalecen a las Familias

Muchas comunidades ofrecen clases y grupos de apoyo para nuevos padres. Si tú nunca has usado estos servicios, puedes averiguar acerca de éstos antes de que tu bebé llegue.

Los grupos de apoyo son reuniones donde tú puedes conocer y hablar con otros nuevos padres. Junto con ellos

Un grupo de apoyo de madres te da la oportunidad de recibir y dar apoyo, a la vez que hacer amistades.

tú puedes enfrentar problemas prácticos de la paternidad y encontrar la solución.

La Leche League, es una organización sin fines de lucro que apoya a madres que dan el pecho y tiene reuniones de grupo en muchos lugares para apoyar a las mamás que dan el pecho. El consejo de las integrantes del grupo que han tenido experiencia en amamantar, por lo menos durante seis meses, puede servir de mucha ayuda.

Algunos servicios proveen cuidado infantil a corto plazo. Esto puede darte tiempo para que hagas gestiones o simplemente para que tomes un descanso. Otros ofrecen ayuda particular para familias que tienen necesidades especiales tales como los bebés con afecciones médicas o que tienen mellizos y trillizos.

Pregunta acerca de esta clase de servicios en:

- La oficina de tu doctor o enfermera, o la clínica
- La maternidad local o el departamento de salud pública
- La iglesia, sinagoga, templo o mezquita
- La clínica comunitaria para salud mental
- Organización para partos
- El boletín local para crianza de los hijos o el periódico comunitario
- El consejero de la escuela o universidad
- La oficina del Programa Alimenticio para Mujeres, Bebés y Niños (WIC)
- El colegio comunitario local
- Las agencias sociales (tales como "Deaconess", "Goodwill", Servicios Comunitarios Católicos)

Puedes encontrar más información acerca de servicios locales en el Capítulo 18, página 253.

Juntarse con otras familias que conoces y confías puede ser beneficioso. Algunos padres se juntan para compartir el cuidado infantil. Éstas generalmente se llaman cooperativas de cuidado infantil o grupos de juego. Las integrantes toman turnos cuidando los bebés de las demás.

"Mi hija adulta todavía es amiga de las personas con quienes ella jugó cuando eran todos bebés. Nosotras, las mamás, formamos un grupo de juego en nuestro barrio. Nos hicimos amigas y nos apoyamos una a la otra a medida que nuestros niños crecían."

Los Abuelos y los Bebés

Los abuelos forman una parte importante en la vida de tu bebé. El tener un nuevo bebé en la familia acerca más a los padres y abuelos.

Usualmente los abuelos desean ayudar, especialmente si ellos viven cerca. Esto funciona bien si les dices lo que necesitas. Comienza con tareas que son útiles tales como cocinar, lavar la ropa o hacer compras. Esto te permitirá tener más tiempo para estar con tu bebé.

Los abuelos quizás te den sus opiniones acerca de la crianza de los hijos. Si tú deseas hacer las cosas en una forma diferente, debes hacer lo que te parece que es mejor para ti.

Los abuelos de tu bebé pueden ayudarte a darle atención amorosa.

Muchos aspectos del cuidado del bebé han cambiado mucho desde el tiempo en que tus padres tuvieron sus bebés. Tú necesitarás darles información en cuanto a la forma de cuidar a tu bebé que tú deseas. Podrías quizás invitar a uno de ellos a ir contigo a uno de los exámenes de buena salud para que él o ella pueda hacerle preguntas al doctor o enfermera. Una abuela o abuelo quizás desee leer este libro para aprender las ideas actuales sobre cuidado infantil.

Ejemplos de ideas nuevas sobre cuidado infantil:

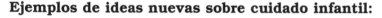

Amamantar: Si tu madre no dio el pecho, ella puede pensar que tú no podrás hacerlo bien. Si se presentan problemas durante los primeros días, ella quizás no te va ser de mucha ayuda. Asegúrate de hablar con una especialista de lactancia acerca de tus preocupaciones. (Capítulo 7, página 70)

Prevención del SMIS (SIDS): Ahora sabemos que cuando los bebés duermen boca arriba, el riesgo del Síndrome de Muerte Infantil Súbita (SMIS) es menor que cuando duermen boca abajo. Un abuelo puede creer que los bebés deben dormir boca abajo (en sus estómagos) para evitar que se atraganten, si es que vomitan. Sin embargo, hoy sabemos que el atragantamiento no sucede con más frecuencia cuando los bebés duermen de espaldas. (Capítulo 6, página 56)

El poner a un bebé a dormir de espaldas en una cuna descubierta quizás les parezca a los abuelos muy extraño. Puede ser que ellos se olviden y acuesten al bebé boca abajo.

Asientos de auto: Muy pocos abuelos de hoy usaron asientos de auto para sus propios bebés. Aun aquellos quienes sí los usaron, pueden maravillarse de cómo estos aparatos han cambiado. Ellos necesitarán aprender cómo usar correctamente el asiento de auto de tu bebé, en tu auto y en el de ellos.

Necesidades particulares de salud: Tus padres pueden sentirse muy inseguros de cómo ayudar. Ellos quizás necesiten práctica y que les animes para que puedan ayudarte a cuidar a tu bebé.

Tus padres y tú

La llegada de un nieto puede hacerle pensar a tu mamá o suegra acerca del tiempo cuando fue una nueva mamá. Ella puede tratar de recompensar por las cosas que ella piensa hizo mal hace mucho tiempo.

Si tú deseas hacer las cosas en una forma diferente a la de tu madre, ella puede mirar esto como una crítica. **Trata de encontrar la forma de hablar acerca de estas cosas.** De esta forma ustedes dos pueden gozar del nuevo bebé.

Los papás y sus padres pueden tener sentimientos similares. Anímales para que hablen acerca de sus diferencias también.

Cómo Incluir a Tus Hijos Mayores

Tus otros hijos seguramente están bien entusiasmados de tener un nuevo bebé en la familia. Ellos pueden pensar que el bebé será un muñeco o un compañero de juego. Ayúdales siendo honesta y realista con ellos en cuanto a cómo será el bebé.

Algunos niños pueden estar enojados por el arribo del nuevo bebé. Pueden tener problemas en dormir o dificultad en el entrenamiento para ir al baño. Tú puedes prepararte para esta reacción normal.

Una vez que llegue el bebé, a continuación están algunas formas de ayudar a tus niños a manejar sus sentimientos tan variados:

Ayúdale a tu niño para aprender cómo jugar en forma segura con el nuevo bebé.

- Permite que tu niño presente al bebé a las visitas.
- Trata de pasar un tiempo especial con cada uno de los niños cuando el bebé duerme.
- Déjales abrir los regalos para el bebé.
- Acepta sus sentimientos. Evita decirles que ellos

deben amar a su hermanito. Este sentimiento vendrá más adelante.

- Pon en palabras sus sentimientos: "Es difícil gozar cuando tu hermanito está llorando ¿verdad?"

- Si un niño mayor expresa antipatía por el bebé, dile que tú entiendes que a él probablemente no siempre le va gustar su nuevo hermano. Dile firmemente que tú no le dejarás hacerle daño al bebé.

"Cuando mi segundo niño nació, le di una muñeca a mi niña pequeña. Ella cuidó de su bebé mientras yo cuidé del mío."

El Cambio a Ser una Madre Soltera

Muchas mujeres son madres solteras. Aun sin un compañero, tú puedes criar un bebé sano y feliz. Tú no tienes que hacerlo completamente sola.

Busca unas amistades que tengan hijos para que puedas discutir con ellas los detalles del cuidado de un bebé. Ellas podrán comprender los gozos y las preocupaciones que enfrentas. Si no tienes amigas con hijos, busca un grupo de apoyo para padres y comienza nuevas amistades.

Encuentra un tiempo para hacer actividades de adultos con amigos. De esa manera no te sentirás completamente abrumada por el cuidado del bebé. Esto está bien y te puede ayudar a ser una madre más tranquila.

Si tienes escasos ingresos económicos, tú puedes acudir a los servicios comunitarios. El departamento de salud de tu localidad o agencia de servicio social, puede ayudarte a conocer qué tipo de asistencia existe en tu área.

A continuación están preguntas de ejemplo para hacer:

- ¿Existen algunos grupos de apoyo para la crianza de los hijos que son especialmente para madres solteras?

- ¿Existen cooperativas de cuidado infantil de bajo costo o guarderías infantiles cercanas?

- ¿Cuáles agencias proveen ayuda financiera y ayuda con vivienda, si uno lo necesita?

*"WIC"
Programa para
Mujeres, Bebés
y Niños: un
programa de
información
para salud y
comida gratis
existente en la
mayoría de las
comunidades.

- ¿Puedo cualificar para el Programa para Mujeres, Bebés y Niños* (WIC)?

- ¿Cómo puedo recibir certificados (cupones) para recibir comida?

- ¿Existe alguna ayuda de transportación para llegar a la clínica, como boletos para el autobús o compartimiento de transporte?

Coloca en este espacio un dibujo o fotografía de la nueva familia. Si tienes un niño mayor, déjale que dibuje un cuadro de su familia o del nuevo hermano o hermana.

Capítulo 2

Decisiones a Tomar antes del Nacimiento

No hay forma de estar preparados completamente para recibir un nuevo bebé. Sin embargo, planear con anticipación puede ayudar a que los primeros días y semanas del nuevo bebé vayan bien. Hay ciertas decisiones que deben hacerse antes del nacimiento, si es posible.

Aunque no puedas planear todo, tú puedes aumentar el placer y limitar el estrés que acompaña la venida de un nuevo bebé. Nadie sabe exactamente cuándo tu bebé nacerá. Es mejor prepararse al comienzo del noveno mes de tu embarazo.

Aprende ahora acerca del cuidado de un bebé, mientras tienes la energía y el tiempo. Lee las Partes I y II para ayudarte a prepararte.

En este capítulo se incluye:

- Decidir entre dar el pecho o la mamadera
- Decidir acerca de la circuncisión (si es que tienes un varón)
- Cómo conseguir el equipo y materiales que necesitas
- Cómo conseguir la ayuda de la familia, amistades y de la comunidad
- Cómo buscar buenos proveedores de cuidado infantil, si planeas regresar a trabajar enseguida
- Cómo preparar a los otros niños
- Cómo prepararse para acontecimientos inesperados

¿Cómo Alimentarás a Tu Bebé?

Dar el pecho tiene muchos beneficios para ti y tu bebé. La leche del pecho es el alimento perfecto para los bebés, por lo menos durante el primer año. Sin embargo, algunas madres no pueden o deciden no dar el pecho. Los bebés también pueden crecer saludables tomando fórmula.

Algunas mujeres, sus compañeros o sus familias tienen sus propias opiniones en cuanto a cual es la mejor manera de alimentar a su bebé. **Lo que sea que tú decidas hacer, para alimentar a tu bebé debes comprender que es mucho más que simplemente llenar la barriguita de tu bebé.** Acurrucarle, mirarle a los ojos y hablarle mientras come le ayuda a sentirse seguro y amado.

Leche del pecho: Un regalo especial para tu bebé

La leche del pecho le da a tu bebé la mezcla perfecta de proteínas, carbohidratos, grasas, vitaminas y minerales que él o ella necesita para crecer bien y estar saludable durante los primeros seis meses. Aún después de que un bebé comienza a comer alimentos sólidos, la leche de pecho continúa siendo la mejor de las leches por lo menos el primer año. Dar el pecho (también se conoce como "amamantar") es fácil, seguro y natural.

- La leche materna está hecha especialmente para los bebés. La fórmula no tiene todos los ingredientes de la leche del pecho.

- La leche del pecho es gratis.

- La leche del pecho está lista al instante, sea que estés en casa o afuera con tu bebé y tus amistades. Nunca necesita mantenerse fría o calentarla.

- No necesita mezclarse. No hay chupones o biberones que lavar cuidadosamente.

- Los anticuerpos* en tu leche ayudan a proteger a tu bebé contra enfermedades que tú has tenido, tales como infecciones de oído, resfriados y diarrea. Esto quiere decir menos preocupaciones para ti y menos viajes al doctor o la clínica durante los primeros meses.

- El amamantar establece un sentimiento especial de acercamiento entre tú y tu bebé. Tú puedes sentir cómo tu bebé te responde.

*Anticuerpos: proteínas hechas en el cuerpo para combatir enfermedades. Éstas pasan al bebé a través de la leche de la madre.

Planea con anticipación: El mejor momento para empezar a darle el pecho es justo después del nacimiento. Si deseas hacer esto, dile a tu doctor o enfermera partera antes del parto.

Prueba a darle el pecho— ¡probablemente te guste!

Quizás no estés segura si deseas dar el pecho. Muchas mamás no lo saben, por lo tanto ellas hacen la prueba por unas pocas semanas o meses. Recuerda:

1) Tú puedes probar a darle el pecho durante las primeras semanas y luego cambiar a fórmula. En cambio, no puedes comenzar con fórmula y luego cambiar a la leche del pecho.

2) La leche del pecho contiene anticuerpos protectores y ayuda a reducir las alergias. ¿Para qué desperdiciar este alimento valioso que tu cuerpo produce?

3) **Aun unas pocas semanas o meses de darle el pecho le ayuda a tu bebé a estar más saludable y a sentirse más cerca de ti.**

Mitos y verdades acerca de amamantar

Algunas personas dicen: Es difícil dar el pecho.

El hecho es que, muchas mamás nuevas y sus bebés no tienen ningún problema. Hay varias cosas sencillas que hay que aprender cómo la mejor forma de sostener a tu bebé cuando come. Además, si tienes preocupaciones durante los primeros días o semanas, hay especialistas de lactancia para ayudarte. Muchas de las dificultades se pueden resolver fácilmente.

Algunas personas dicen: Si tus pechos son muy pequeños no puedes producir suficiente leche.

El hecho es que, las mujeres con pechos bien pequeños o bien grandes pueden producir suficiente leche para sus bebés. Mientras más chupe el bebé, más leche producen los pechos.

Algunas personas dicen: La leche de fórmula es tan nutritiva como la leche de pecho.

El hecho es que, la leche de la madre es mejor de varias maneras. Los anticuerpos de tu cuerpo no pueden ponerse en la fórmula. La leche del pecho cambia a

El dar el pecho es un momento especial para la mamá y el bebé.

medida que tu bebé crece y tiene necesidades alimenticias diferentes.

Algunas personas dicen: No hay forma de amamantar cuando tú regreses al trabajo, por lo tanto ¿para qué empezar?

El hecho es que, muchas mujeres dan el pecho después de que regresan a trabajar. Ellas exprimen sus pechos durante los descansos y guardan la leche del pecho para que la niñera o proveedora de cuidado infantil le den a sus bebés al día siguiente. También, aun si tú decides **no** continuar dándole el pecho cuando regreses a tu trabajo, tu bebé se beneficia cuando tiene tu leche durante las primeras semanas o meses.

Algunas personas dicen: El dar el pecho aísla al papá.

La verdad es que, el papá puede ayudar a eructar y acurrucar al bebé después de la comida. Puede darle la mamadera con la leche del pecho si la mamá está fuera de la casa. Él puede pasar un rato con la mamá y el bebé mientras ella le da el pecho.

Algunas personas dicen: El dar el pecho evita que quedes embarazada.

La verdad es que, tu primer período después del parto puede retrasarse pero sí puedes quedar embarazada **antes** de tu primer período. A no ser que desees tener otro bebé enseguida, usa algún tipo de control de la natalidad.

Si Tú Prefieres Usar Fórmula

Algunas madres sienten muy fuertemente que no desean amamantar. Unas pocas quizás no pueden dar el pecho por razones médicas. Si tú decides usar fórmula, tu bebé puede crecer sano y feliz. Asegúrate de acurrucar a tu bebé mientras le das de comer.

Verdades acerca de la fórmula

- Es costosa. No puede usarse la leche regular u otros productos tipo leche en vez de fórmula.

- Se requiere limpiar cuidadosamente los biberones y tetinas, mezclar la fórmula en polvo, guardar las botellas llenas, calentar la fórmula antes de dársela a tu bebé.

- Otras personas pueden dar de comer a tu bebé cuando tú no puedas hacerlo. Sin embargo, tu bebé necesita la atención de mamá lo más que sea posible al momento de comer, especialmente al comienzo.

Circuncisión* de un Bebé Varón

*Circuncisión: corte del prepucio (la tela que cubre) en la punta del pene de un varón.

Si tú tienes un varoncito, tú y su papá deberán decidir si lo van a circuncidar. Muchas personas tienen sus propias ideas acerca de esto, basados en tradición familiar o creencias religiosas. La circuncisión tiene sus beneficios y sus riesgos. La Academia Americana de Pediatría (AAP) dice que la circuncisión no es necesaria para la salud de un bebé. Si tienes preguntas acerca de esto, habla con tu doctor o enfermera.

Si deseas que tu hijo sea circuncidado, esto se lleva a cabo generalmente durante los primeros días después del nacimiento. La AAP recomienda que se use un calmante para el dolor porque la cirugía es dolorosa.

Equipo y Productos para el Bebé

¡Existen tantos productos para bebés en las tiendas que es difícil saber qué es lo que realmente necesitas! Algunas cosas son necesarias pero otras son convenientes o divertidas. Trata de no comprar mucho al comienzo. Adquiere los más básico ahora. En cuanto a juguetes y ropa elegante, espera para ver qué regalos recibes y qué es lo que realmente necesitas. (Para más información de cómo escoger cunas seguras, asientos para el auto y otros productos para bebé, lee el Capítulo 10.)

Tú puedes ahorrar dinero si compras muchas cosas tales como ropa y juguetes en una tienda de artículos usados. Generalmente la ropa usada para bebés está en buen estado. Sin embargo, ten cuidado con las cunas usadas, corralitos y asientos para el auto. Los modelos antiguos pueden no ser seguros.

Artículos que necesitarás

- Una cuna o un lugar seguro para dormir: debe tener barreras a los lados y un colchón firme que quede bien sujeto a los lados. Las barreras de la cuna deben estar espaciadas bien cerca una de la otra (no más de $2\frac{3}{8}$ pulgadas ó 6 cm.) para que la cabeza del bebé no quede atrapada. La cuna también puede ser un lugar seguro para cambiar los pañales.

- Varias sábanas del tamaño de la cuna y colchonetas impermeables.

- Asiento de seguridad para el auto: Durante los primeros meses, es más fácil usar un asiento pequeño para infantes solamente. Un asiento más grande y convertible, generalmente es muy grande para acarrear adentro y afuera del auto. (Lee el Capítulo 10, página 121.)

- Una silla cómoda con brazos: para darle de comer o consolar a tu bebé. A los bebés les encanta ser mecidos.

- Los productos médicos que puedas necesitar para tu bebé. (Capítulo 3, página 28)

Para dar el pecho

- Brasieres o sostenes para dar el pecho con las copas que se abren adelante para que tu bebé pueda mamar fácilmente. Compra éstos de talla más grande de la que estás usando durante el embarazo porque tus senos se agrandarán aún más cuando produzcas leche.

- Paños para los pezones que quepan en tu brasier para absorber la leche que gotee (o corta una toalla sanitaria por la mitad).

Para alimentar con fórmula

- Una cantidad de fórmula, mamaderas (mamilas) y tetinas (chupones). Habla con el pediatra o la enfermera especialista quienes cuidarán de tu bebé, acerca de qué tipo de fórmula y tetinas usar. (Lee el Capítulo 7, página 80.) Necesitarás tener por lo menos cinco o seis mamaderas y tetinas en casa.

Ropa para los primeros meses

- Camisetas, pijamas con piernas, ropa que se abre en las piernas y en el hombro para que sean fáciles de ponerse. Comienza con la talla para "6 meses", ya que a la mayoría de los bebés de tamaño promedio les quedan chicos muy rápido las tallas para "recién nacidos". Si tú tienes un bebé muy pequeño, prematuro, consigue ropa de talla para recién nacidos. Algunas tiendas inclusive tienen ropa con tallas para "prematuros".

- Una pequeña gorrita ya que los bebés pierden bastante calor del cuerpo a través de sus cabezas. En el invierno usa un sombrero abrigado.

- Una pijama con pies, gruesa y abrigada, para calor adicional para cuando duerme o sale afuera o si el clima está frío. (Evita los trajecitos para nieve que sean muy alcochonados los cuales dificultan ajustar bien las correas del asiento para el auto.)

- Pañales: de tela o desechables. Existen beneficios y problemas con las dos clases de pañales. Un servicio de pañales a domicilio es muy conveniente y puede ser de gran ayuda durante las primeras semanas o meses. Si usas pañales de tela, necesitarás conseguir fundas o forros impermeables los cuales pueden ser proporcionados por el servicio de pañales a domicilio.

Cosas que son útiles o divertidas

- Una tina plástica para bebés que ayude a que los baños sean fáciles y seguros (o usa un lavabo limpio acolchonado con toallas de papel).

- Juguetes seguros para bebés, pequeños, suaves y lavables, sin componentes muy chicos o sueltos. A los bebés les gustan los juguetes que hacen ruidos suaves tales como sonajeros (cascabeles) y cajitas musicales.

- Un movible para colgar sobre la cuna o la mesa de cambiar pañales. Usa uno de colores brillantes o patrones en blanco y negro para que tu bebé pueda mirar de abajo hacia arriba.

Un movible es un juguete colorido y con movimiento para que el bebé lo mire.

- Una charpa o mochila frontal para llevar al bebé y dejar tus manos libres. Esto te permite mantener a tu bebé cerca de ti cuando ella está fastidiada o mientras tú haces tus quehaceres domésticos o vas a caminar.

- Un monitor para que puedas escuchar los sonidos de tu bebé desde otro cuarto. Esto ayuda mucho si tu casa es grande.

- Un humidificador para usar si tu bebé tiene un resfriado y necesita aire húmedo para respirar.

Cómo Escoger el Doctor para Tu Bebé

Escoge un doctor o enfermera especialista para tu bebé antes del nacimiento. Cerciórate de escoger uno que te guste y que tú sientas que atenderá bien a tu bebé. En el Capítulo 3 puedes aprender más acerca de cómo seleccionar un doctor o enfermera.

Planifica con Anticipación el Cuidado Infantil

Si planeas regresar a trabajar durante los próximos meses, una de las cosas más importantes que puedes hacer por tu bebé es encontrar cuidado infantil. **Asegúrate de dejar a tu bebé con las mejores proveedoras de cuidado que puedas encontrar.**

Comienza tu búsqueda de cuidado infantil antes del nacimiento, si planeas regresar a trabajar durante los primeros meses. Tú tendrás más tiempo y energía para hacer esto antes de que tu bebé llegue. Es importante invertir tiempo para observar las guarderías infantiles o familiares que hay disponibles.

Puede ser que haya pocas guarderías infantiles que aceptan bebés en tu área. Éstas generalmente tienen listas de espera por lo que debes inscribirte en la lista lo más pronto posible.

Las experiencias de tu bebé durante el primer año de vida son muy importantes para su desarrollo futuro. Los bebés crecen y aprenden con el cuidado amoroso y constante de las mismas proveedoras de cuidado.

Un bebé estará bien con el cuidado de una guardería infantil si las cuidadoras de niños:

- Son afectuosas y consoladoras con los bebés.

- Saben cómo mantener sanos y salvos a los bebés.

- Tienen las habilidades para ayudar a los bebés a desarrollarse bien.

- Se mantienen en sus empleos por períodos largos, de manera que a un bebé lo cuida la misma persona el más tiempo posible.

Una persona afectuosa y cariñosa que cuide a tu bebé por un largo tiempo te ayudará a sentirte segura.

Opciones de cuidado infantil

Los requisitos de licenciamiento estatales para guarderías infantiles y familiares varían. Éstas generalmente cubren las áreas de cuidado básico, seguridad y condiciones de salud. Pero, la agencia de licenciamiento no garantiza un cuidado amoroso, seguro o experto.

Clases de cuidado infantil:

- Cuidado en el hogar: un familiar, una niñera o una nodriza.

- Guardería familiar: cuidado (con o sin licencia) en el hogar de un individuo—busca una que tenga licencia*.

- Una guardería infantil fuera de la casa con licencia: un personal numeroso y muchos niños, a veces disponibles en el sitio de tu trabajo.

*Guardería infantil o familiar con licencia: un lugar que llena ciertas normas estatales para el cuidado, seguridad y condiciones de salud.

El cuidado en tu hogar puede ser muy conveniente. Sin embargo, necesitarás asegurarte que la persona proveyendo el cuidado pueda mantener a tu bebé fuera de peligro y de criarle. Aun si la cuidadora de niños es un familiar, tú necesitas sentirte tranquila dejando a tu bebé con esa persona.

Si no tienes la opción de tener cuidado en el hogar, empieza a buscar lo más pronto posible una guardería infantil o familiar. Pocas son las guarderías que ofrecen cuidado para bebés, por lo tanto, primero necesitas averiguar cuáles son las que sí ofrecen este servicio. Busca una guardería cerca de tu trabajo para que puedas dar el pecho a tu bebé por lo menos una vez durante tu día de trabajo.

Visita a los lugares que te interesen para que puedas verlos de cerca. Trata de encontrar una guardería que funcione bien tanto para tu bebé como para ti. Busca una guardería que ofrece un buen programa tanto para preescolares como para bebés, de modo que no sea necesario cambiarlo a otro lugar una vez que tu bebé crezca.

También necesitas tener un plan alternativo en el caso que tu bebé se enferme. Muy pocas guarderías infantiles aceptan a niños que están enfermos. Tu plan alternativo quizás sea un familiar o una amiga. En algunos lugares existen servicios para niños enfermos.

Hay mucho más para aprender acerca de cómo escoger cuidado infantil. Sigue la lista de control en la siguiente página. Lee el Capítulo 18 para encontrar más información acerca de cuidado infantil y servicios de referencia. Estas agencias pueden ayudarte a encontrar cuidado infantil de bajo costo o subvencionado (becas) si es que lo necesitas.

Preparando a Tus Otros Niños

Ayuda a tu niño mayor a comprender que tu nuevo bebé está creciendo dentro de ti.

Es importante hablar con tus otros niños en cuanto al bebé que está creciendo dentro de ti. Déjales tocar tu vientre cuando tu bebé patea. Esto les ayuda para saber que el bebé es real. Déjales que pongan su cara cerca de tu vientre y que le hablen al bebé. Habla acerca de *"nuestro nuevo bebé"* (en vez de *"mi bebé"*) y permíteles conocer a otros bebés, si es posible.

Muéstrales sus propias fotografías de cuando eran bebés. Cuéntales historias acerca de su propio nacimiento y su niñez. Anímales a dibujar escenas de la familia o su hermanita o hermanito. Llévales a tomar una clase para hermanos y hermanas si tu hospital o clínica la ofrece.

Planifica tener una niñera que cuide a tus niños mientras tú estés en el hospital o la maternidad. **Dile a tus hijos en dónde es que vas a tener tu bebé y quién va a estar con ellos.** Si ellos no conocen a la niñera, permíteles pasar un rato juntos antes de la fecha del parto. Haz arreglos para que ellos puedan venir a visitarte después del nacimiento del bebé.

Si tú planeas tener a tu bebé en tu casa y quieres incluir a tus hijos, diles en una forma sencilla lo que va a suceder. Pregúntales si ellos desean estar envueltos ya que algunos niños se interesan más que otros. Si son suficientemente crecidos, preséntales un video de un nacimiento y déjales que te ayuden a practicar los ejercicios de respiración. Planea tener una amiga o familiar para que les cuide durante el parto.

Cuidado infantil para bebés qué buscar y qué preguntar:

¿Cuántos bebés hay por cada cuidadora de niños? Muchos de los reglamentos estatales fijan un límite máximo de niños por cada encargada de cuidado infantil. Lo mejor es dos o tres bebés por cada adulto.

¿Cómo se comportan las cuidadoras con los niños? Fíjate cómo los adultos hablan a los niños, juegan y consuelan a los bebés y niños pequeños. ¿Son afectuosas y amorosas? ¿Están entrenadas para saber cómo ayudar a los bebés a aprender? ¿Te gustaría a ti que ellas cuiden de tu bebé?

¿Cuánto tiempo, por lo general, permanecen los miembros del personal en el trabajo? Un bebé necesita la seguridad de un cuidado a largo plazo por parte de una o dos personas.

¿Está el área para jugar limpia y segura? ¿Hay suficientes juguetes en buen estado y equipo para un bebé y niños pequeños? ¿Hay un espacio para que los niños pequeños jueguen activamente? ¿Está la televisión apagada y sin usarse como calmante para los niños?

¿Están los alrededores asegurados a prueba de niños? ¿Existen portillos en las escaleras, cubiertas para seguridad en los enchufes de las paredes y los baños limpios, etc.?

¿Se lavan las manos las cuidadoras de niños antes de preparar los alimentos, antes y después de cambiar pañales y después de limpiar narices? ¿Están los lavabos limpios y con suficientes toallas de papel y jabón? ¿Se prepara la comida lejos de las áreas donde se cambian los pañales?

¿Existe una área separada para que los bebés duerman? ¿Ponen las cuidadoras a los bebés boca arriba, durante la siesta, para reducir la posibilidad del Síndrome de Muerte Infantil Súbita (SMIS)?

Si planeas amamantar, ¿sabe el personal cómo guardar y calentar la leche de tu pecho para tu bebé?

En resumidas cuentas: ¿Sientes tú que tu bebé será bien cuidado allí?

Cómo Prepararse para lo Inesperado

A veces el nacimiento de un bebé no ocurre exactamente como lo desean los padres. Pueden haber dificultades durante el parto. Puede que tengas un parto por operación cesárea* inesperada. Tu bebé puede nacer antes de hora o tener problemas de salud (Capítulo 17).

*Parto por operación cesárea: el nacimiento de un bebé a través de un corte en el vientre de la madre.

A los bebés que nacen antes de 37 semanas se conocen como antes del término o "prematuros". Un bebé nacido antes de 30 semanas es muy prematuro. Los bebés que son prematuros pueden tener problemas médicos porque no están totalmente desarrollados. Ellos pueden necesitar permanecer en una sección infantil de cuidado especial (Unidad de Terapia Intensiva Neonatal o "NICU") por un tiempo hasta que sus órganos se desarrollen.

Los bebés que nacen después de haber sido expuestos a drogas también pueden necesitar permanecer algún tiempo en la sección de cuidado especial.

El no saber que pasará es muy estresante. Habla con tu doctor o enfermera partera acerca de cómo ellos pueden ayudarte a enfrentar cualquier problema que surja.

Capítulo 3
Atención Médica para Tu Bebé

Los padres usualmente escogen el doctor y la enfermera especialista antes del parto. Esto es importante porque este profesional médico debe darle el primer examen a tu bebé inmediatamente después del nacimiento. Ésta es la persona a la cual se le llama si tu recién nacido tiene problemas durante el parto.

Esta persona, a quien frecuentemente se le llama un profesional médico principal puede ser:

- **Un pediatra**—un doctor con entrenamiento especializado en el cuidado de niños.

- **Un médico familiar o médico general**—un doctor que atiende a personas de todas las edades.

- **Una enfermera especialista**—una enfermera con entrenamiento especializado, quien usualmente trabaja con un doctor. Una enfermera especialista de pediatría que atiende a niños.

A quien escoges dependerá del tipo de plan de seguro médico que tienes para ti y tu familia. Además, tú desearás encontrar un profesional médico principal a quien puedas confiar y que te guste.

En este capítulo se incluye:

- ¿Cómo encontrar el mejor doctor o enfermera especialista para tu bebé?

- Seguro médico o ayuda financiera

- Cómo utilizar una clínica o sala de emergencias

- ¿Qué son los exámenes de buena salud del bebé?

- ¿Cómo mantener el historial médico de tu bebé?

- Tu botiquín

¿Cómo Encontrar el Mejor Doctor o Enfermera?

El doctor o enfermera de tu bebé será una persona muy importante en tu vida. Trata de encontrar uno que te guste para que no tengas que cambiar. El cambiar de profesionales médicos principales puede ser difícil para ti y para tu bebé.

En este libro usamos "él" o "ella" para referirnos a los profesionales médicos. A veces usamos el término sencillo "doctor o enfermera".

Tú puedes preguntar a tus amistades o a tu profesional médico prenatal los nombres de pediatras o enfermeras especialistas que a ellos les gusta. Averigua cuáles están en la lista de tu plan de seguro médico.

Antes de hacer la decisión, generalmente es posible que hagas una visita corta (10 a 15 minutos) con un doctor o enfermera especialista. Llama con anticipación para hacer una cita y anima a tu compañero para que vaya contigo. La mayoría de los médicos no cobran honorarios por este tipo de visita pero cerciórate de preguntar acerca de esto cuando hagas la cita.

A continuación están algunas preguntas básicas:

*Certificación del tribunal de médicos: un doctor facultado para ejercer un tipo de especialización debido a que tiene entrenamiento y ha aprobado los exámenes.

*Especialista de lactancia: una persona que tiene entrenamiento especializado para ayudar a mujeres que dan el pecho. (También se le conoce como asesora de lactancia.)

- ¿Está el doctor certificado por el tribunal de médicos* en pediatría o medicina familiar (general)? ¿Tiene la enfermera especialista entrenamiento especializado en cuidado infantil?

- ¿Fomenta el dar leche del pecho? ¿Tiene él una especialista de lactancia* que puede ayudarte?

- ¿Comparte ella su práctica médica con otros profesionales que pueden ayudarte cuando ella no está de turno?

- ¿Tiene el doctor un tiempo predeterminado cuando tú le puedes llamar a hacerle preguntas? ¿Cómo puedes recibir respuestas a tus preguntas durante la noche o en los fines de semana?

- ¿Es el personal de la oficina amistoso? ¿Tiene la sala de espera un espacio para jugar y juguetes para niños? ¿Existe una sala de espera separada para los niños enfermos?

- ¿Es fácil llegar a la oficina? ¿Se acomodan las horas de oficina a tu horario?

- ¿Si estás discapacitada, puedes tener acceso a la oficina fácilmente?

- ¿Acepta la oficina tu seguro médico?

Puntos importantes que debes saber antes de decidir:

- ¿Es el doctor o la enfermera amable?

- ¿Explica ella las cosas en forma sencilla?

- ¿Te sentirías cómoda haciéndole preguntas muy personales o hablándole de problemas difíciles?

Si es posible, visita al doctor o enfermera antes del parto.

El Seguro Médico

Debes inscribir a tu nuevo bebé o bebés con tu compañía de seguro médico en el plazo de 31 días después del nacimiento. Habla con tu empleador acerca de esto.

Si no tienes seguro médico, **averigua si cualificas para el Programa de Seguros Médicos para Niños ("CHIP") o cobertura de Medicaid.** El departamento de salud de tu condado puede ayudarte. Muchos bebés quienes cualifican para "CHIP" o Medicaid no se han inscrito. Además, las clínicas comunitarias en muchos lugares basan sus honorarios en tu ingreso.

Cómo Utilizar Bien los Servicios Médicos

Las oficinas de los doctores y las clínicas están siempre muy ocupadas. Llama con varias semanas de anticipación para hacer una cita para un examen rutinario. **Si tu bebé está enfermo, tu profesional médico o alguien quien trabaja con ella puede estar disponible.** Quizás ellos hablen contigo por teléfono o pueden ver a tu bebé inmediatamente si es necesario.

La sala de emergencias: No es para el cuidado rutinario

Algunas familias no tienen un doctor fijo. En su lugar, éstas usan el departamento de emergencias del hospital local (se le llama a veces el "E.R.") para enfermedades y problemas comunes. El "E.R." se ha establecido para proporcionar atención especial en verdaderas emergencias. No puede otorgar el tipo de atención habitual que un niño necesita todo el tiempo. Además, puede ser que tengas que esperar por mucho tiempo para recibir atención en el "E.R.".

Tu doctor o enfermera especialista es la mejor opción para tu familia. Esta persona y su personal te llegarán a conocer a ti y las necesidades de tu bebé. Ellos mantienen su historial médico, sus tratamientos y su desarrollo.

¿Adónde debes llevar a tu bebé en caso de alguna enfermedad leve o lesión después de las horas de oficina? Pregunta a tu doctor o a tu plan de seguro médico. El hospital local puede tener una **clínica de atención urgente** donde puedes llevar a tu bebé sin necesidad de hacer cita, o en las noches o fines de semana. Si este tipo de clínica está disponible, sería la mejor alternativa en vez de ir al "E.R.".

Usa la **sala de emergencias** para verdaderas emergencias. Éstas son cosas tales como la rotura de una pierna, una herida en choque de autos, un ataque muy grave de asma.

NOTA: Mantén el número local de emergencias (en la mayoría de los lugares: 9–1–1) cerca de tu teléfono. También ten el domicilio de tu casa y el número de teléfono cerca del teléfono para las niñeras quienes lo pueden necesitar.

Cuando llamas a tu doctor o enfermera, ten lápiz y papel listos para escribir lo que te diga.

Cómo entender la atención médica

Donde sea que recibas la atención médica, cerciórate que entiendes lo que el doctor o la enfermera te está diciendo. Pregunta más de una vez, si es necesario, para asegurarte que ustedes dos se están entendiendo mutuamente.

Si hablas otro idioma y necesitas un traductor (intérprete), asegúrate de solicitar uno. Debería haber un traductor disponible.

Exámenes de la Buena Salud del Bebé*

*Exámenes de la buena salud del bebé: visitas habituales para examinar la salud de tu bebé y su desarrollo.

Es importante que tu doctor o enfermera examinen a tu bebé frecuentemente, aun cuando tu bebé no esté enfermo. Estos exámenes le ayudan a tu bebé a mantenerse sano de la siguiente manera:

- Cerciorándose de que ella está creciendo y desarrollándose bien. Si el profesional médico encuentra señales de un problema, él puede resolverlo antes de que se empeore.

- Asegurándose de que tu bebé recibe sus vacunas a tiempo. Las inmunizaciones (vacunas) la protegen de un número de enfermedades peligrosas que pueden ser muy graves para bebés y niños pequeños.

- Dándote tiempo para que hagas preguntas y obtengas información acerca de cómo cuidar a tu bebé.

- Haciendo revisiones médicas acerca de ciertos problemas de salud.

Los bebés con necesidades especiales reciben mucha atención médica. Ellos también necesitan exámenes rutinarios para su salud en general.

¿Con qué frecuencia debe tu bebé tener un examen?

El doctor o enfermera de tu bebé te dirá cuál calendario él prefiere. Muchos de los profesionales médicos utilizan el siguiente calendario de la Academia Americana de Pediatría:

El doctor o enfermera examinará el desarrollo de tu bebé.

Primer año	**Segundo año**
• Primera semana	• 15 meses
• 1 mes	• 18 meses
• 2 meses	• 2 años
• 4 meses	
• 6 meses	
• 9 meses	
• 12 meses	

¿Qué es lo que sucede durante un examen de la buena salud?

El doctor o enfermera:

- Pesará a tu bebé.

- Lo medirá de la cabeza a los pies.

- Le medirá su cabeza para revisar el crecimiento de su cerebro.

- Le examinará su cuerpo, incluyendo los ojos, oídos, nariz, boca, estómago, caderas y pies.

- Revisará sus reflejos (movimientos automáticos).

- Le observará cómo se está desarrollando (qué es lo que él puede hacer y cómo reacciona con las personas).

- Le dará las vacunas de acuerdo al calendario recomendado. (Trae contigo a todas las visitas la tarjeta de inmunizaciones.)

Tú puedes usar la página del historial de las vacunas en la parte posterior del libro o una tarjeta que te dé el doctor. Si la usas, cerciórate de llevarla contigo a los exámenes.

NOTA: Al final de los Capítulos 11 al 15, encontrarás páginas de registro para los exámenes de tu bebé. **Antes de la visita, escribe las preguntas que deseas hacer.** En las páginas de los exámenes, escribe lo que desees recordar de la visita. Lleva contigo a los exámenes este libro y la tarjeta de vacunas de tu bebé.

Bomba de hule extractora, cuchara para medicinas de mango hueco, jeringuilla medicinal.

Qué necesitas tener en tu botiquín de medicinas:

- Un termómetro digital. (Capítulo 16*, página 222)

- Vaselina: se necesita solamente si tomas la temperatura de tu bebé por el recto.

- Jarabe líquido para el dolor y la fiebre para bebés que no contenga aspirina. (Acetaminophen, Tylenol o Tempra)

- Jarabe de ipecac: líquido que induce el vómito, se usa solamente para ciertos tipos de envenenamiento.

- Loción o ungüento para irritación del pañal.

- Bomba extractora para limpiar la mucosidad de la nariz del bebé.

- Jeringuilla medicinal o gotero medicinal: disponibles en las farmacias y tiendas de artículos para bebés.

*El Capítulo 16 habla más acerca del cuidado de los bebés cuando están enfermos.

Cómo usar las medicinas prudentemente

- Siempre dispensa las dosis completas de las medicinas que el doctor o la enfermera ha recetado.

- Mantén las medicinas en el refrigerador, si es que la etiqueta lo indica así.

- Mantén las medicinas en sus envolturas originales.

- Desecha las medicinas que ya no se usan o aquellas cuya fecha de caducación ya pasó.

- Nunca le des a tu bebé una medicina que ha sido recetada para otra persona.

- Guarda anotaciones de las medicinas a las que tu bebé es alérgico. (Vea en la parte posterior de este libro.)

- Usa medicamentos genéricos menos costosos. Pregunta al farmacéutico acerca de las versiones genéricas de las medicinas prescritas por tu doctor.

Capítulo 4
La Recuperación de Mamá

Las primeras seis semanas después del parto

Dar a luz es una labor dura. No te recuperarás de la noche a la mañana. Te sentirás cansada y tu estado de ánimo cambiará con frecuencia.

Cuídate a ti misma para que puedas cuidar bien de tu nuevo bebé. Tu cuerpo necesita tiempo y descanso para recuperarse después del parto.

Maneras de ayudarte a sanar

- Descansa cuando tu bebé duerme.
- Come alimentos nutritivos y toma suficiente agua. (Por lo menos ocho vasos al día.)
- Toma un baño de agua caliente.
- Sal a caminar.
- Habla con tu compañero o amiga si te sientes molesta o triste.

En este capítulo se incluye:

- El cuidado de tus pechos
- El cuidado de la episiotomía
- La secreción vaginal
- El cuidado después de la operación cesárea
- Tus emociones después del parto
- La pérdida de peso y ejercicios
- La alimentación sana para la recuperación
- El examen de las seis semanas

Cosas por Saber antes de Regresar a Casa

Antes de dejar el hospital o la maternidad, lee este capítulo y la sección del cuidado del bebé (Capítulos 4, 5 y 6). Pídele a tu profesional médico que te conteste las preguntas que puedas tener.

Cerciórate de obtener la siguiente información:

*Perineo: la piel y los músculos entre tu vagina y el ano.

- El cuidado de los pechos
- El cuidado de tu perineo* y cualesquier puntadas alrededor de tu vagina. (Si es que tuviste una episiotomía* o un rasgado del perineo.)

*Episiotomía: un corte en el comienzo de la vagina, hecho durante el parto.

- El cuidado de la incisión (corte) de la operación cesárea
- Información sobre el control de la natalidad
- Calendario para las inmunizaciones (vacunas) de tu bebé
- Consejos prácticos para amamantar o darle fórmula
- El cuidado del cordón umbilical
- El cuidado de la circuncisión

¿Cuándo debo tener mi próximo examen?

_____

¿Cuándo debe mi bebé tener su primer examen?

_____

¿Cuáles revisiones médicas (si las hay) para recién nacidos necesitan repetirse?

_____

Otras preocupaciones:

_____

_____

_____

_____

_____

Escribe los números de teléfono importantes en el frente de este libro.

El Cuidado de los Pechos

Después del parto, tus pechos recibirán la señal para comenzar a producir leche. Tus pechos se agrandarán aun más que durante el embarazo y pueden dolerte al comienzo.

Si tú estás dando el pecho, te sentirás más cómoda si usas un brasier para lactar todo el tiempo. Por supuesto, quítatelo cuando te bañes. Los brasieres para lactar tienen tapas que se abren al frente.

Un brasier adecuado puede reducir el dolor del pecho. También ayuda a prevenir que tus pechos se vean caídos. Cerciórate que tus brasieres son lo suficientemente grandes porque tus pechos se agrandarán más cuando empiecen a producir leche.

Un brasier para lactar tiene aperturas en el frente.

Si no estás dando el pecho

Tendrás que parar tus pechos de producir leche. Esto generalmente toma una semana. Puedes hacerlo sin necesidad de drogas, las cuales tienen la posibilidad de producir efectos secundarios. Está es la forma como:

- Pon compresas de hielo en tus pechos (en el lado de la axila) por 20 minutos varias veces al día. Comienza inmediatamente después del parto.

- Durante unos pocos días, bebe menos líquidos.

- Evita el calor en tus pechos; cuando te bañes, deja que te corra el agua por la espalda.

- Usa un brasier con refuerzo, noche y día, hasta que tus pechos se suavicen y se achiquen nuevamente.

- Evita tocarte los pechos o que te los toque tu bebé o tu compañero hasta que la densidad se haya acabado.

- Si es necesario, usa un calmante tal como "Tylenol".

Densidad de los pechos y congestionamiento

Tus pechos hacen la primera leche (calostro) aún antes del parto. Entre dos y cinco días después del parto, tu leche normal comienza a venir. Por una semana o dos tus pechos se llenarán y se sentirán duros y dolorosos. Esto se llama congestionamiento. Esto sucede en forma natural cuando tus pechos empiezan a producir más

"Yo estaba maravillada de cómo mis pechos se agrandaron y se endurecieron cuando vino la leche. Yo podía sentir las glándulas mamarias hasta la altura de mis axilas."

En el Capítulo 7 encontrarás más información acerca de amamantar.

leche. El congestionamiento también ocurre si tú no das de lactar o reduces de repente.

Tus pechos se volverán menos dolorosos y llenos a medida que se ajusten a las necesidades de tu bebé. Este cambio no quiere decir que tú tienes menos leche.

Si tus pechos se congestionan, no dejes de dar el pecho. Al contrario, dale el pecho a tu bebé más frecuentemente para que tu bebé vacie tus senos. Usa compresas de hielo entre las comidas para aminorar el dolor. Coloca compresas mojadas y calientes en tus pechos antes de dar de lactar para ayudar a que la leche fluya fácilmente.

Tu areola puede ponerse demasiado firme que no quepa en la boca de tu bebé. Extrae algo de leche con tu mano (Capítulo 7, página 77) para suavizar la areola para que pueda caber en su boca.

Después que tus pechos se acostumbren a producir leche, se volverán más suaves y menos grandes. A ti te parecerá que ellos no están produciendo leche, pero sí están.

Pezones adoloridos

Tus pezones pueden sentirse adoloridos cuando empiezas a dar el pecho. Usualmente esto se pasa pronto. Trata de hacer lo siguiente para que tus pezones se sientan mejor:

- Fíjate cual es la posición de tu bebé. Cerciórate que está mirándote a ti y que tiene la mayor parte del área oscura del pezón dentro de su boca.

- Después de amamantar, deja que tus pezones se sequen al aire.

- Coloca una bolsita de té, mojada y fresca sobre el pezón adolorido para ayudarle a sanar.

- Usa un brasier para lactar que no esté muy apretado.

- Evita limpiar los pezones con alcohol o jabón antes de dar el pecho. No se necesita una limpieza especial y puede provocar dolor.

Habla con la especialista de lactancia si tus pezones se ponen adoloridos, se agrietan o sangran. También llama si es que tus pezones te dan comezón o tienen llagas. Esto puede ser causado por aftas. (Capítulo 13, página 166)

Conductos obstruidos e infecciones

Si sientes un bulto caliente y enrojecido en un pecho, uno de los conductos de leche puede estar obstruido. Lo siguiente puede ayudar:

- Coloca una compresa mojada y caliente en el área y sóbate el pecho en dirección al pezón para ayudar a que la leche salga.

- Descansa lo que más puedas.

- Deja que tu bebé lacte lo más posible de ese pecho.

- Prueba varias posiciones para amamantar de modo que el bebé chupe en el área que tiene el conducto obstruido.

Un conducto obstruido puede infectarse. Si tu pecho se pone adolorido y te sientes como que tienes gripa, puede ser que tengas mastitis*. No tienes que parar de dar el pecho ya que mastitis no afecta a la leche del pecho. Llama a tu médico o enfermera y descansa más. Puedes necesitar un antibiótico.

*Mastitis: una infección en el seno.

La Recuperación después del Parto

Dolor alrededor de tu vagina

Tu vagina y perineo seguramente van a sentirse adoloridos por una o dos semanas después del parto, a no ser que hayas tenido una operación cesárea. Esta parte de tu cuerpo ha sufrido mucho estrés. Además, si tuviste una episiotomía o rasgadura, la herida va a necesitar atención.

Las siguientes son maneras de ayudarte a sentirte mejor:

- Usa compresas heladas durante el primer día.

- Después de regresar a casa, toma baños tibios o baños de asiento* varias veces al día. Esto limpia y sana el área.

- Enjuaga cuidadosamente el área adolorida con agua después de orinar o defecar. Trata de rociar el área con agua tibia. Sécate con palmadas suaves de adelante hacia atrás para evitar esparcir microbios de tu ano a la vagina.

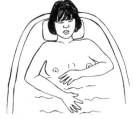

Un baño de agua tibia puede ser calmante.

*Baño de asiento: sentada en una tina pequeña de agua tibia.

- No pongas nada dentro de tu vagina.

- Usa una toalla sanitaria ceñida a la herida para prevenir la fricción.

- Haz los ejercicios Kegel para sanar y desarrollar los músculos vaginales. (Página 43)

- Aprieta tus nalgas antes de sentarte.

- Usa compresas con "witch hazel", o un rociado o ungüento para calmar el dolor.

Cómo sanarse después de una operación cesárea

La recuperación después de una operación cesárea toma más tiempo. Es importante que dejes que otros te ayuden para que puedas descansar cada día.

Tú y tu compañero quizás se sienten tristes o enojados si no esperaban este tipo de parto. Tomen el tiempo para hablar de estos sentimientos fuertes. Estos sentimientos se pasarán gradualmente. Ahora piensen en el cuidado de su bebé sano.

Consejos prácticos para el cuidado después de una operación cesárea:

Después de una operación cesárea, el sujetar una almohada pequeña contra la incisión (herida) aminora el dolor cuando te levantes o te sientes.

- Descansa bastante pero no te mantengas todo el tiempo en la cama.

- Mientras estés en la cama, haz ejercicios suaves con tus piernas. Pon tus pies en punta y tuerce tus pies en forma circular para mantener la circulación de la sangre. Si te dan calambres en tus piernas, estira los dedos de los pies hacia ti.

- Levántate y camina alrededor, aunque te sientas incómoda. Te ayudará a recuperarte. Antes de levantarte de la cama, siéntate en el lado de la cama por unos minutos y menea tus pies. Pide ayuda durante las primeras veces que te levantas de la cama.

- Sujeta una almohada pequeña firme contra tu estómago para aminorar el dolor cuando te levantes o te sientes. Úsala también cuando tosas o estornudes.

- Toma a tiempo la medicina para el dolor que tu doctor o enfermera partera te recomienda, antes de que el dolor se vuelva severo.

- Practica la respiración profunda y empuja el aire fuera de tus pulmones.

- Bebe suficiente agua y otros líquidos para ayudar a prevenir el estreñimiento (constipación).

- Acuesta a tu bebé sobre una almohada a lo ancho de tus rodillas cuando desees cargarla.

- Para dar el pecho, para más comodidad, usa la posición de jugar fútbol o la posición de costado. (Capítulo 7, página 72)

- Si la herida se hincha, se enrojece y está inflamada, llama al doctor o la enfermera partera. Es natural que la herida te dé comezón y te arda.

- Gas puede formarse en tus intestinos y puede ser muy doloroso para desalojarlo. Apretando los músculos de tu estómago cuando respiras, ayuda a que los intestinos se muevan y saquen el gas. También te puede ayudar si te acuestas en tu lado izquierdo.

- Comienza con ejercicios suaves tales como caminar y el movimiento de cadera que se presentan más adelante en este capítulo. No te apresures.

Hemorroides

Muchas nuevas mamás tienen hemorroides*. Éstas son normales y generalmente suelen desaparecer en unas pocas semanas. Puedes usar compresas de "witch hazel" o ungüento en los lugares adoloridos, o consulta a tu doctor acerca del uso de supositorios rectales.

Consejos prácticos para sentirte cómoda:

- Toma baños de asiento dos o tres veces al día.

- Evita estar sentada por mucho tiempo.

- Recuéstate de costado o de estómago cuando sea posible.

- Bebe suficiente agua u otros líquidos.

- Come muchos vegetales, frutas, ciruelas pasas, yogur, kéfir (leche fermentada) y suero de leche para suavizar el excremento.

- Usa un rociador medicado para amortiguar el área.

*Hemorroides: venas hinchadas alrededor de tu ano (por donde defecas) que se inflaman y duelen o dan comezón.

*Constipación (estreñimiento): defecación muy dura; dificultad en evacuar.

Constipación* (estreñimiento)

Si tienes puntadas o hemorroides, puedes sentir preocupación acerca de defecar. Comienza de inmediato a prevenir el estreñimiento. Bebe por lo menos ocho vasos grandes de agua cada día. Come los siguientes alimentos para mantener el excremento blando:

- Ciruelas pasas. (Tres a cuatro en la mañana y a la hora de dormir, o cuatro onzas de jugo de ciruelas.)
- Frutas frescas y vegetales.
- Cereal o panecillo de afrecho.

Si te sientes que te estás constipando, consulta a tu médico o enfermera partera acerca de tomar un suavizante para la deposición. No esperes hasta que se vuelva muy fuerte.

Si has tenido una episiotomía, puede ser una preocupación para ti el rasgar los puntos cuando vas al baño. Cuando defeques, aprieta el papel higiénico contra tu vagina. Luego recuéstate hacia atrás y respira profundo a medida que pujas para que salga el excremento.

"Nadie me dijo que tenía que evitar la constipación. Después de sentirme totalmente tapada, una enfermera finalmente me sugirió que tomara jugo tibio de ciruelas pasas. Esto sí funcionó."

Cómo orinar sin dolor

Es importante orinar frecuentemente, pero puede ser doloroso después del esfuerzo del parto. El tomar bastante agua puede ayudar.

Si la orina te arde en tu área adolorida, prueba lo siguiente: derrama agua tibia entre tus piernas mientras orinas. A algunas mujeres se les hace más fácil, durantes los primeros días, orinar mientras se están bañando.

Agua tibia puede hacer que el orinar sea menos doloroso después del parto. El agua diluye la orina.

Dolores del post-parto

Tu útero experimentará contracciones después del parto mientras retorna a su tamaño normal. Estas mantienen al útero apretado después del parto y disminuyen el sangramiento. Éstas contracciones se llaman dolores del post-parto y pueden producir dolor. Puedes experimentar estas contracciones cuando tu bebé comienza a lactar. Las mujeres que han tenido más de un bebé las pueden sentir más.

Para que los dolores del post-parto sean menos dolorosos:

- Antes de dar el pecho, acuéstate boca abajo con una almohada debajo de tu estómago.

- Concéntrate en respirar suavemente hacia adentro y afuera cuando sientes una contracción y cuando tu bebé comienza a lactar.

- Orina frecuentemente. El vaciar la vejiga ayuda a que el útero se contraiga.

Sangramiento en tu vagina

Anticipa sangrar por tu vagina durante los primeros dos o tres días. Esto se llama loquios. Luego la sangre se volverá rosada o marrón de tres a diez días. Luego, por una semana o dos, será cremosa o amarillenta.

Durante este tiempo, usa toallas sanitarias y no tampones. **No debes introducir nada en tu vagina hasta que los loquios se terminen.**

Advertencia

Llama a tu doctor o enfermera partera si tienes un sangrado pesado y de color rojo encendido (empapando una o dos toallas en una hora). También llama si hay coágulos grandes de sangre o si el flujo huele mal. Este sangrado puede ser una señal de que estás haciendo mucho demasiado pronto y que necesitas más descanso.

Períodos menstruales

Es difícil saber cuándo tus períodos comenzarán nuevamente. Estos pueden empezar tan pronto como a las 6 semanas después del parto. El dar el pecho puede en cierta forma retrazar la menstruación, pero muchas mamás que están amamantando tienen su primer período dentro de 12 semanas.

Un embarazo puede ocurrir antes de tu primer período menstrual. Por lo tanto, no pienses que el dar el pecho va a prevenir un embarazo. Lee la página 45 para más información acerca de planificación familiar.

Fuerza física y energía

Si tuviste un embarazo difícil o un parto muy largo, puede que te sientas muy débil al comienzo. Ten paciencia y no te exijas mucho. Tu fuerza volverá pronto pero tú te sentirás todavía cansada. Trata de descansar o dormir cada vez que tu bebé duerma.

Un Tiempo de Emociones para la Mamá

Durante las primeras semanas puedes sentirte inundada de emociones. Esto puede ser causado por los cambios hormonales en tu cuerpo y todos los cambios en tu vida. Generalmente se conoce como "los altibajos".

Está bien que llores. Las lágrimas pueden ayudarte a dejar ir de la tensión o miedos. Tu compañero y otras personas más cercanas que te apoyan deben comprender que es saludable llorar en esos momentos. Estas emociones usualmente no duran más que unas pocas semanas.

¿Te sientes deprimida?

Si te sientes muy triste o incapaz de cuidarte a ti misma o a tu bebé, puede ser que necesites ayuda para la depresión.

Cualquier nueva mamá puede sentirse deprimida por muchas razones. Su vida ha cambiado por completo. Ella tiene que atender a un bebé que quizás es difícil consolar. Ella puede sentirse muy sola con su bebé.

> ### Síntomas Comunes de la Depresión
> - Te sientes extremadamente triste, culpable o sin esperanza.
> - Te sientes que no puedes cuidar de tu bebé.
> - Te preocupa mucho el que no puedes hacer nada.
> - Tratas de hacer todo de forma que no te cuidas a ti misma.
> - Duermes todo el día o tienes dificultad de dormir.
> - No puedes comer.
> - No puedes concentrarte.
> - Sientes que puedes lastimarte a ti misma o a tu bebé.
>
> **Llama a tu doctor o enfermera si te sientes así.**

Si te sientes muy infeliz o estos sentimientos continúan después de las primeras dos o tres semanas, examina si hay síntomas de depresión. (En el cuadro.)

Si tienes alguno de los siguientes síntomas, llama a tu doctor o enfermera partera inmediatamente. Trata de no sentirte tímida para solicitar ayuda. El estar deprimida no quiere decir que tú eres una madre ineficiente.

Tu compañero o amistades cercanas pueden observar este problema antes que tú. Si ellos te insisten en que recibas ayuda, escúchales. Puedes aun pedirles que ellos llamen por ti.

Cerciórate de llamar, por tu propio bien y el de tu bebé. Si estás deprimida, será muy difícil que cuides a tu bebé.

Maneras de ayudarte a aminorar la depresión:

- Tener por un tiempo a otra persona que ayuda con el cuidado del bebé o los quehaceres domésticos.
- Integrarse a un grupo de apoyo para nuevas mamás.
- Recibir terapia o ciertos tipos de medicinas.

Comer Bien para una Buena Salud

El comer saludablemente es importante para todos. Es aun más importante si estás dando el pecho. Muchas personas comen demasiados alimentos con alto contenido de grasas y azúcar y muy pocos vegetales, frutas y granos integrales. Ahora es el momento para comenzar a comer mejor.

Fíjate en la pirámide de guía alimenticia en la página 41. Recuerda los tipos de alimentos cuando haces las compras y cocinas. Quizás vas a necesitar hacer compras en forma diferente y cocinar más alimentos frescos para darte la mejor nutrición tanto a ti y como a tu familia.

Los alimentos más sanos

Algunos alimentos ("alimentos de mayor valor") contienen más nutrientes saludables que otros. Come una variedad de éstos para tener una nutrición equilibrada.

Los alimentos de mayor valor incluyen:

- Frutas de color vivo. (Ejemplos: naranjas, papaya, melones, manzanas, fresas y tomates.)
- Vegetales oscuros o de color vivo. (Ejemplos: brécol, pimiento dulce rojo, hierbas verdes y camotes.)
- Leche parcial o totalmente descremada, yogur y queso.
- Pescado, pollo y pavo (guajalote), arbejas secas (chícharos), frijoles, lentejas y queso de soya ("tofu").
- Pan de granos integrales, tortillas, "chapati", arroz entero.

Cómo comer "cinco porciones al día"

¡Haz que tu meta sea comer un total de cinco porciones de vegetales y frutas cada día! Esto es importante para una alimentación sana para todos. Piensa en esto cuando comes refrigerios (bocadillos, antojitos), haces compras para las comidas y cuando comes afuera.

Es fácil comer cinco porciones por día. Por ejemplo:

- Desayuno: naranja, toronja o jugo de tomate.
- Refrigerio en la mañana: zanahorias crudas.
- Almuerzo: ensalada de lechugas con pimiento verde y tomate.
- Refrigerio en la tarde: manzana, banana o pera.
- Cena: un vegetal cocido.

Alimentación para las mamás que dan de lactar

*Intolerancia a la lactosa: Una condición que sufren muchos adultos quienes tienen una reacción a productos lácteos como gases, retorcijones o diarrea. No es lo mismo que tener alergia a la leche.

Mientras estés dando de lactar, es especialmente importante que obtengas vitaminas, calorías, calcio, proteínas y líquidos. **Éste no es el mejor momento de ponerte a dieta.**

Calorías: Tú necesitas más calorías ahora que cuando estabas embarazada. Después de las primeras semanas, tu peso debe bajar no más de una libra por semana.

Calcio: Los productos lácteos bajos en grasa (leche, yogur, queso) te proporcionan el mayor calcio. Si tienes intolerancia a la lactosa*, puedes obtener calcio en la leche con baja lactosa "lactaid" y comer pequeñas cantidades de queso y yogur. Muchos otros alimentos contienen un poco de calcio, tales como el brécol, queso de soya con calcio, sardinas, frijoles secos y rizada ("kale"). Sin embargo, es difícil comer lo suficiente de estos alimentos para lograr el calcio que necesitas.

Consulta con tu profesional médico en cuanto a tomar un suplemento de calcio y continuar tomando las vitaminas prenatales.

WIC (Programa de Mujeres, Bebés y Niños) ofrece ayuda tanto a las mamás lactantes como a los niños.

Llama al departamento de salud de tu condado para averiguar si cualificas.

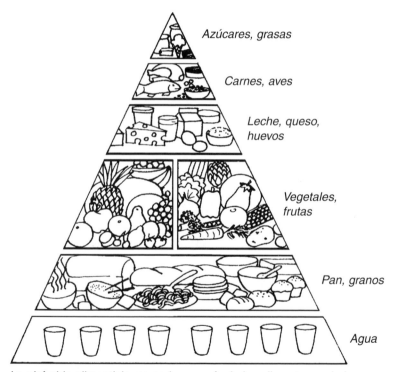

La pirámide alimenticia: come la mayoría de los alimentos en la base de la pirámide y menos de los azúcares y grasas en la cúspide.

La Pérdida de Peso y los Ejercicios

Tu cuerpo quizás nunca sea el mismo después de tener un niño, sin embargo tú puedes ponerte nuevamente en buena forma. Esto, sin embargo, no sucederá de la noche a la mañana. La flacidez de tu estómago y las estrías de tus muslos y tus pechos desaparecerán al pasar del tiempo, comiendo en forma sana y con ejercicios.

La mayoría de mujeres que subieron de 25 a 35 libras durante el embarazo perderán el peso entre seis y ocho semanas después del parto. El exceso de peso se demorará más en perder. La mejor forma de controlar tu peso es comer bien y hacer ejercicios. Si estás dando el pecho, cerciórate de comer suficientes alimentos saludables.

La mayoría de mujeres sentirán que pueden hacer sus actividades usuales después de cuatro a cinco semanas. Quizás sientas que deseas hacer un poco de quehaceres domésticos durante la segunda semana. Evita por un tiempo levantar cualquier cosa que pesa más que tu bebé o de hacer actividades físicas fuertes por un período más largo de tiempo.

La forma incorrecta de levantar cosas pesadas.

Durante las primeras semanas puedes hacer ejercicios leves. Un buen comienzo es caminar. Lleva a tu bebé en una charpa o cochecito y sal afuera si el clima está bueno. ¡El salir de la casa te hará sentir fenomenal!

Puedes hacer los ejercicios de las siguientes páginas en la casa, sin necesidad de ningún equipo de gimnasia. Puedes aun hacerlos con tu bebé.

Si te duele la espalda, es importante que fortalezcas los músculos abdominales y que estires tu espalda. Además cerciórate de levantar cosas pesadas en la forma correcta. Dobla tus rodillas y mantén tu espalda recta en vez de doblar tu espalda. (Dibujos a la izquierda.) Esto será muy importante cuando tu bebé esté gateando y tú la levantes muchas veces al día.

La forma correcta de levantar: Dobla tus rodillas con tu espalda derecha y el estómago apretado. Levanta al estirar tus rodillas.

Ejercicios para la Buena Salud

Cuando estés lista para comenzar a hacer ejercicios, prueba hacer estos ejercicios acostada en una alfombra suave. Usa ropa floja o que se estire. Trata de hacerlos todos los días.

Haz los ejercicios lentamente y fácilmente. Aspira cuando aprietas tus músculos y respira cuando te relajas. Los puedes hacer con tu bebé también.

Cómo tensar tu estómago

Balanceo pélvico

Acuéstate de espaldas con las rodillas dobladas. Aspira, aprieta los músculos abdominales y presiona tu espalda contra el piso. Afloja y repite. Si colocas una mano debajo del la parte inferior de tu espalda, sentirás la presión de tu espalda contra tu mano.

Meciendo al bebé

Acuéstate de espaldas con tus rodillas en dirección a tu pecho. Sujeta a tu bebé en tus rodillas. Aprieta el estómago. Lentamente levanta tu cabeza y hombros, dejando que tus piernas se mezan un poco hacia atrás. Luego baja tu cabeza y comienza otra vez.

Meciendo al bebé.

Impulso pélvico

Acuéstate de espaldas con las rodillas dobladas. Presiona tu espalda contra el suelo, luego presiona tus talones contra el piso y levanta tus nalgas. Mantén tu estómago apretado, luego baja tus nalgas y repite algunas veces.

Para oscilar, levanta tus nalgas como en el ejercicio anterior. Luego deja que tus nalgas oscilen suavemente de un lado para el otro.

Impulso pélvico.

Abriendo el libro

Siéntate con tus rodillas dobladas. Puedes sujetar a tu bebé en tus muslos. Aprieta tu estómago, desliza tus piernas hacia delante y recuéstate. Recoge tus piernas, siéntate y repite.

Cómo estirar tu espalda

Acuéstate de espaldas, dobla tus rodillas y sujétalas con tus brazos. Jala tus rodillas hacia tu pecho.

Abriendo el libro.

Cómo fortalecer tu estómago y tus hombros

Acuéstate de espaldas con tus rodillas dobladas. Extiende a tu bebé sobre tu pecho con tus manos debajo de sus brazos. Presiona tu espalda contra el suelo y levanta a tu bebé. Sostenla mientras respiras varias veces. Sonríele y háblale; luego bájala. Si a ella le gusta, hazlo varias veces más.

Levanta a tu bebé para fortalecer tus hombros.

El apretón Kegel

El apretón Kegel ayuda a fortalecer los músculos de tu perineo y vagina. Ayuda a prevenir que te gotee la orina cuando te ríes o cuando estornudas. Probablemente ya lo practicaste cuando estabas embarazada. Es muy beneficioso ahora—y más adelante en tu vida.

Para aprender cómo hacer el apretón Kegel, siéntate en el inodoro y comienza a orinar. Aprieta los músculos y para el flujo de la orina. Estos son los músculos que necesitas ejercitar. Ahora que ya sabes cómo se siente, es mejor que lo hagas cuando **no** estés orinando.

Puedes hacer apretones Kegel en cualquier lugar: cuando estás en el auto parada en un semáforo, lavando los platos, en la caja registradora del supermercado o sentada en tu escritorio del trabajo. Lo puedes hacer así: aprieta, sostén la presión por unos segundos, afloja y aprieta otra vez. Otra forma es apretando y sosteniendo por 30 o más segundos.

Haz apretones Kegel lo más frecuentemente posible. Este ejercicio tiene beneficios secundarios. Se siente bien y puede ayudarte a gozar más del sexo también.

Cómo Disfrutar de Hacer el Amor Otra Vez

Algunas parejas desean resumir las relaciones sexuales tan pronto como el cuerpo de la mamá ha sanado. Sin embargo, muchas mujeres descubren que prefieren esperar un poco más. Puede que no te sientas muy atractiva. Puedes sentir que hacer el amor te va a doler. Dile a tu compañero cómo te sientes. A algunas mujeres le toma más tiempo para sentirse listas.

Ustedes pueden tener momentos amorosos juntos, aun si no estás lista a resumir las relaciones sexuales. Muchas parejas gozan dándose masajes y abrazándose estrechamente. Ustedes pueden inventarse sus propias maneras de sentirse cerca uno al otro.

Cuando inicies las relaciones sexuales nuevamente, hazlo con calma al comienzo. Prueba a ponerte de costado durante el acto sexual. Tu vagina puede estar más reseca que de costumbre, lo cual puede ser incómodo cuando haces el amor. Si sucede esto, ustedes dos pueden disfrutar mucho más si usas un ungüento vaginal que se disuelve en el agua. (Como K-Y Jelly.)

Si estás dando el pecho, no te sorprendas si la leche de tus pechos te salpica durante un orgasmo. Prueba a hacer el amor después que le des el pecho a tu bebé, cuando tus pechos no están llenos. De otra manera, simplemente ten una toalla a la mano y ríete del asunto.

Cómo posponer un embarazo—prepárate

Cuando estés lista para hacer el amor otra vez, recuerda que puedes concebir enseguida después del parto. Puede ocurrir aun antes de que tengas tu primer período menstrual regular. Dar el pecho no es protección para quedar embarazada.

Antes de quedar embarazada nuevamente, muchos doctores y enfermeras parteras sugieren esperar por lo menos de 18 meses a dos años. Esto le da tiempo a tu cuerpo a recuperar su fuerza. También te da tiempo para darle la atención a tu bebé lo cual le ayuda a tener un buen comienzo en la vida.

Para demorar un embarazo, cerciórate de usar alguna forma de control de la natalidad desde el comienzo. El tipo de control que usaste antes del embarazo quizás no sea el mejor durante los primeros meses después del parto.

Si tú y tu compañero no han hablado antes acerca de cuántos hijos tener, ahora es el tiempo para hablar. El tener un bebé es costoso, tanto en términos de energía como de dinero. Si quedas embarazada inmediatamente, tendrás muy poca energía para tu primer bebé. Una vez que nace otro bebé, no será fácil cuidar de los dos.

Espera hasta que te sientas lista antes de resumir relaciones sexuales.

"¡Nunca pensé que podría quedar embarazada antes de tener un período menstrual! Ahora mi amiga quedó embarazada nada más un mes después del parto. Creo que yo tuve suerte."

Tipos de control de la natalidad

La única manera de estar segura de no concebir es usando alguna forma de control de la natalidad desde el comienzo. Si no has escogido un método para el control de la natalidad a largo plazo, puedes usar anticonceptivos disponibles sin receta médica. Éstos no son tan eficaces como otros tipos de anticonceptivos a largo plazo, pero puedes conseguirlos en la farmacia:

- **Condones (preservativos) para hombres y mujeres:** el único tipo de control de la natalidad que también protege contra el SIDA y otras enfermedades trasmitidas sexualmente.

- **Espermicida*:** en espuma, tableta, esponja u hoja que puede colocarse en la vagina.

El uso de preservativos junto con la espuma o una esponja funciona mejor que cualquiera de éstos por sí solo.

*Espermicida: una sustancia química que mata a la esperma en la vagina después de hacer el amor.

Los métodos que se basan en tu período menstrual no son confiables durante las primeras semanas. Si prefieres este método de planificación familiar, abstente de relaciones sexuales hasta que tus períodos se regulen nuevamente.

Habla con tu doctor o enfermera partera acerca del control de la natalidad durante tu examen de cuatro a seis semanas después del parto.

Tu examen de las cuatro a seis semanas

Quizás te puedes sentir bien mucho antes de las seis semanas. Por otro lado, quizás tienes problemas que continúan. Aprovecha el tiempo que tienes para hablar con tu doctor o enfermera partera para que te respondan todas tus preguntas.

Durante tu examen de las seis semanas será el mejor momento para pedir consejo sobre un método de control de la natalidad a largo plazo.

Recuerda: no tienes que esperar hasta tu examen para llamar y hacer tus preguntas. Aun si piensas que tu preocupación no tiene razón de ser, tu profesional médico está para escucharte y ayudarte.

Examen de Post-parto* de Seis Semanas

*Post-parto: el período de tiempo después del parto.

Preguntas que puedes hacer:

- ¿Se ha cicatrizado bien mi episiotomía (o mi operación cesárea)?
- ¿Qué tipo de control de la natalidad será la mejor para mí?
- ¿Es mi estado de ánimo normal o hay señales de depresión?

Otras preguntas:_____

_____

_____

Mi examen fue el _____ (fecha).

Comentarios de mi doctor o enfermera partera:

_____

_____

_____

Capítulo 5
Especialmente para Papá

A un bebé le hace falta su padre. Cada padre es único y el trabajo del papá de criar un hijo reflejará su propia personalidad y pensamiento. La única cosa que un papá no puede hacer por su hijo es darle el pecho. Sin embargo, aun en el área de amamantar, un papá puede ayudar.

Es asombroso descubrir cómo un bebé puede cambiar tu vida. Un bebé te trae gozo y confusión, esfuerzo y emociones diversas. Estarás sorprendido cuanto tu bebé significa para ti.

El papel del padre no solamente es de proveer apoyo financiero o de ayudar a la mamá con los quehaceres de la casa. Él también consuela, baña, cambia los pañales, es compañero de juegos y protector de un bebé.

Los padres nuevos frecuentemente se sienten abrumados por todo lo que necesitan aprender. Como muchos otros padres, quizás no tienes experiencia con bebés. No te preocupes, puedes aprender con la práctica. El leer el resto de este libro te proporcionará un buen comienzo.

En este capítulo se incluye:

- Cómo aprender a ser un padre
- Cómo ajustarte a las necesidades del bebé
- Cómo trabajar juntos como padres
- Tus sentimientos
- Cómo gozar del sexo otra vez
- Cómo comprender las emociones de la mamá
- Cómo mantenerte saludable y fuera de peligro

Cómo Aprender a Ser un Padre

A pocos hombres se les ha enseñado cómo ser padres, pero la mayoría de las mamás no tienen mucha experiencia tampoco. El cuidado de un bebé no es por obra de magia. Lo único que necesitas es practicar. Tu bebé no se va a quebrar mientras estés aprendiendo a cambiarle el pañal, hacerle eructar y consolarle.

Cosas que puedes hacer con tu bebé:

* Hazle eructar.
* Dale un baño, cámbiale los pañales.
* Háblale (usa una voz más alta con él).
* Consuélale cuando él está inquieto.
* Ve con él y la mamá a los exámenes de buena salud del bebé.

El momento de bañarle puede ser un tiempo especial para el papá y el bebé.

Algunos papás nuevos se sienten como que están mirando desde afuera a la mamá y al bebé. Tú puedes sentirte como que la mamá está a cargo de todo y tú eres solamente su asistente. El hacer mandados, cocinar y lavar los platos es bastante ayuda, pero estas tareas te llevan lejos de tu bebé.

Es importante para un padre tener un tiempo a solas con su bebé. Puedes practicar a hacer las cosas a tú propia manera sin que la mamá esté mirando constantemente. Esto puede ayudarte a descubrir tus habilidades. Si deseas tener un tiempo a solas con tu bebé, habla con tu compañera. Ofrécele a ella un tiempo de descanso para que salga a caminar o a almorzar con una amiga.

"Descubrí una forma especial de sostener a mi bebé cuando éste estaba malhumorado. Fue fantástico saber que yo le podía ayudar a sentirse mejor."

Ahora es el mejor tiempo para comenzar a envolverte en la vida de tu niño. Es increíble cuan rápido tú puedes llegar a querer a tu bebé.

El tiempo de jugar es significativo

El cuidado de un bebé no es solamente puro trabajo. Para un bebé, jugar no es una añadidura. Es muy importante para el crecimiento, el desarrollo y para sentirse amado. Toma tiempo para hablar a tu nuevo bebé, para sonreír y reír, sostener su mano y hacerle cosquillas en sus pies. Esta parte del cuidado del bebé es valiosa y divertida.

Cómo Ajustarte a las Necesidades del Bebé

Los primeros años de la vida de tu bebé son muy importantes para su desarrollo. Estos primeros años se pasan muy rápido. Tu cuidado y atención ahora le ayudarán a sentirse seguro y amado a medida que crece.

El juego es una tarea importante para los bebés.

Ser un nuevo padre implica adaptar tu vida de acuerdo a las necesidades de tu bebé. Por un tiempo, tu bebé controlará cuándo puedes dormir, visitar a tus amistades y si se hacen o no los quehaceres domésticos. Los nuevos padres frecuentemente descubren que ahora tienen que elegir diferentes prioridades. Habrá menos tiempo para componer el auto, mirar el juego de fútbol, pasar tiempo con los amigos o ir de pesca. Cuando tus niños hayan crecido, tendrás tiempo para hacer estas cosas nuevamente.

Quizás puedas tomar licencia por paternidad de tu empleo. Esto te proporciona más tiempo para llegar a conocer a tu bebé. Por cuanto es bien difícil para los padres que trabajan encontrar cuidado infantil de alta calidad, algunos padres trabajan diferentes horarios. Esto les permite a los dos cuidar de su bebé.

Cómo Trabajar con Tu Compañera

La crianza de los hijos es un proceso largo que la pareja debe compartir con respeto. Los bebés parecen saber cuando hay ira entre los padres. Si no están de acuerdo en algunas cosas, traten de resolverlas juntos. Aprende a tratar de ver el punto de vista de la otra persona para que tu hogar esté en paz.

El resolver cualquier diferencia hoy hará que sea más fácil cuando el niño crezca y los problemas sean más fuertes.

Aprendan a hablar juntos acerca de cómo la crianza de los hijos se está haciendo. Prueba decir lo que TÚ estás sintiendo y no lo que tú piensas que la otra persona está haciendo. (Lee los ejemplos en el cuadro de la siguiente página.) **Si se escuchan uno al otro y toman las decisiones juntos, ustedes se fortalecerán como pareja.**

Formas para trabajar juntos:

- Tomen turnos con las tareas difíciles tales como levantarse durante la noche si tu bebé está enfermo y necesita que le consuelen.

"Decidimos tomar unos pocos días juntos cuando nuestro bebé recién llego a casa. Ni siquiera contestábamos el teléfono. Esto nos dio a los dos el tiempo para conocer a nuestro hijo. Después de eso pedimos a nuestras mamás que vinieran a ayudarnos."

- Decidan juntos qué gastos hacer para que puedan minimizar presiones adicionales por asuntos financieros.

- Habla de lo que te preocupa. Trata de explicar tus sentimientos.

"Cuando nuestro bebé recién llegó, me parecía que mi esposa estaba siempre dándole el pecho. Esto realmente me molestaba.

Finalmente hablamos del asunto. Me di cuenta que yo estaba celoso de toda la atención que ella le daba al bebé. Así que hablamos del asunto y decidimos que ella extraería la leche de sus pechos para la comida de la noche. Luego yo podría darle el biberón a nuestro bebé.

Fue maravilloso poder darle de comer a mi hija. Finalmente supe como mi esposa se sentía cuando estaba dándole el pecho."

Dí lo que estás sintiendo:	No juzgues lo que la otra persona está haciendo:
"Cuando tú haces eso, siento que no me estás escuchando."	"Tú nunca me escuchas."
"Me gustaría tener un tiempo a solas para cuidar de nuestro bebé."	"Tú nunca dejas que me acerque al bebé. Tú no me confías."

Tus sentimientos

En algunos momentos te vas a sentir molesto o enojado. Esto puede ser por todas las responsabilidades que tienes ahora o los cambios que tienes que hacer. También puede ser porque tu compañera está muy ocupada con el bebé. Estas son cosas de las que ustedes pueden hablar juntos. Trata de ser honesto y no juzgar. Encontrarás formas para sobrellevar todos estos cambios.

De repente los padres descubren que sus vidas están controladas por las necesidades de un bebé indefenso. La mayoría de los padres también se dan cuenta que su relación cambia. Necesitan encontrar nuevas maneras de apoyarse mutuamente.

Cómo gozar del sexo otra vez

Tú quizás sientes que deseas hacer el amor enseguida, después que tu compañera da a luz. Sin embargo, ella probablemente no se siente de la misma manera. Después del parto, sus sentimientos en referencia al sexo no tienen nada que ver con sus sentimientos por ti.

Primeramente, su cuerpo necesita tiempo para cicatrizar. Durante las primeras tres o cuatro semanas, hasta que la secreción vaginal pare, no puede introducir nada en su vagina. Aún después de ese tiempo, probablemente le tomará más tiempo para que sus músculos y el área de la vagina puedan sentirse bien.

Segundo, ella estará cansada por las levantadas en la noche y por las necesidades de tu nuevo bebé.

Tercero, ella puede sentir preocupación acerca de concebir muy pronto nuevamente. Es mejor para la mujer esperar por lo menos de 18 meses a dos años antes de quedar embarazada nuevamente. Así que cerciórate de usar alguna forma de control de la natalidad comenzando con la primera vez que hagas el amor después del parto.

Hay muchas formas de sentirse amorosos juntos.

Ustedes pueden gozar en la cama abrazándose estrechamente o dándose masajes uno al otro y también saciar su deseo sexual. Tu compañera puede gozar ayudándote a tener un orgasmo aun si ella no desea el acto sexual.

Cuando comiencen a hacer el amor juntos, tú descubrirás que sus pechos son diferentes. Si ella está dando el pecho, sus senos serán más grandes y posiblemente estarán sensibles, especialmente durante las primeras semanas. Cuando ella tenga un orgasmo, no te sorprenda si sus pechos gotean leche. Ten una toalla a la mano. Ella puede parar el goteo de la leche al presionar sus manos contra sus pezones.

Cuando inicien sus relaciones sexuales nuevamente, comienza despacio y pregúntale cómo se siente ella. Para ella, algunas posiciones pueden ser más fáciles y cómodas que otras. Muchas mujeres prefieren ponerse de costado. Hablen acerca de lo que les hace sentir bien a los dos. Si su vagina está más seca que de costumbre, prueben el usar un ungüento vaginal lavable. Si ella se siente incomoda con el sexo, espera unas pocas semanas y prueba nuevamente.

Cómo Comprender las Emociones de la Mamá

La nueva mamá está atravesando por un tiempo cargado de emotividad. Un minuto puede sentirse feliz y el siguiente malhumorada. Durante las primeras dos semanas después del parto, sus hormonas le producirán altibajos emocionales. Esto es normal y probablemente sus altibajos aminorarán poco a poco. Sin embargo, el cuidado del bebé, el dormir muy poco y el sentir todos los cambios en su vida le puede causar molestia por algún tiempo.

Algunas mamás nuevas se sienten muy deprimidas. Cuando alguien está deprimido, es bien difícil que lo note y pida ayuda. Por eso es importante que pongas atención a cómo ella se está comportando.

Síntomas de Depresión

- Sentimientos de extrema tristeza, culpabilidad o desesperanza.
- Sentimientos de que no puede cuidar a su bebé.
- Se preocupa mucho de que ella no puede hacer nada.
- Trata de hacer todo y se agota.
- Duerme todo el día o no consigue dormir.
- No tiene apetito o concentración.
- Sentimientos de hacerse daño a sí misma o al bebé.

Cómo Mantenerte Saludable y Fuera de Peligro

El cuidado de tu propia salud es una parte muy importante de ser un buen padre. Puedes cuidarte a ti mismo al:

- Comer alimentos nutritivos.
- Dormir lo suficiente.
- Evitar fumar o masticar tabaco.
- Beber con moderación, si bebes algo.
- Hacer gimnasia regularmente.
- Usar tu cinturón de seguridad y un casco protector si es que manejas bicicleta o motocicleta.
- Usar crema protectora contra el sol si estás afuera mucho.

Presta atención a tu cuerpo. Es importante examinarte tus testículos para detectar cáncer lo cual puede atacar a hombres jóvenes. Aprende a examinar tus testículos y notar cualquier bulto poco usual, al igual que las mujeres aprenden cómo examinar sus pechos regularmente.

Parte II: Lo Esencial en el Cuidado del Bebé

Capítulo 6
Lo Esencial en el Cuidado del Recién Nacido

Las tareas más importantes para ti son las de mantener a tu bebé sano y ayudarle a desarrollarse. Lo más esencial en la crianza de tu nuevo bebé es:

- Darle de comer cuando ella tiene hambre
- Mantenerle abrigada y limpia
- Consolarle cuando está descontenta
- Hablarle, acurrucarle y jugar con ella
- Ponerle a dormir de espalda en un lugar seguro
- Evitarle enfermedades que se pueden prevenir, dándole las vacunas a tiempo, lavándote las manos antes de atenderle y evitando las muchedumbres
- Protegerle de cualquier daño al usar un asiento de seguridad para el auto y protegiéndole contra caídas

---

En este capítulo se incluye:

- Cómo sostener y llevar a tu bebé en tus brazos
- Cómo cambiarle los pañales
- Cómo bañarle
- Cómo vestirle
- Cómo ayudar a tu bebé a dormir profundamente

El próximo capítulo tratará el cómo alimentar a tu bebé.

¿Te parece tu bebé muy frágil? ¿Te sientes extraña sosteniéndola? Toma tiempo para aprender nuevas destrezas. Afortunadamente los bebés sanos son fuertes. **Trata a tu bebé con suavidad y cuidado y ella crecerá de lo mejor mientras tú aprendes a ser madre.**

Cómo Sostener y Llevar a Tu Bebé en Tus Brazos

Siempre apoya la cabeza de tu bebé.

Tu bebé necesita sentir la seguridad de estar cerca de ti, sintiendo el calor de tu cuerpo, oliendo tu cuerpo, oyendo tu voz.

Sujeta su cabeza y espalda. Esto es importante porque su cuello y columna son muy débiles para sostener su cabeza grande y pesada. A continuación están varias formas de cómo sostenerla:

- Colócala en tu hombro con tu mano detrás de su cabeza. Coloca un paño limpio o pañal sobre tu hombro para agarrar escupidos y derrames.

La posición de fútbol te permite mirar a tu bebé.

- Acúnale en un brazo con su cabeza en tu codo y sus nalguitas en tu mano.

- Sostenla de espaldas debajo de un brazo, como una pelota de fútbol, con su cabeza en tu mano.

- Métela en una charpa o una mochila frontal.

- Déjala descansar pegada a la piel desnuda de mamá o el pecho de papá para tener un momento de estar pegaditos de "piel a piel".

Cómo "llevar puesto" a tu bebé

El llevar puesto al bebé en una charpa te permite tener tus manos libres y consuela a tu bebé.

Muchos bebés parecen sentirse más felices cuando se cargan. Esto es fácil si usas una charpa o mochila frontal. Tu bebé puede escuchar tu voz, sentir el calor de tu cuerpo y sentir el movimiento de tu caminar, al igual que lo hizo cuando estuvo en el vientre.

Este método ayuda a tu bebé a sentirse seguro y permite que tus manos estén libres. Si comienzas a cargarla de este modo después del parto, tu espalda se fortalecerá a medida que tu bebé sube de peso.

Consejos prácticos de seguridad:

- Escoge un cargador que sostenga la cabeza de tu bebé en forma segura.

- Encuentra uno en el que sea fácil de colocar a tu bebé.

- Evita portar o tomar líquidos calientes, fumar, agacharte sobre una estufa caliente o transportarte en un vehículo mientras lleves puesta tu bebé.

Cómo Manejar a Gemelos (Cuates) y a Trillizos

A los gemelos y trillizos les gusta estar cerca uno del otro después de haber estado los primeros nueve meses juntos. Cuando son pequeños, por lo general les gusta dormir en sola cuna.

Cuando tú y tu compañero salen juntos, pueden llevar un bebé cada uno. Cuando estás sola, puedes llevar puesto un bebé y sostener al otro. Déjales que tomen turnos en los asientos de bebé, columpios y mochilas frontales. Mantenles cerca uno del otro para que ellos se puedan ver y escuchar uno al otro.

"A mis trillizos les encanta estar juntos. Se han entretenido uno al otro desde muy temprana edad."

Haz tiempo para jugar con todos tus bebés cuando están despiertos. Extiende una colcha (cobija) en el piso y acuéstales juntos. Siéntate con ellos para que puedas hablar y tocarles a cada uno. Si estás tratando de cocinar o limpiar, acuéstales cerca de ti en el suelo. Háblales para que ellos sepan que estás cerca.

Cómo Ayudar a Tu Bebé a Dormir

Tu bebé será más feliz y se desarrollará mejor si duerme lo suficiente. Tú puedes ayudar bastante para que tu bebé duerma lo necesario.

Muchos recién nacidos duermen entre 16 y 17 horas cada día. Los períodos de dormir generalmente duran de 2 a 4 horas con pequeños intervalos despiertos para comer. Muchos bebés se vuelven a dormir fácilmente después que han comido y eructado. Observa a tu bebé para ver señales de sueño, tal como el parpadeo de sus ojos. **Ponla a dormir entonces antes de que se ponga muy fastidiosa.**

Los bebés tienen períodos de un sueño profundo y nada les molesta. A veces también tienen un sueño ligero, hacen pequeños ruidos y mueven sus brazos y piernas. Si los dejas tranquilos, generalmente se vuelven a dormir profundamente.

Los ruidos comunes de la casa no les molesta a los recién nacidos. No hace falta que hagas todo en silencio cuando tu bebé está durmiendo.

Algunos recién nacidos parecen no necesitar dormir tanto como otros. Si parece que tu bebé no desea dormir, una manera de tenerla cerca de ti es llevándola contigo en una mochila frontal.

Los bebés prematuros por lo general duermen la mayor parte del tiempo. Solamente después de que han pasado su fecha original de nacimiento, comienzan a estar despiertos más tiempo. A veces necesitarás despertar a tu bebé para comer.

El bebé comparte la habitación y cama con sus padres

A algunos padres les gusta que su bebé duerma con ellos. Esto puede ser bien consolador para el nuevo bebé y para los padres. Otros prefieren que el bebé esté en su propia cuna. Durante los primeros meses pueden tener la cuna en su dormitorio y luego moverla a otra habitación. A medida que los bebés crecen, los bebés y sus padres dormirán mejor en sus propias habitaciónes. Ésta es una decisión personal. Los bebés pueden crecer felices y seguros en cualquiera de las dos formas.

Donde sea que el bebé duerma, cerciórate de que su cama es un lugar seguro. El mantener la cama de un adulto segura para un bebé significa tener un colchón firme, no tener cobijas (mantas) pesadas cerca del bebé, que no haya espacios entre el colchón y la cabecera de la cama y tener una reja (barras) en el costado.

Dormir sin Peligro

El SMIS ("SIDS") (Síndrome de Muerte Infantil Súbita o muerte de cuna) es un evento raro y trágico que preocupa a la mayoría de los padres. Es la causa mayor de muertes de infantes menores de un año. La causa exacta es un misterio. Sucede mientras el bebé duerme y casi siempre entre 1 y 6 meses de edad.

Los bebés prematuros (antes de 38 semanas) o que han pesado muy poco al nacer (menos de 5 ½ libras) tienen un riesgo más alto del SMIS. Si sus madres fumaron o ingirieron drogas durante el embarazo, su riesgo es aún mayor. Si tienes una preocupación en especial, pregunta a tu profesional médico qué es lo que él o ella recomienda. Haz todo lo posible para disminuir el riesgo para tu bebé.

No se sabe de una manera segura cómo prevenir el SMIS. Sin embargo tú puedes ayudar a reducir el riesgo de que ocurra. Las siguientes son maneras de hacer esto:

- **Asegúrate que el bebé duerma de espalda (boca arriba), en la casa y en la guardería infantil,** a no ser que haya una razón médica para dormir boca abajo.

- **No coloques animales de peluche, almohadas, pieles de oveja, paragolpes, cobijas gruesas y colchas en la cuna o la cama.** Cualquiera de éstos pueden bloquear la boca y nariz del bebé evitando que le llegue suficiente aire fresco.

- Evita calentar demasiado el cuarto o ponerle a tu bebé prendas de vestir muy pesadas para dormir. Mantén la temperatura del cuarto a 70 grados o menos.

- Vístela para que esté abrigada pero no caliente. En clima frío, usa una pijama abrigada que le cubra las piernas y los brazos en vez de usar una cobija.

- Ponla a dormir sobre un colchón firme y que quepa bien (no los cojines del sofá o cama de agua).

- Mantén tu casa limpia de humo de cigarrillos.

- Dale el pecho a tu bebé y llévala a los exámenes de buena salud.

El poner a los bebés a dormir boca arriba ha reducido dramáticamente el riesgo del SMIS en este país durante los últimos años.

Cómo Cambiar los Pañales

Los pañales sucios y mojados de tu bebé te ayudan a saber si ella está comiendo suficiente. Después que te venga la leche, un recién nacido debe tener de seis a ocho pañales mojados cada día. Ella tendrá probablemente por lo menos dos deposiciones (evacuaciones) por día. Si tú piensas que tu bebé no está orinando suficiente, llama al doctor o la enfermera especialista.

Los pañales desechables retienen más líquido que los pañales de tela. Cualquiera que sea la clase, se deben cambiar antes o después de cada comida. El dejar un pañal mojado o sucio por mucho tiempo, le puede causar irritación del pañal.

Si el olor de los pañales sucios te molesta, prueba a respirar por tu boca en vez de la nariz.

La limpieza de las nalguitas del bebé es una tarea que los padres no pueden evitar. Prueba a hacer el cambio de pañales divertido. Habla a tu bebé y sonríe, para que tu bebé sepa que la amas. Cerciórate que tu expresión y tu voz le demuestran cariño y no lo desagradable de la tarea.

Lávate las manos antes y después de cambiarle el pañal. Esto previene que los microbios se esparzan.

¿Cómo deben ser los excrementos del bebé?

*Meconio: el material negruzco que estaba en el intestino antes de nacer.

Las primeras evacuaciones después del nacimiento son pegajosas y negras o verdosas. (Esto es meconio*.) Esta evacuación viene dentro de las primeras 24 a 48 horas, o hasta los siete días en un bebé que nace con muy poco peso.

Pronto las evacuaciones se volverán más blandas y entre pardo-verdosas y pardo-amarillentas. Éstas pueden contener pequeños bultos blancos que son leche cuajada.

- La leche del pecho produce excrementos que parecen mostaza con grumos, finos y amarillos. Éstos huelen muy poco.

- La fórmula produce excrementos más firmes que son de color amarillo pálido hasta pardo claro (como crema de cacahuates). Éstas huelen más fuerte.

¿Cada cuánto tiempo tendrá tu bebé una evacuación?

Durante los primeros meses, la mayoría de bebés que reciben el pecho tienen de dos a cinco evacuaciones por día. A medida que crecen, tendrán menos. Los bebés que toman fórmula generalmente tiene por lo menos una evacuación por día. Cada bebé seguirá su propia rutina.

*Deshidratado: tener muy poca agua en el cuerpo, ya sea por haber bebido muy pocos líquidos o por haber perdido agua por causa de diarrea o vómito.

A algunos bebés que reciben el pecho o fórmula pueden estar más de un día sin tener una evacuación. Si el bebé ha estado comiendo bien, no ha estado vomitando y tiene excrementos suaves, esto no es un problema.

Si los excrementos de tu bebé se vuelven duros y secos, probablemente ella no está recibiendo suficientes líquidos. Si ella ha estado vomitando o tiene diarrea o fiebre, puede ser que se ha deshidratado*. Llama al profesional médico de tu bebé.

Cómo prepararse
para cambiar los pañales

Cambia los pañales de tu bebé sobre una mesa de cambiar o cama, en la cuna o sobre el piso. Cuando le cambias el pañal más arriba del nivel del piso, **asegúrate de mantener una mano sobre ella todo el tiempo para que no ruede hacia el suelo.** Algunos bebés se menean aún antes de aprender a rodar.

Antes de comenzar, coloca los siguientes artículos a tu alcance:

- Agua tibia y una toallita suave o bolas de algodón; después de unas semanas puedes usar toallitas húmedas para bebé o loción y pañuelos de papel.
- Una colchoneta impermeable para poner debajo del bebé.
- Ungüento para irritación del pañal, si es necesario.
- Un pañal limpio.
- Una cubierta para el pañal o una pantalón impermeable, si usas pañales de tela.
- Un pañal adicional para atrapar el rocío de un bebé varón.
- Una puesta de ropa limpia.
- Un bote de basura o un cubeta con tapa para pañales.

Si usas imperdibles (seguros), ciérralos y mantén éstos fuera del alcance del bebé.

Cómo limpiar las nalguitas del bebé

1) Lávate siempre las manos, antes y después de cambiar el pañal. Si tienes gemelos (cuates), lávate las manos después de limpiar a cada uno.

2) Si el pañal está mojado solamente, una limpiada rápida con una toallita y agua tibia es suficiente.

3) Si todavía está el cordón umbilical en su sitio, límpialo con alcohol. Levántale para limpiar la piel.

4) Después de una evacuación, levanta las piernas del bebé con una mano y limpia casi todo el excremento con una esquina limpia del pañal. Remueve el pañal sucio y limpia el área con una toallita mojada o con

Para limpiar las nalguitas del bebé, sostén las piernas y limpia desde adelante hacia atrás.

una toallita desechable. Usa la parte limpia de la toallita para cada limpiada.

5) **Limpia SIEMPRE desde adelante hacia atrás tanto para los bebés varones como para las niñas.** Esta forma de limpiar evita que los gérmenes del excremento entren en la apertura de los órganos genitales*.

*Genitales: las aperturas del cuerpo; el pene en un varón y la vagina y vulva en una niña.

6) Un bebé varón probablemente tenga una erección mientras limpias su pene. Una erección en un bebé es una reacción normal al ser tocado. También los varoncitos frecuentemente rocían orina. Para evitar que te moje, coloca un pañal o tela sobre su pene.

7) Cuando pongas un nuevo pañal, dóblalo debajo del cordón umbilical. Esto previene que se moje o se infecte mientras se está secando. (Vea la siguiente página.)

Aprovecha este tiempo para hablar con tu bebé y jugar un poquito. Masajea sus piernas y barriguita o hazle cosquillas en sus piecitos. Y mejor aún, sostén tu cara bien cerca de ella, mírale y háblale suavemente.

Cómo prevenir irritación del pañal

La irritación del pañal es un sarpullido doloroso, enrojecido y granoso en el área que cubre el pañal. Es muy común. Lleva a cabo los siguientes pasos para prevenir la irritación del pañal:

El dejar que las nalguitas del bebé se sequen al aire libre puede ayudar a prevenir la irritación del pañal.

• Cambia los pañales cada vez que el bebé evacué y cuando el pañal esté mojado.

• Limpia el área y sécale bien antes de ponerle un nuevo pañal.

• Deja que tu bebé permanezca acostado desnudo por un tiempo cada día cuando él está despierto para que el aire seque sus nalguitas.

• Si tu bebé tiene irritación del pañal, lee el Capítulo 16, página 225.

Cómo cuidar del pene de un bebé varón

Cómo limpiar un pene no circuncidado:

Lo único que necesitas hacer es lavar el exterior del pene desde la parte superior hasta la base. No intentes jalar el prepucio porque no se estira. El prepucio probablemente no se estirará hasta que tu niño tenga 3 años de edad.

Cómo limpiar un pene circuncidado:

Si un bebé varón ha sido circuncidado, es muy importante mantener la punta del pene limpia mientras se está cicatrizando. Esto tardará unos 10 días.

Lávale con cuidado cada vez que le cambies el pañal. Échale gotas de agua tibia sobre el pene y sécale con mucho cuidado con una toalla suave. No uses alcohol—le dolerá.

Consulta con el médico o enfermera especialista de tu bebé si debes usar una pomada en la punta del pene para ayudarle a cicatrizar. Una costra amarilla puede formarse naturalmente mientras se sana. No intentes removerla.

Sujeta los pañales sin apretar alrededor del cuerpo del bebé. Evita acostarle boca abajo hasta que su pene se haya sanado. Él debe dormir de espaldas de todos modos.

Llama a tu profesional médico si hay alguna señal de infección: un fuerte olor, sangrado o hinchazón de la cabeza del pene. También llama si el bebé no ha orinado el primer día después de la cirugía.

Después que el pene se haya cicatrizado, simplemente lávale cuando le cambies los pañales. Límpialo desde la punta hasta la base.

Cómo mantener limpio el cordón umbilical

Limpia el cordón y el área alrededor de su base con alcohol isopropil*. Jala cuidadosamente el cordón para que puedas limpiar el área donde se junta con la barriguita del bebé. El cordón no tiene nervios por lo tanto el alcohol no le causará dolor. Si tu bebé llora, es debido a lo frío del alcohol. Limpia el cordón cada vez que le cambias el pañal. Esto ayuda a que se seque y se caiga más pronto.

*Alcohol isopropil: una clase de alcohol que se utiliza para matar microbios (no para tomar).

Dobla la parte frontal del pañal hacia abajo, debajo del cordón para mantenerlo seco y limpio.

Nunca intentes arrancar el cordón. Éste se ennegrecerá y se desprenderá naturalmente entre 7 y 14 días, dejando atrás el ombligo. Puede que haya un poquito de sangre cuando se desprenda. Si después de unos cuantos días el ombligo parece húmedo, continúa limpiándolo con alcohol hasta que se vea seco.

Llama al doctor o enfermera especialista si la piel alrededor del cordón está enrojecida o tiene un fuerte olor.

Si hay un bulto alrededor del ombligo, es una hernia umbilical. (Capítulo 11, página 132.) No hay nada que pueda prevenir el bulto. Éste se sanará por sí mismo con el tiempo.

Cómo Bañar a Tu Bebé

Los bebés no se ensucian mucho hasta que ellos empiezan a jugar con la comida o gatear por el suelo. Antes de esto, ellos necesitan un baño completo solamente cada tres o cuatro días. Si tienes gemelos, puedes bañar a cada bebé en un día diferente. Muchos bebés gozan del momento de bañarse.

Lava las siguientes áreas con agua tibia varias veces al día: los genitales, las manos, cara y pliegues de la piel alrededor de la nuca. Limpia el cordón umbilical con alcohol (vea la página anterior).

*Baño de esponja: un baño en el cual se limpia el cuerpo con una esponja o toallita, en vez de sumergirse en una tina de agua.

Dale a tu bebé baños de esponja* hasta varios días después que el cordón umbilical se haya desprendido. Un baño de esponja ayuda evitar que gérmenes infecten el cordón umbilical. Si tu bebé varón ha sido circuncidado, usa el baño de esponja hasta que los dos, el pene y el cordón se hayan cicatrizado.

Después de que el cordón se haya cicatrizado, puedes bañar a tu bebé en el fregadero limpio de la cocina o en el lavabo del baño que tenga un mostrador. Ayuda tener una colchoneta o una tina especial para bebés, es útil pero no es necesario. Puedes poner una toalla suave en el lavabo para comodidad y para que ayude a que tu bebé no se resbale en el agua jabonosa.

Cómo dar un baño de esponja

Cerciórate de bañar a tu bebé en una habitación abrigada. Cuando le des un baño a un bebé recién nacido, mantenlo abrigado secándole cada parte después de que la laves.

Es muy importante que antes de empezar tengas todo lo que necesitarás a tu alcance. Cuando tu bebé esté mojada, enjabonada y resbalosa, vas a necesitar tus dos manos para sostenerla.

Junta los siguientes artículos para un baño de esponja:

- Dos palanganas de agua tibia
- Por lo menos una toalla y una toallita para limpiar
- Jabón suave y champú de bebés
- Alcohol isopropil para el sobrante del cordón umbilical
- Una taza plástica para enjuague
- Un pañal limpio y ropa limpia

Un baño de esponja es fácil si tienes una superficie plana cerca del lavabo. Se hace de la siguiente manera:

1) Usa una superficie plana (mesa, mostrador o el suelo) en una habitación templada. Coloca a tu bebé sobre una toalla limpia con una colchoneta impermeable debajo, si es necesario. Puedes poner una almohada debajo de la colchoneta para ayudarle a sentirse más cómoda y segura.

2) Si estás utilizando una superficie más alta que el piso, sujétale con una mano todo el tiempo para evitar que se caiga.

3) Usa una palangana de agua para lavarle y otra para enjuagarle. Prueba el agua con tu codo para asegurarte que no esté muy caliente.

4) Lava su cara y el pelo y sécalos antes de desvestirla. No es necesario usar jabón para su carita, especialmente cerca de los ojos. Usa un champú muy suave para su cabello solamente.

Para un baño de esponja, lava el pelo de la bebé antes de desvestirla.

5) Lava, enjuaga y seca un área del cuerpo a la vez para evitar que el cuerpo del bebé se enfríe. Usa solamente un poco de jabón en tus manos para lavarle. Enjuaga con una toallita usando el agua limpia de la palangana.

Báñale el frente (pecho, brazos, axilas, nuca y la barriguita). Usa alcohol para limpiar alrededor del cordón umbilical.

6) A continuación, acuéstale boca abajo y lava su espalda y las nalguitas. Enjuágalas y sécalas. Luego haz las piernas.

7) Ponle un pañal y ropa limpia. No uses talco de baño. Éste puede ser peligroso para la respiración.

Casi nunca se necesita loción de bebés o aceite. Durante la primera semana todos los bebés tienen la piel seca que se pela. La loción no va a ayudar con esta afección. Si la piel en los pliegues de las axilas o tobillos se seca mucho o se parten y sangran, puedes usar vaselina para proteger la piel. Después de la primera semana, se usa loción o aceite para bebés solamente si la piel está muy seca.

Cómo dar un baño de tina

Tu bebé estará resbalosa en el agua. Pon un brazo debajo de su cabeza y hombros y sostén su brazo firmemente.

Una vez que el cordón umbilical y la circuncisión se hayan cicatrizado, tu bebé puede tomar un baño de tina. Usa una tina pequeña y plástica sobre un mostrador, si es posible, o el fregadero de la cocina, para que no tengas que inclinarte sobre una tina de tamaño normal en el baño. El agua debe estar a un nivel bien bajo, solamente unas pocas pulgadas de profundidad. Acuesta a tu bebé de espalda y mantén un brazo debajo de su cabeza y hombros. Lava su cara primero, mientras el agua está limpia.

Si necesitas ir a la abrir la puerta o contestar el teléfono, envuelve a tu bebé en una toalla y llévala contigo. NUNCA la dejes sola en el agua.

Cómo tratar la costra láctea

En el cuero cabelludo de tu bebé pueden aparecer costras escamosas que se descascaran, las cuales se les conoce como costra láctea o dermatitis saborreica. No es suciedad y es muy común en los bebés durante los primeros meses. La costra láctea puede esparcirse a otras partes de la cara del bebé, del cuerpo o el área de los pañales. Esto es normal y por lo general no le molesta al bebé. Se desaparece generalmente dentro de unos pocos meses.

Puedes controlar la costra láctea lavando diariamente el cabello de tu bebé con un jabón suave sin perfumes o tintes. No es necesario el champú medicado. Permite que el jabón permanezca en el cuero cabelludo y suavice las costras. Luego enjuaga bien y usa un cepillo de dientes muy suave o un peine (peinilla) con dientes muy finos para remover las escamas flojas. También puedes usar aceite de bebé o aceite mineral en el cuero cabelludo para aflojar la costra antes de peinarle y lavarle con el champú.

Cómo cortarle las uñas

Las uñas crecen rápido. Córtalas frecuentemente con tijeras mochas (sin punta). Si tu bebé se menea, haz esto cuando esté durmiendo profundamente. No las muerdas con tus dientes. Microbios en tu boca pueden causarle una infección.

Cómo dar masajes a tu bebé

Dar masajes a tu bebé puede ser relajante tanto para ti como para tu bebé. A los bebés quisquillosos generalmente les gustas un masaje. Coloca primero aceite en tus manos. Masajea cuidadosamente y amasa su cuerpo mientras le hablas o le cantas en voz baja.

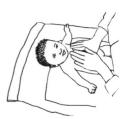

El acariciar el cuerpo de tu bebé es una manera amorosa de calmarla.

Cómo Vestir a Tu Nuevo Bebé

Los recién nacidos que pesan menos de nueve o diez libras necesitan permanecer abrigados. Esto es especialmente cierto en el caso de los infantes prematuros quienes tienen menos grasa en sus cuerpos para mantenerlos abrigados. Tu bebé recién nacida no puede decirte si ella tiene mucho frío. Normalmente sus manos y pies pueden permanecer un poco más fríos. Una forma de saber si está suficientemente abrigada es tocando sus rodillas o sus codos.

¿Cuántas capas de abrigo necesita tu bebé? La forma más fácil de juzgar es pensar en lo que tú llevas puesto. Utiliza una prenda más de lo que tú llevas puesto. Los bebés prematuros generalmente necesitan más ropa. Cuando los bebés crecen, éstos necesitan llevar puestos la misma cantidad de ropa que un adulto que no hace mucha actividad física.

Los bebés pueden acalorarse demasiado

Los bebés no necesitan ser envueltos en muchas mantas a no ser que estén afuera en un clima muy frío. A veces los bebés se calientan tanto que contraen fiebre aunque ellos no estén enfermos.

Sacarle una camiseta: Primero estira bien el cuello de la camisa.

En clima cálido, un bebé puede necesitar llevar puesto solamente un pañal y una camiseta. Sin embargo, evita ponerle cerca de un aire acondicionado o ventilador que pueda enfriarle demasiado.

Cómo vestirle y desvestirle

Recuerda que tu bebé no puede controlar su cabeza, brazos y piernas. **Ponle ropa con broches o cierres para que puedan abrirse completamente.** Se hace más fácil vestirle si no tienes que empujar o jalar mucho.

Luego desliza la camiseta por encima de la cara del bebé.

Cuando le pones una camisa sobre su cabeza, estira el cuello de la camisa con tu mano y guíala sobre su carita. Para sacarle, estira el cuello de la camisa y guíala sobre su barbilla y cara.

Para pasar los deditos a través de la manga fácilmente, estira tu mano dentro de la manga. Sostén su manita en tus dedos y jala hacia afuera de la manga, en esa forma sus dedos no quedarán atrapados. Igualmente, guía sus pies dentro de las piernas del pantalón.

Capítulo 7
Alimentación con la Leche del Pecho y Fórmula

La hora de comer es muy importante para un bebé. No solamente es un tiempo para nutrir a tu bebé con la leche del pecho o fórmula. También es un tiempo especial para que tú y tu bebé se conozcan. Es un tiempo de reposo en el cual tú y tu bebé pueden sentirse más cercanos uno al otro.

La leche materna es el alimento perfecto para los bebés por lo menos durante el primer año. Esta forma de alimentar a tu bebé le da el mejor comienzo. Sin embargo, si has decidido no darle de lactar o no puedes hacerlo, tu bebé aún puede crecer saludable tomando fórmula.

Muchas madres descubren que dar el pecho es un método bien fácil, aun cuando regresan a trabajar. Cuando comiences a amamantar, es importante que comiences bien. Consigue ayuda inmediatamente si tienes problemas al comienzo. La mayoría de los problemas de dar el pecho tienen soluciones fáciles.

Los bebés están listos para alimentos sólidos alrededor de los cinco o seis meses de edad. Para información acerca de cómo empezar a dar alimentos sólidos, lee los Capítulos 13 (página 165), 14 (páginas 184 a 186) y 15 (páginas 201 a 207).

En este capítulo se incluye:

- Lo básico en alimentación
- Cómo dar el pecho correctamente
- Cómo extraer la leche de tus pechos
- Cómo dar el biberón correctamente
- Alerta en cuanto a seguridad del horno de microondas

Lo Básico en Alimentación

Es importante alimentar al recién nacido cuando te hace saber que tiene hambre. Al comienzo, un bebé que recibe el pecho puede tener hambre cada 1½–2 horas. Esto es así porque la leche del pecho es bien fácil para digerir. Un bebé que toma fórmula puede querer comer cada 3 a 4 horas. Si tienes gemelos o trillizos para alimentar, necesitarás, hasta cierto punto, planear sus comidas.

Aprende las señales de hambre de tu bebé

Tu bebé te dará señales muy simples de que tiene hambre. Prueba a responder a estas señales de hambre en vez de esperar hasta que él llore. Cuando tú respondes, él aprende a confiar en ti.

Señales tempranas de hambre:

- Hace pequeños sonidos de fastidio.

- Se chupa su puño.

- Vuelve su cara hacia tu pecho mientras le sostienes en tus brazos, como si estuviera buscando tu pecho.

*Rachas de crecimiento: períodos de tiempo en los cuales tu bebé crece más rápido que de costumbre.

El apetito de tu bebé cambiará de semana a semana. Muchos bebés tienen rachas de crecimiento* alrededor de las seis semanas y a los 2, 4 y 6 meses de edad. Durante este tiempo, un bebé quiere comer más seguido o beber más en cada comida. Si le estás dando el pecho, mientras más chupe, más leche producirás. **Hasta que tu bebé tenga 5 ó 6 meses de edad, es mejor que le des más leche que agua, jugo o cereal.**

Los bebés maman por dos razones, una por hambre y otra para tranquilizarse. A muchos bebés les gusta chupar su dedo para calmarse si están irritados. Si tu bebé está fastidiado, probablemente le guste chupar tu dedo limpio. Si tiene hambre, tu dedo no le va a calmar. Si le estás dando el pecho, espera cerca de seis semanas para ofrecerle un chupón (tetina), de modo que tus pechos produzcan una buena cantidad de leche.

Si tu bebé se queda dormido frecuentemente cuando está comiendo, prueba a cambiarle el pañal durante la comida.

¿Está tu bebé comiendo suficientemente?

La leche materna y la fórmula proveen todos los nutrientes* y líquidos que la mayoría de los bebés saludables necesitan por lo menos durante los primeros seis meses. Puedes estar segura que tu bebé está comiendo lo suficiente si él:

- Tiene al menos seis pañales mojados cada 24 horas (después del primer día o el segundo).
- Su orina es amarilla pálida.
- Tiene por lo menos una evacuación blanda diaria.
- Recupera su peso de recién nacido a las 2 semanas de edad y luego aumenta de $\frac{1}{2}$ a 1 onza cada día (4 a 7 onzas en una semana).
- Se muestra contento después de comer y eructar.

*Nutrientes: los elementos en los alimentos necesarios para una buena salud y crecimiento. Estos incluyen proteínas, grasas, carbohidratos, vitaminas y minerales.

Los bebés necesitan eructar

Muchos bebés necesitan eructar durante la comida o al final. Si tu bebé está fastidioso después de comer, probablemente esté sintiéndose incómodo y necesite eructar.

Para hacer eructar a tu bebé, ponle sobre tu hombro o en tu regazo. Dale palmaditas o frota su espalda firmemente. Usa un babero debajo de su barbilla para absorber la leche que pueda arrojar.

Frecuentemente cuando un bebé eructa le sale algo de leche. Puede parecer como mucha leche pero generalmente es sólo una cucharada o dos. Para ver cuánto es, pon una cucharada de leche en un plato. La mayoría de los bebés eructan menos de esa cantidad.

Cómo hacer eructar a un bebé en tu regazo. Sostén su cabeza con tus dedos a los lados de su barbilla y dale palmadas suaves en su espalda. Esto funciona bien con los bebés que pesan menos de 7 libras.

Cómo alimentar a gemelos y trillizos

Alimentar a dos o más recién nacidos es una tarea enorme. Muchas mamás escogen alimentar a los dos (o a todos) a la vez para poder tener tiempo para hacer otras

WIC: El Programa para Mujeres, Bebés y Niños (WIC) es un programa excelente de educación sobre la salud y la nutrición para los bebés de familias que cualifican y para mamás que dan el pecho. Llama al departamento local de salud para averiguar más acerca de WIC.

cosas, tales como descansar. También descuelgan el teléfono y ponen límite a las visitas a las horas de comer, para poder poner atención a sus bebés.

Amamantar: Cómo Empezar

Si decidiste darle a tu bebé fórmula, lee la página 80 para encontrar más detalles.

¿Por qué es la leche materna el alimento perfecto para tu bebé recién nacido? Le provee una cantidad equilibrada de nutrientes. También tiene células vivas que le dan protección natural a tu bebé contra enfermedades, especialmente durante los primeros meses.

Dar el pecho (también conocido como amamantar) ayuda a la madre y el bebé a desarrollar una relación muy cercana uno al otro. **Aun si das el pecho por solamente unos pocos meses, los beneficios para tu bebé son excelentes.** Tu propia madre quizás no sepa mucho acerca de amamantar o de animarte a hacerlo, a no ser que ella haya dado el pecho a sus propios bebés.

Lo más importante para recordar es lo siguiente:

- Tus pechos producen leche cuando tu bebé chupa. Aun los senos pequeños pueden producir suficiente leche.
- El amamantar es fácil para la mayoría de las mamás y los bebés.
- **Los problemas casi siempre se resuelven fácilmente. Siempre hay ayuda disponible.** Pide consejo antes de cambiar a fórmula.

Un buen momento para empezar a dar el pecho es durante la primera hora después del parto. La mayoría de los bebés están muy despiertos justo después de nacer. Más tarde y al día siguiente, él probablemente tendrá sueño y le interesará menos.

¿Dónde puedes conseguir ayuda para amamantar?

- En la maternidad o la sección de maternidad del hospital donde tu bebé nació (siempre hay alguien ahí, aún bien tarde en la noche).
- Con una asesora (especialista) de lactancia recomendada por tu doctor o enfermera especialista.
- Con dirigentes o voluntarias de "La Leche League".

Inmediatamente después del parto, tus pechos producirán calostro. Éste es espeso, amarillento y muy nutritivo. Después de unos pocos días empezarán a producir leche más líquida y de color blanco azulado. Tus pechos se llenarán y se endurecerán a medida que se produce tu leche. Dale el pecho a tu bebé lo más posible.

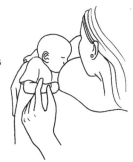

El mejor comienzo para amamantar

Los hospitales y maternidades pueden ayudar a las madres a tener un buen comienzo dando el pecho, de la siguiente manera:

- Permitiendo que las mamás y sus bebés estén juntos en el hospital o maternidad. (Compartir la habitación.)

- Animándo a las mamás a que den el pecho cada vez que el bebé tenga hambre.

- **No** dar agua o fórmula a los recién nacidos a no ser que sea médicamente necesario.

- **No** dar chupones o tetinas a los recién nacidos que lactan.

- Ayudando a las mamás a relacionarse con un grupo de apoyo para madres lactantes cuando ellas regresan a casa.

Inmediatamente después del parto es un momento maravilloso para comenzar a darle el pecho y a establecer una conexión con tu bebé.

Tú puedes hacer todas estas cosas aun si tu hospital o maternidad no te apoya.

Pasos para Dar el Pecho con Éxito

1. Comienza cuándo nace o tan pronto como sea posible

La mayoría de los bebés están ansiosos por comer por unos minutos durante la primera hora después de nacidos. Éste es un momento maravilloso para establecer un enlace muy fuerte con tu nuevo bebé. Tu calostro es muy bueno para él. Dar el pecho también ayuda a acelerar la salida de la placenta y la contracción de tu útero.

Después de la primera hora, muchos bebés tienen mucho sueño y no tienen mucha hambre durante el primer día. Después de éste, su apetito aumenta.

Si no te es posible dar el pecho durante la primera hora, comienza en cuanto les sea posible a ti y a tu bebé. Si hay problemas médicos que evitan que puedas dar de lactar a tu bebé, tú puedes acurrucar a tu bebé inmediatamente. Si es necesario, puedes exprimir tus pechos para proveer el calostro y leche hasta que tu bebé pueda lactar.

2. Ponte cómoda

Lávate las manos. Ponte en una posición cómoda en una silla o en la cama en donde puedas sentarte o acostarte por unos 30 a 40 minutos. Si estás sentada, recuéstate hacia atrás y usa una almohada para apoyar tus brazos para que tus hombros no se cansen. Ten un vaso de agua a tú alcance porque probablemente te dará sed.

Posición de cuna.

3. Sostén a tu bebé correctamente para darle el pecho

La posición de tu bebé es muy importante. Sostén a tu bebé de manera que su pecho está frente a tu pecho. Si no está frente a ti, él tendrá que voltear su cabeza para chupar. Esto hace que estire tu pezón lo cual te producirá dolor.

Maneras de sostener a tu bebé:

Posición de fútbol.

- Posición de cuna: siéntate en un sofá con una almohada debajo de tu codo, sosteniendo la cabeza de tu bebé al nivel de tu codo.

- Posición de fútbol: siéntate con la cabeza de tu bebé en tu mano, su cuerpo en tu brazo y sus pies metidos debajo de tu codo. Ésta puede ser la posición más cómoda si tu estómago está adolorido si tuviste una operación cesárea.

- Posición de costado: colócate de costado con tu bebé recostado frente a ti.

Posición de costado.

De vez en cuando puedes cambiar la posición que usas para dar el pecho. Tu bebé chupará el pecho de modo diferente en cada posición, lo cual aliviará el dolor de los pezones. Vaciará casi por completo los conductos lácteos que cubren entre su nariz y la barbilla.

4. Ayuda a tu bebé a chupar bien el pezón

Él debe agarrar el pezón y la mayor parte de la areola con su boca. Cuando él chupa, su boca y lengua aprietan los conductores lácteos que están dentro de la areola para que salga la leche.

Cerciórate que la mayor parte de la zona oscura alrededor de tu pezón entra en la boca del bebé y que sus labios se estiran alrededor de ésta. Si el bebé solamente chupa el pezón, la leche no saldrá. Esto ocasionará que el pezón se ponga muy adolorido.

El sostener el seno con tu pulgar y dedos forma la letra "C". Esto facilitará que tu bebé agarre y chupe bien.

1) Sujeta tu pecho con tu mano detrás de la areola, aprieta un poco tus dedos juntos y con tu pezón tócale el labio inferior.

2) Cuando abra la boca completamente, acércale hacia tu pecho y pon tu pezón y la areola directamente dentro de su boca. Comprueba que su labio inferior no está enrollado hacia adentro.

3) Sostenle frente a tu pecho, estómago contra estómago, para que no jale tu pezón hacia abajo. Apoya tu brazo y su cuerpo con una almohada para que tu brazo no se canse.

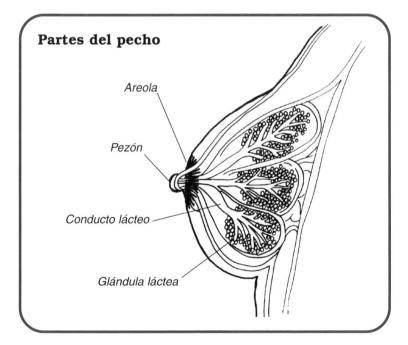

Partes del pecho

Areola

Pezón

Conducto lácteo

Glándula láctea

Posición correcta de chupar: casi toda la areola está dentro de la boca del bebé.

La lengua hace presión contra la areola para dejar salir la leche (abajo).

4) Escucha para ver si está ingiriendo o fíjate si su mandíbula se mueve (abajo del oído) cuando traga.

Cuando tu bebé comienza a chupar, tu seno quizás te duela un poco. El chupar en sí es bien fuerte. Además, los senos en algunas mujeres suelen cosquillear o doler a medida que la leche va pasando por las glándulas lácteas. Una vez que la leche comienza a salir, tus pechos se sentirán mucho mejor.

5. Usa los dos pechos en cada comida

Deja que tu bebé chupe los dos senos en cada comida. Durante los primeros días o primera semana, puede que él no tenga mucha energía para comer durante largos períodos de tiempo, pero quizás quiera comer más frecuentemente.

Una vez que tenga más fuerza, tu bebé probablemente tome del primer pecho por 10 a 15 minutos. Déjale que chupe hasta que él pare. Toma por lo menos 10 minutos para chupar casi toda la leche de un seno. La leche que él recibe mientras el seno se vacía es muy nutritiva.

Cuando tu bebé pare, hazle eructar y cámbialo para que tome el otro pecho. Déjale chupar mientras esté con hambre, por lo menos 15 minutos.

En la próxima comida, comienza con el seno que lactó último. De esta manera él vaciará los dos pechos equitativamente. Márcalo con un imperdible (seguro o sujetador) en la tira de tu sostén. Esto te recordará para que la próxima vez comiences con ese lado.

Si estás dando de lactar a gemelos (cuates), puedes alternar los senos de tal modo que cada bebé reciba leche de los dos, o usar un pecho para cada bebé. Los dos métodos tienen sus ventajas. Habla de estos métodos con tu asesora de lactancia. Recuerda cual bebé usó qué pecho.

6. Dale el pecho cuando sea que tu bebé tenga hambre

El poner atención a las necesidades de tu bebé le demuestra que él te importa mucho. Tú aprenderás a distinguir cuando está con hambre. Trata de darle de comer antes de que llore.

A medida que tu bebé chupe más, tus senos producirán más leche. Las comidas frecuentes incrementan más tu depósito de leche. Él tendrá más hambre durante las rachas de crecimiento acelerado. Si te parece que está con hambre más frecuentemente, simplemente dale el pecho con más frecuencia. Esto **no** significa que tú tienes poca leche. Después de un día o dos, tus pechos producirán más leche y él no necesitará comer tan frecuentemente. ¡Ten paciencia! Tus pechos proveerán lo que tu bebé necesita.

Evita darle agua o biberones suplementarios de fórmula. Tu bebé puede obtener todo el líquido y nutrición que necesita en la leche materna.

7. Aprende a cómo soltar tu pezón

El chupar de un bebé es bien fuerte. Si simplemente le jalas para que suelte el pecho, puede lastimarte el pezón. Para que tu bebé suelte el seno, pon tu dedo en la orilla de su boca. Esto para la succión sin lastimar el pezón.

8. Llama a una asesora de lactancia si es que:

- Tus pezones están adoloridos o agrietados.

- Es difícil despertar a tu bebé para darle de comer o se duerme después de unos minutos de empezar a lactar.

- Tu bebé no está mojando sus pañales de seis a ocho veces al día después de que empezaste a tener leche.

- No ha empezado a subir de peso después de los primeros cinco a seis días.

- ¡Simplemente tú tienes preguntas que hacerle!

Los chupones y el amamantar

Evita usar un chupón o tetina durante las primeras cuatro a seis semanas. Con un chupón, tu bebé puede confundirse entre los diferentes tipos de pezones o chupones. Si quiere chupar pero no tiene hambre, puedes ofrecerle el pecho que vació recientemente. Si tus pezones se sienten adoloridos cuando él chupa por mucho tiempo, déjale que chupe tu dedo limpio.

Vitaminas y suplementos minerales

Pregunta al doctor de tu bebé o la enfermera especialista si tu bebé necesita más hierro, fluoruro o vitamina D. Los bebés de término completo pueden necesitar hierro después de los 6 meses de edad, pero los bebés prematuros pueden necesitarlo sólo después de los 2 meses. Los bebés mayores que no reciben fluoruro en el agua de beber pueden necesitar un complemento. Los bebés que reciben el pecho y que no están expuestos al sol para nada pueden necesitar vitamina D.

Cómo dar la leche del pecho en mamaderas, si es necesario

Si no puedes estar siempre con tu bebé para darle el pecho, puedes darle la leche del pecho en un biberón. Espera unas seis semanas después del nacimiento antes de que pruebes esto, cuando tus senos estén produciendo leche bien y para que tu bebé no confunda el pecho con un chupón plástico. Usa un chupón con un hueco pequeño de manera que se parezca lo más posible al pecho.

Consejos prácticos para dar el pecho

- Si tu pecho presiona la nariz de tu bebé durante las comidas, suavemente levanta un poco el pecho desde abajo. Acerca las nalguitas del bebé hacia ti.

- Si tus pezones no sobresalen, puedes enrollarlos entre tus dedos justo antes de dar el pecho.

- Para prevenir dolor, deja que tus pezones se sequen con el aire después de darle el pecho.

- Ponte un brasier para lactar que sea suficientemente grande para sostener tus pechos agrandados.

- Asegúrate de descansar suficientemente, comer alimentos nutritivos y tomar bastantes líquidos (8 a 12 vasos) diariamente.

- Si tu bebé se siente fastidiado, puede ser que esté afectado por algunos alimentos que comes. Algunas mamás descubren que los productos lácteos, col (repollo), cebollas, brécol, cafeína y chocolate, les afecta a algunos bebés. Prueba esto parando de comer un alimento por un día o dos. Si la comida le está causando a tu bebé la molestia, se sentirá mejor al otro día.

- Si a tu bebé le da una infección llamada afta (úlcera), también puede infectar tus senos. Llama al doctor o enfermera si ves unas manchas blanquecinas en su boca o tus pezones se enrojecen y te duelen.

Cómo Sacar la Leche de Tus Pechos

Tú puedes sacar la leche de tus pechos para dar la mamadera. Esto puede ser fácil una vez que tú sepas cómo. Es más fácil aprender si una especialista de lactancia u otra madre que da el pecho te pueden demostrar cómo se hace.

Cómo sacar leche con la mano

1) Lávate las manos siempre y usa un recipiente limpio con una apertura ancha.

2) Busca un lugar silencioso, privado de modo que te puedas relajar.

3) Relájate para que tus pechos estén listos a dejar salir la leche. Éstas son formas que pueden ayudarte a relajarte:

- Ten una fotografía de tu bebé para que te ayude a pensar en él.

- Pon una toallita mojada y caliente sobre tus pechos por unos minutos.

- Sóbate o masajea tus pechos con las palmas de las dos manos, comenzando a los lados del seno y resbalando firmemente hacia el pezón. Haz esto varias veces desde ángulos diferentes.

4) Sostén la areola con los dedos de tus dos manos. Coloca tus pulgares encima, dos dedos debajo, cerca del lado de la orilla de tu areola. Empuja hacia tu pecho y luego aprieta los dedos juntos enrollando hacia delante. Rocía la leche en el recipiente limpio. Luego mueve tu mano para apretar suavemente otra parte del seno. Continúa moviendo tu mano para apretar los conductos lácteos alrededor de todo el seno.

Para sacar leche, primero sóbate o masajea tu pecho para ayudar a que la leche fluya fácilmente.

Luego pon tus dedos pulgares y dedos índices cerca de la areola.

Aprieta los dedos a la vez y presiona hacia tus costillas.

Extractora de leche del pecho pequeña.

Cómo usar una extractora (bomba) de leche del pecho

Si tienes que sacar leche frecuentemente, vas a descubrir que usar una extractora (bomba) de mano o eléctrica es más fácil de usar que hacerlo con la mano. Puedes alquilar una extractora en una tienda de artículos médicos, hospital o un servicio de lactancia.

Dar el Pecho y el Trabajo

Muchas madres continúan amamantando después de regresar al trabajo. Hay varias opciones:

- Puedes trabajar parte del tiempo, trabajar en casa o llevarte el bebé a tu trabajo por unos pocos meses.

*Farmacéutico: un profesional médico en una farmacia quien comprende la forma como las drogas afectan a las personas.

¿Puede Ser Dañino Dar el Pecho?

Ciertas sustancias pueden llegar a tu bebé a través de la leche materna. Éstas incluyen:

Nicotina en cigarrillos; **bebidas alcohólicas; cafeína** en el café, té, sodas y chocolate. Evita éstas completamente o solamente úsalas en pequeñas cantidades. Evita también fumar cerca de tu bebé.

Drogas de la calle, las cuales pueden hacer daño a tu bebé y pueden hacerte incapaz de cuidarlo. (Lee el Capítulo 15 acerca de consejos para cuidar a un bebé afectado por las drogas.) Si necesitas ayuda para dejar de usar drogas o alcohol, habla con tu profesional médico.

Ciertas medicinas. Consulta con tu doctor, enfermera partera o farmacéutico* antes de tomar cualquier medicina. No todas pueden tomarse mientras estás dando de lactar.

Unas pocas enfermedades graves pueden afectar a un bebé que recibe el pecho. Una mamá con SIDA, tuberculosis sin tratamiento o hepatitis B (si el bebé no ha sido vacunado) no debe dar el pecho. Una enfermedad innata rara en bebés, galoctosemia, previene la digestión de la leche. Ésta se encuentra generalmente por medio de exámenes de sangre de un recién nacido y el bebé recibiría atención especial.

- A algunas mujeres se les hace posible encontrar una guardería infantil que esté cerca al lugar de su empleo. Ellas pueden visitar a su bebé y darles el pecho allí.

- Puedes sacar tu leche del pecho con una extractora en el trabajo para que la cuidadora le pueda dar la leche a tu bebé al día siguiente.

Una mamá usando la extractora de leche del pecho. Este modelo grande puede ayudarte a sacar la mayor cantidad de leche en el menor tiempo posible. Esto es útil si tienes el tiempo limitado para sacarte la leche.

Cuando regreses a casa después de trabajar, darle el pecho te puede ayudar a sentirte nuevamente más cerca con tu bebé.

Si planeas bombear tus pechos en el trabajo, asegúrale a tu jefe que no será una interferencia con tu trabajo. Al contrario, esto puede ayudar porque los bebés que reciben el pecho generalmente no se enferman tan a menudo como los bebés que toman fórmula. Consigue una extractora de mano o alquila una bomba extractora de leche del pecho y busca un lugar privado y silencioso donde tú puedas bombear tus senos cada tres horas. Lleva contigo un recipiente refrigerado para guardar la leche del seno en tu trabajo.

Cómo guardar la leche del pecho

Guarda tu leche en recipientes plásticos limpios marcados con la fecha que extrajiste la leche. Evita añadir leche caliente a la fría que ya estaba guardada.

La leche del pecho puede guardarse hasta por seis horas a temperatura del medio ambiente pero es mejor mantenerla fría. Puedes mantener la leche en el refrigerador por cinco días y dos semanas en el congelador. Puedes mantenerla en congelación fuerte hasta por seis meses.

Los papás pueden participar en amamantar

Aunque un padre no puede dar el pecho, sin embargo él puede hacer tareas que se relacionan con las comidas. Puede cambiar los pañales de su bebé, hacerle eructar, o aun levantarse en la noche y traerle a la mamá su bebé.

Después de unas pocas semanas, cuando la lactancia está yendo bien, el papá puede darle la leche materna en una mamadera. Esto también ayuda para que el bebé se acostumbre a que otras personas lo alimenten.

Cómo dar el pecho en público

- Ponte una blusa holgada o una con una apertura especial para dar de lactar.

- Cubre a tu bebé y tu pecho con una cobija liviana.
- Escoge un lugar tranquilo tal como una cabina en un restaurante en vez de una mesa.

Algunas madres descubren que el dar el pecho a los gemelos juntos funciona bien.

Cómo dar el pecho a gemelos, trillizos y a bebés con necesidades de cuidado especial de salud

Si tu bebé o bebés nacieron prematuramente o con un problema de salud, sí puedas darle el pecho o proveerle de la leche materna.

La leche materna es muy nutritiva para un bebé prematuro. Cuando un bebé nace antes de tiempo, los pechos de la madre producen una leche diferente que la que ellos producirían para un bebé de término completo. También, el dar el pecho a un bebé prematuro es menos estresante que darle la mamadera (mamila).

Algunos bebés prematuros pueden no ser lo suficientemente fuertes para chupar bien el pecho después de que nacen. Una madre puede extraer la leche de sus pechos al comienzo y luego comenzar a amamantar una vez que el bebé esté más fuerte.

Aun con tres o más bebés, sí es posible dar el pecho a cada bebé, por lo menos parte del tiempo. Mantén un registro de las horas de las comidas y a cuál de los bebés le diste el pecho más recientemente. La leche materna es importante para cada uno de tus bebés, por lo tanto vale la pena el esfuerzo.

Alimentación con Fórmula: Cómo Empezar

En ciertas situaciones no es posible dar el pecho. Algunas mamás sienten que realmente no desean dar el pecho. Los bebés pueden crecer muy sanos y felices con leche de fórmula.

Las fórmulas se preparan para que sean lo más parecidas a la leche materna. Sin embargo, éstas no contienen todos los nutrientes y anticuerpos que se encuentran en la leche materna. No le des leche de vaca a bebés menores de un año. Los bebés no la pueden digerir bien y esta leche no tiene todos los nutrientes que un bebé necesita.

Clases de fórmulas

Consulta con el doctor o enfermera especialista de tu bebé acerca de qué fórmula usar. **La mayoría recomiendan una fórmula que contenga hierro.**

- La fórmula preparada lista para usarse es conveniente pero muy costosa.

- La fórmula concentrada (líquido espeso) y la en polvo son fáciles de mezclar usando la cantidad correcta de agua hervida y enfriada o el agua embotellada.

- La fórmula en polvo es la menos costosa y la más conveniente. Mézclala cuando la necesites.

La mamá y el bebé disfrutan el estar juntos durante las comidas.

Cómo preparar la fórmula

Usa biberones y chupones que se han lavado bien. Lávalos ya sea en la lavadora automática usando el ciclo de secar caliente, o usa agua hirviendo con jabón y un cepillo para lavar botellas. Enjuágalos bien.

Cerciórate de medir correctamente las cantidades de agua y fórmula cuando mezcles la fórmula concentrada o en polvo. Sigue las instrucciones del paquete. Si utilizas demasiada agua, tu bebé no tendrá suficiente nutrición. Si utilizas muy poca agua, tu bebé se deshidratará.

Asegúrate que el agua es limpia y segura. Muchos expertos de la salud recomiendan que para un bebé menor de 6 meses de edad se haga hervir el agua de la llave o embotellada de tres a cinco minutos antes de mezclar la fórmula.

Si tu agua viene de un pozo, río o lago o cualquier otra fuente privada, podría no estar suficientemente limpia para un bebé. En este caso, hierve el agua por 10 minutos y luego enfríala. (Puedes pedir que el departamento de salud de tu área examine tu agua.)

Evita utilizar agua que puede contener plomo. El plomo puede dañar muy fácilmente el cerebro de tu bebé que está desarrollándose. (Capítulo 9, página 104.) Si vives en un edificio viejo que puede contener plomo en las tuberías, haz lo siguiente:

- Utiliza agua embotellada, o

- Usa siempre agua fría. Deja correr el agua por varios minutos, especialmente en la mañana, antes de usarla para mezclar la fórmula o cocinar con ésta. (El plomo no se remueve hirviendo el agua.)

Si preparas varias mamaderas de fórmula de una vez, mantenlas refrigeradas hasta que las necesites. Usa toda la fórmula preparada en el lapso de 24 horas.

Para un recién nacido, mezcla una pequeña cantidad (de tres a cuatro onzas) en cada biberón.

Desecha siempre cualquier fórmula que sobra después de cada comida. No la utilices para la próxima comida. Bacteria en la boca del bebé puede contaminar la mamadera y enfermar a tu bebé.

Para calentar la fórmula, sostén la mamila bajo un chorro de agua caliente o colócala en un recipiente de agua caliente por unos pocos minutos. Para asegurarte que no está muy caliente, deja caer unas gotas en tu muñeca. La fórmula debe estar a la temperatura de la piel.

La manera más segura para calentar la mamadera es un recipiente con agua caliente.

Consejos de Cómo Dar Biberón para Fórmula o Leche del Pecho

Lo más importante: presta atención a tu bebé mientras le das el biberón. Toda persona que le cuida debe sostenerle cerca, mirarle y hablarle. La mejor posición es acostar a tu bebé en tu brazo, contra tu cuerpo.

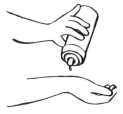

Probando la temperatura de la fórmula o leche del pecho en la muñeca.

NUNCA dejes apoyada la mamadera y a tu bebé solo con ésta. Tu bebé puede ahogarse. Además, te estás perdiendo una de las mejores maneras de mostrarle a tu bebé que él es muy especial.

Asegúrate que tu bebé no está acostado en forma plana mientras come o chupa una tetina. Esta posición aumenta la posibilidad de una infección del oído.

Prueba diferentes tipos de tetinas o chupones para encontrar una que le guste a tu bebé. Algunas están hechas para que se ajusten a la boca del bebé.

Gotas que caen de un chupón te indicarán cuán rápido está saliendo la fórmula a través del hueco.

Cerciórate que el hueco en el chupón es del tamaño correcto. La fórmula o la leche materna debe gotear lentamente cuando volteas la mamadera. Si sale muy rápido, tu bebé puede toser y ahogarse. Si sale muy lentamente, se le hará más difícil chupar.

Para los bebés que generalmente reciben el pecho, usa un chupón que fluya despacio, como el pecho. Si tu bebé es prematuro y chupa débilmente, puedes encontrar un chupón para él.

Fíjate en las señales de que tu bebé está lleno. O se quedará dormido o se apartará del biberón. **Es muy importante que no obligues a tu bebé a terminar toda la mamadera.** Tira toda la fórmula o leche materna que sobre.

Haz a tu bebé eructar a mitad de la comida y al final, especialmente si toma la fórmula o leche del pecho muy rápidamente.

Sostén a tu bebé inclinado pero no en forma plana cuando esté comiendo.

Asegúrate de lavar bien las mamaderas, chupones y bordes con agua caliente y jabón. Durante los primeros meses, hiérvelos o lávalos en la lavadora de platos utilizando el ciclo para secar para asegurar que no tengan microbios.

Habla con el doctor o la enfermera si es que piensas que tu bebé tiene alergia a la fórmula.

Advertencia en Cuanto a la Seguridad del Horno de Microondas

Puede ser peligroso calentar el biberón de tu bebé en un horno de microondas. La fórmula se calentará en forma desigual. Puede calentarse demasiado y quemar la boca de tu bebé.

Es muy fácil calentar el biberón con fórmula en un chorro de agua caliente o en un recipiente o una olla con agua caliente. Si decides usar un horno de microondas, hazlo de la siguiente manera:

1. Coloca la mamadera destapada verticalmente en el horno.

2. Calienta una mamadera de cuatro onzas en menos de 30 segundos. Calienta una de ocho onzas en menos de 45 segundos.

3. Coloca el chupón y voltea la mamadera diez veces para mezclar la fórmula bien.

4. Prueba la fórmula en tu muñeca o en la parte posterior de tu mano para cerciorarte que no está más caliente que la temperatura de la piel.

Utiliza esta página para mantener un registro de las comidas de tu bebé durante los primeros días.

Anotaciones de la Alimentación

Primera comida

Notas:_____

_____

Las señales de hambre de mi nuevo bebé

Notas:_____

_____

Las señales de estar lleno de mi nuevo bebé

Notas:_____

_____

Si tienes preguntas urgentes o problemas, no esperes hasta el examen. ¡Llama ya!

Preguntas para hacer durante el primer examen de mi bebé

Notas:_____

_____

Dar el pecho—las primeras comidas

Fecha	Duración	Minutos 1er pecho	2do pecho
_____	_____	_____	_____
_____	_____	_____	_____
_____	_____	_____	_____

Lee el Capítulo 18, páginas 264 y 265 para encontrar páginas adicionales para anotar.

Alimentación con fórmula—las primeras comidas

Tipo de fórmula:_____

Tipo de chupón (tetina):_____

Fecha	Duración de la comida	Onzas tomadas
_____	_____	_____
_____	_____	_____
_____	_____	_____
_____	_____	_____
_____	_____	_____
_____	_____	_____

Capítulo 8
El Desarrollo y Crecimiento de Tu Bebé

Cambios increíbles ocurren en el cuerpo de tu bebé durante el primer año después de su nacimiento. Para su primer cumpleaños, pesará cerca de tres veces su peso de nacimiento. De una recién nacida pequeñita e indefensa se desarrollará en una niña pequeña robusta que se mueve por todos lados, recoge cosas con sus dedos y come por sí misma.

El cerebro de tu bebé crece rápidamente durante este año. Ella está aprendiendo nuevas cosas a un ritmo increíble. Dentro de este año comenzará a comprender cosas sencillas que tú dices. Ella quizás podrá decir algunas palabras. Se apegará mucho a sus padres y será recelosa de los extraños. Todo esto sucede como una reacción al cuidado y a la crianza que ella recibe.

La crianza significa mantener a tu bebé alimentada, abrigada y segura. También significa consolarle, hablarle y animarle para que pruebe nuevas cosas. La crianza le permitirá que su cerebro se desarrolle lo más posible. Le ayudará a tu niña a sentirse bien de sí misma y tener una buena vida, lo cual es algo que todos los padres quieren.

En este capítulo se incluye:

- El crecimiento del cuerpo de tu bebé
- Etapas de desarrollo
- Cómo alimentar el cerebro de tu bebé
- Cómo descubrir demoras en el desarrollo

Todos los bebés pasan por las mismas etapas generales de crecimiento y desarrollo. Sin embargo, no todos los bebés cambian en la misma medida. Presta atención a los cambios de tu niña.

El Crecimiento del Cuerpo de Tu Bebé

*Puesto de comparación: Una forma de comparar cómo el tamaño de tu bebé se compara con el de otros. Un bebé de tamaño promedio está en el 50vo puesto de comparación.

Te puede parecer increíble ver cuan rápido tu bebé crece. El doctor o enfermera especialista de tu bebé le medirá el tamaño y le pesará durante sus exámenes de buena salud. Él anotará esto en tablas de crecimiento y peso las cuales registran la rapidez con la que tu bebé crece.

Las tablas de crecimiento comparan el crecimiento de tu bebé con otros bebés de la misma edad. Tu profesional médico te hablará de los puestos de comparación* donde está tu bebé.

Por ejemplo, tu profesional médico puede decirte que tu bebé está en el cincuentavo puesto de comparación para el peso. Esto quiere decir que la mitad de los bebés de su edad pesan menos que ella y la otra mitad pesan más. Si ella está en el ochentavo puesto para su tamaño, ella es más alta que la mayoría (80 por ciento u 8 de 10) de los bebés.

El crecimiento del bebé durante el primer año

El mantener marcas de crecimiento les da a ti y a tu profesional médico, una idea del progreso y de posibles problemas de salud. Si el peso de un bebé baja del cincuentavo lugar al veinteavo, de examen a examen, ella está aumentando de peso no tan rápidamente como la mayoría de los bebés. Esto puede ser una señal para observar más de cerca cuan bien ella está comiendo.

Puedes preguntar al doctor o enfermera especialista de tu bebé que te explique la tabla de crecimiento de tu bebé.

Un bebé prematuro es probable que se desarrolle más lento al comienzo que un bebé de término completo. Si ella nació dos meses antes, espera que le tome a ella dos meses más para aprender muchas habilidades.

El tamaño promedio de un recién nacido: 7 libras, 20 pulgadas.

Tamaño de un bebé de 12 meses: 21 libras, 30 pulgadas.

Peso

La mayoría de los recién nacidos pierden un poco de peso en los cinco días después de nacer y luego recuperan este peso en los siguientes cinco días. Después, ellos suben alrededor de $1\frac{1}{2}$ libras (0.7 kg) por mes hasta los 5 a 6 meses de edad. A los 6 meses, la mayoría de los bebés pesan el doble de lo que pesaron al nacer. En la segunda mitad del primer año, ganan peso más lentamente. Para el primer cumpleaños del bebé, ella usualmente pesa cerca del triple de su peso de nacimiento.

Largo

La mayoría de bebés crecen alrededor de 1 pulgada (2.5 cm) por mes hasta los 6 meses de edad. Durante la segunda mitad, su crecimiento es más lento. La mayoría crecen 10 pulgadas durante el primer año de edad. Durante el primer año, el torso del bebé (de los hombros a las entrepiernas) crecerá más rápido que sus piernas.

El tamaño de la cabeza

La parte más grande del cuerpo del bebé es la cabeza. El crecimiento de la cabeza del bebé es importante porque indica cuán rápido su cerebro está creciendo. La cabeza se mide al nacer y durante los exámenes. El tamaño de la cabeza aumenta $\frac{1}{2}$ pulgada (1.5 cm) cada mes hasta los 6 meses de edad. Luego aumenta sólo $\frac{1}{4}$ de pulgada cada mes (0.5 cm) hasta los 12 meses de edad. Para cuando tiene 1 año de edad, su cabeza es alrededor de un tercio más grande de cuando nació. Continuará creciendo rápidamente hasta la edad de 2 años.

Midiendo el tamaño de la cabeza de un bebé.

Los sentidos de tu bebé

La vista: Al nacer tu bebé puede ver tu cara cuando ella está en tus brazos (alrededor de 8 a 10 pulgadas de distancia). Pronto ella aprenderá a voltear su cabeza para mirar un objeto de colores brillantes que se mueve. A los tres meses, ella podrá ver cosas más lejanas. Aprenderá a mover sus ojos y cabeza juntos.

El oído: Los bebés pueden oír aún antes de nacer. Tu bebé probablemente reconocerá tu voz inmediatamente. Se dará cuenta de sonidos inesperados. Ella hará sonidos para llamar tu atención.

El gusto y olfato: Los bebés recién nacidos pueden probar (gustar) y oler. Desde el comienzo les gustan

Fíjate en los ojos de tu bebé cuando mueves un juguete de colores brillantes frente a su cara.

los sabores dulces. Tu bebé identificará muy pronto el olor de tu cuerpo y de la leche de tus pechos. Durante los primeros años, ella se pondrá cosas en la boca para aprender acerca de éstas.

El tacto: Las manos de tu bebé le ayudan a aprender acerca del mundo. A ella le encantará tocar tu mano, cara y pechos. Se sentirá contenta de tocar diferentes texturas: ásperas, lisas, suaves, duras. Ella también toca cosas con su boca y lengua. Ella siente cuando le tocas su piel.

Si piensas que tu bebé quizás no está viendo u oyendo bien, asegúrate de decirle a tu profesional médico. Si tu bebé tiene un problema, mientras más pronto se descubra, mejor. La vista y el oído son dos de los sentidos más importantes que los bebés usan para aprender.

Cómo aprende a controlar su cuerpo

A medida que el cerebro de tu bebé, nervios y músculos se desarrollan, ella podrá hacer que su cuerpo haga lo que ella quiere. Aprende a controlar sus brazos antes que sus piernas, de tal modo que podrá agarrar un juguete antes de poder caminar. Ella también aprende a controlar sus brazos antes que sus dedos. Ella puede alcanzar con sus brazos bien pronto. Toma unos pocos meses más antes que ella pueda sostener cosas en su puño.

Fíjate cómo tu bebé aprende a ponerse su mano en la boca. Al comienzo, sus brazos se sacuden frente a su carita. A medida que se desarrolla, ella podrá hacer que su mano se levante hacia su boca. Pronto podrá poner la orilla de su muñeca o sus dedos dentro de la boca. En unos pocos meses podrá ella sola comer con sus dedos. Tú puedes mirarla cómo practica una y otra vez hasta que lo logra. Un bebé tiene una increíble energía para aprender y cambiar.

*Crianza: la atención que le da amor y seguridad y le ayuda a desarrollarse: acunarle, alimentarle, sonreírle, hablarle, respondiendo a sus necesidades.

Una Buena Crianza* Temprana Dura Toda la Vida

Un bebé tiene millones de células cerebrales. Durante los primeros tres años de edad, estas células están ocupadas conectándose entre sí.

Mientras mejor críes a tu bebé, más conexiones harán las células cerebrales. Mientras más veces ella repita un movimiento, escuche un sonido, o es halagada, más fuertes se vuelven estas conexiones.

La atención temprana en un niño le afectará en la forma que piensa, habla, responde a otros y resuelve problemas a través de toda su vida. Una buena crianza le ayudará a convertirse en una persona inteligente y feliz.

Fíjate cómo se desarrolla tu bebé

Celebra las formas cómo tu bebé está aprendiendo y cambiando. Mantén un registro de las nuevas cosas que ella aprende a hacer. Al mismo tiempo, trata de evitar comparar a tu bebé con otros. Cada bebé se desarrolla en su propia manera y tiempo.

Lo que tu bebé necesita más es tu atención.

Tipos de desarrollo

Movimientos corporales, conocidos como destrezas motrices, usan los músculos grandes (levanta su cabeza o gatea)

Movimientos de la mano, conocidos como destrezas motrices específicas, usan los músculos pequeños (sostiene un chupete o recoge pedazos de comida)

Habilidades sociales se relacionan con otras personas (te sonríe, se ríe, se despide "adiós-adiós")

Lenguaje y pensamiento (hace sonidos para lograr la atención, aprende que tú recoges las cosas que ella arroja desde su cuna)

Mira los ejemplos en la siguiente página.

Las Etapas de Desarrollo de Mi Bebé

La mayoría de los bebés siguen las mismas etapas mientras aprenden y cambian. Es como subir las escaleras, un peldaño a la vez. Cada tipo de desarrollo (en los dibujos a continuación) tiene su propio grupo de pasos. Estos son ejemplos de las etapas del desarrollo de un bebé normal o promedio.

En los espacios debajo de los dibujos puedes escribir la edad en la cuál tu bebé comienza a hacer estas destrezas.

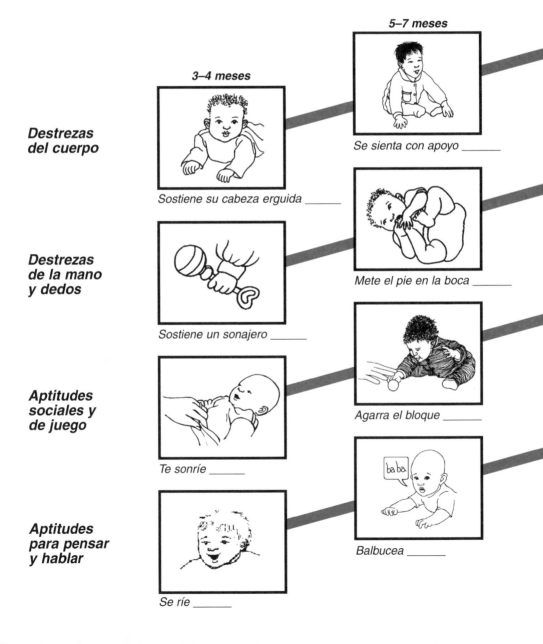

Destrezas del cuerpo

3–4 meses

Sostiene su cabeza erguida _____

5–7 meses

Se sienta con apoyo _____

Destrezas de la mano y dedos

Sostiene un sonajero _____

Mete el pie en la boca _____

Aptitudes sociales y de juego

Te sonríe _____

Agarra el bloque _____

Aptitudes para pensar y hablar

Se ríe _____

Balbucea _____

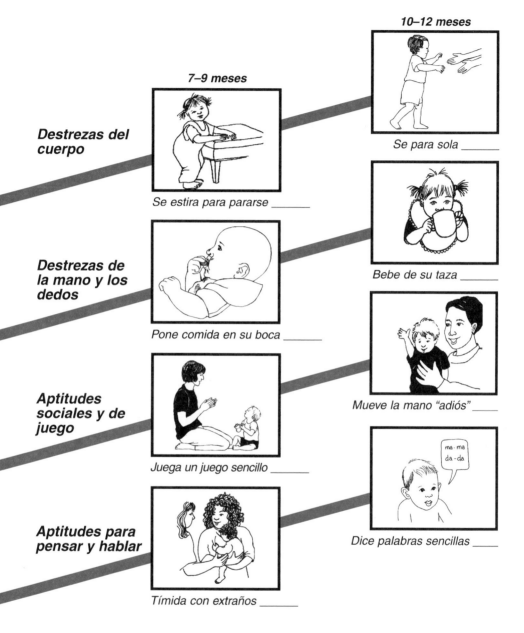

10–12 meses

7–9 meses

Destrezas del cuerpo

Se estira para pararse _____

Se para sola _____

Destrezas de la mano y los dedos

Pone comida en su boca _____

Bebe de su taza _____

Aptitudes sociales y de juego

Juega un juego sencillo _____

Mueve la mano "adiós" _____

Aptitudes para pensar y hablar

ma - ma
da - da

Tímida con extraños _____

Dice palabras sencillas _____

Las etapas de tu bebé podrían no darse exactamente en estas edades. Sin embargo, ella debe seguir cambiando. Si tienes preocupaciones, habla con el profesional médico.

Si tu bebé fue prematuro o tiene una condición médica seria, probablemente le tomará más tiempo para lograr estas destrezas.

Fíjate en el Capítulo 18 (página 261) para encontrar un lugar para guardar un registro más completo del desarrollo de tu bebé.

Estas maneras de criar bien a tu bebé no cuestan dinero o toman mucho tiempo. Éstas tienen más valor que cualquier cosa que tú puedas comprar.

Maneras sencillas para criar bien a tu nuevo bebé

- **Háblale** muy suavemente, usando muchas palabras. Repite cantos de cuna sencillos. Si tú sabes un segundo idioma, úsalo para que ella pueda oír sus sonidos también.
- **Tócale** ligeramente. Sóbale y masajea sus brazos, piernas, cabeza, barriguita y espalda.
- **Consuélale** cuando llora dejándole saber que tú la amas.
- **Atiende a sus necesidades** tales como darle de comer cuando tiene hambre pero antes de que llore.
- **Haz cosas con ella** (juega, canta, léele libros y ofrécele juguetes) propios para su edad.

Los bebés parecen que se desarrollan en rachas (etapas), de la misma manera que lo hacen sus cuerpos. Justo cuando dan un paso grande para hacer algo nuevo, pueden tener un período cuando parece que pierden todo lo que han aprendido. Por ejemplo, cuando una bebé parece estar lista para gatear, puede empezar a despertarse en las noches otra vez. Puede parecer que está fastidiada y frustrada. Una vez que comienza a gatear, probablemente volverá a dormir toda la noche nuevamente. Como otro ejemplo: la timidez alrededor de personas extrañas significa que ella esta empezando a reconocer a las personas que ella ve frecuentemente.

Cómo Jugar con Tu Bebé

Recuerda que los bebés necesitan dormir bastante para tener energía para jugar y desarrollarse. Cerciórate de ponerle a dormir cuando tiene sueño.

El juego es la ocupación de los niños. Los padres y otros encargados de los niños necesitan jugar muy activamente con su bebé. Un bebé que está creciendo con muy poco envolvimiento por parte de sus padres y adultos en los que ella confía, puede que no se desarrolle tan bien como es posible.

El mejor tiempo para jugar es cuando tu bebé está tranquila y alerta, descansada y bien comida. Ella no querrá ponerte atención cuando tiene hambre o está con sueño.

Cuando tu bebé esta acostada en el piso, bájate con ella. Ponla boca abajo y déjala practicar a mover sus piernas y brazos. Siéntate en el piso con las rodillas dobladas y acuéstale en tus piernas de manera que pueda mirar tu cara cuando le hablas.

Un bebé prematuro podría no estar listo para jugar durante las primeras semanas o meses. La emoción del juego puede ser demasiado para ella. Quizás duerma bastante. Ella podría ser feliz con una crianza muy sencilla tal como acurrucarla cuidadosamente, bien envuelta en una cobija, oyendo música suave o meciéndola o acunarla.

El pasar tiempo jugando con tu bebé es una parte importante de ser padres.

Apaga la televisión

El mejor modo de jugar es cuando tú y tu bebé están frente a frente, poniéndose atención una a la otra. La televisión distrae mucho y puedes perder la atención para tu bebé. Si la apagas, tu bebé te puede entretener.

La televisión puede distraer a tu bebé también. Podría parecer que ella está mirando. **Sin embargo, la televisión no puede criarle bien porque no le puede responder.** Ella necesita que sus padres y otros encargados reaccionen cuando ella hace algo. Por ejemplo, si ella te sonríe, es importante que tú le sonrías también. Si ella hace un nuevo sonido, tú puedes imitarle y mostrarle tu emoción. Si ella comienza a tratar de alcanzar un juguete, tú le puedes animar para que lo vuelva a hacer.

La Academia Americana de Pediatría recomienda que los bebés menores de 2 años no vean la televisión y después de esa edad, que solamente vean de $\frac{1}{2}$ hora a 1 hora diaria, aun para niños de edad escolar.

Cómo jugar con tu bebé

- Recita o canta canciones de cuna sencillas; juega con juguetes que hagan ruidos interesantes (campanilla, sonajero).
- Sostenle cerca de tu cara y háblale en una voz suave o haz ruidos chistosos.
- Hazle cosquillas en la barriguita o en los pies mientras le cambias su pañal.
- Sostenle y hazle bailar al ritmo de una música delicada y rítmica.
- Repite las mismas canciones y léele los mismos libros frecuentemente. El escuchar las mismas palabras una y otra vez le ayudan a aprender.

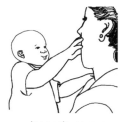

Jugando cara a cara con tu bebé.

Observa por Demoras en el Desarrollo

Es importante observar cómo tu bebé se desarrolla sin tener que estar preocupada constantemente. **Tú conoces bien a tu bebé** y puedes mirar cómo ella cambia día a día. Probablemente tú eres la que se da cuenta si ella no está haciendo nuevas cosas. Por ejemplo, puede que ella no esté empujándose con los brazos para levantarse a los 4 ó 5 meses de edad. Puede que no haga diferentes sonidos a los 7 u 8 meses de edad.

Si tienes una preocupación, habla con su doctor o enfermera especialista acerca de ello. Si él sugiere que esperes, continúa observando a tu bebé. Habla del asunto nuevamente si todavía te preocupa.

Esperar a que tu bebé se ponga al día no es la mejor opción. Si estás preocupada, es importante que se examine su desarrollo.

Confrontando temprano cualquier demora en su desarrollo, le provee a tu bebé la mejor oportunidad para evitar problemas mayores y duraderos. Pregúntale a tu profesional médico o departamento de salud local acerca de servicios de intervención a tiempo. Estos servicios te enseñaran formas para jugar con tu bebé que le ayudarán a alcanzar su potencial.

La Personalidad del Bebé

Cada bebé tiene su propia personalidad, al igual que cada padre. Ella puede ser bien callada, muy activa o algo intermedio. Algunos bebés parecen ser muy tranquilos. Otros parecen tensos y nerviosos.

Los gemelos pueden parecer iguales pero tienen personalidades muy diferentes.

Es imposible comparar a los bebés. Como se desarrolle tu bebé se debe a su personalidad, la forma cómo sus padres y encargados la crían y sus reacciones ante el mundo.

Los padres criarán a su bebé de diferentes maneras. Tu bebé responderá de forma diferente a cada persona que la cuide.

Cría a tu bebé de la mejor forma que tú puedas. Todos tus esfuerzos harán una diferencia en su vida. Ayuda a tu bebé a desarrollarse en su propia manera.

Capítulo 9
Cómo Prevenir las Enfermedades

La mejor manera de estar saludable

Cada padre desea proteger a su bebé contra daños y enfermedades graves. Los pasos sencillos que tú tomes hoy pueden prevenir problemas graves en el futuro.

Nadie puede garantizar que nada malo suceda. Sin embargo, hay formas para minimizar posibles problemas. Por ejemplo, el simple hecho de poner a dormir a tu bebé boca arriba (de espaldas), puede reducir el riesgo del Síndrome de Muerte Infantil Súbita (SMIS) (SIDS siglas en inglés).

Para ser una mejor madre, necesitas cuidar de tu propia salud, física y mental. Además, tú eres la primera y mejor maestra de tu bebé. Él aprenderá los buenos hábitos y los no muy saludables, mirándote a ti. De manera que lo que tú haces para tu propia salud y seguridad hará una gran diferencia.

En este capítulo se incluye:

- Cómo dar el pecho
- Cómo lavarse las manos
- Las vacunas que previenen enfermedades graves
- Cómo mantener los dientes sanos
- El humo de cigarrillo en tu casa
- La forma correcta de dormir reduce el riesgo del SMIS
- Para los padres, cómo mantenerse saludables
- Depresión, ira y abuso

> ## Las mejores maneras de prevenir enfermedades en los bebés
>
> - Amamantar
> - Lavarse las manos frecuentemente
> - Exámenes de la buena salud rutinarios
> - Las vacunas
> - Evitar quemaduras solares
> - Mantener los dientes limpios
> - No fumar cerca del bebé
> - Prevenir el envenenamiento por plomo
> - Acostar al bebé boca arriba para dormir (de espaldas)

Amamantar

*Vacunas: sustancias que contienen materiales que crean la habilidad del cuerpo para luchar contra enfermedades graves específicas.

La leche materna contiene los anticuerpos que contrarrestan muchas enfermedades comunes durante los primeros meses. Estos anticuerpos provienen de la mamá. Estos le dan a tu bebé el tiempo para producir sus propios anticuerpos. Esto sucede cuando él está expuesto a las vacunas* y los microbios (gérmenes).

Los anticuerpos de la leche materna no reemplazan a las vacunas para protección a largo plazo.

Exámenes de Buena Salud del Bebé

El ir juntos a los exámenes les da la oportunidad a los dos padres de hablar con el doctor o la enfermera.

Los exámenes de buena salud son muy importantes para la salud de tu bebé. El doctor o enfermera especialista pesará, medirá y observará a tu bebé y le dará las vacunas que sean necesarias.

El profesional médico desea asegurarse que tu bebé está creciendo y desarrollándose bien. Estas visitas permiten descubrir problemas antes de que éstos se agraven. Durante los exámenes de buena salud, tienes la oportunidad de informarle cómo está cambiando tu bebé y de hacerle preguntas.

Si es posible, los dos padres deben ir a los exámenes. Probablemente cada uno de ustedes tendrá sus propias preguntas. Es importante también que los dos padres escuchen las respuestas.

Escribe una lista de preguntas y preocupaciones.
Lleva la lista para que la puedas discutir bien. Cerciórate de escribir las respuestas para que las puedas revisar después. Si los dos padres no pueden ir, invita a un amigo cercano para que te acompañe.

Cómo Proteger a Tu Bebé de Enfermedades Contagiosas

Enfermedades comunes tales como catarros y diarrea se contagian fácilmente de una persona a otra. Tú no puedes evitar el contagio de todas las enfermedades, pero las siguientes medidas sencillas pueden mantener a tu bebé saludable:

- Lavándote las manos completas y frecuentemente
- Manteniendo a tu bebé apartado de otros que tienen catarros o tos
- Manteniéndola lejos de muchedumbres lo más posible, como fiestas o centros comerciales, durante los primeros meses
- Usando agua de beber limpia
- Preparando y guardando alimentos sanitariamente

Cómo lavarse las manos

El lavado de las manos es una de las medidas más eficaces y sencillas para la buena salud. Los microbios están en todas partes, en nuestras manos y en las cosas que tocamos. El lavarse las manos antes y después de tocar a tu bebé, ayuda a prevenir resfriados y otras enfermedades. Lávate las manos antes de tocarte los pechos, pezones o la comida. Refriégatelas bien después de cambiar pañales.

El lavado de las manos ayuda a prevenir el contagio de enfermedades.

Durante los primeros meses, cerciórate que toda persona que sostiene a tu bebé se lava sus manos primero.

Para lavarte las manos bien, usa jabón y agua tibia y refriégate las manos bien por lo menos 20 segundos.

No es necesario usar un jabón desinfectante especial. A la larga, éste puede ser dañino para la salud pública. El uso excesivo de productos de limpieza desinfectantes puede hacer que las bacterias se hagan resistentes a las medicinas cuando se necesitan éstas.

"Yo llevo en mi bolsa de pañales un recipiente pequeño de desinfectante de manos para limpiar mis manos cuando no hay agua disponible."

Las vacunas

Las vacunas protegen a los niños de un sinnúmero de enfermedades muy graves. Estas enfermedades se difunden fácilmente en una comunidad. Éstas pueden hacer que los niños se pongan muy enfermos, causando daños permanentes o aun la muerte. Una vez que los niños están inmunizados, será muy difícil que contraigan esas enfermedades. Sin embargo, algunos niños pequeños no reciben todas sus vacunas. Muchos otros no las reciben a tiempo. Esto les pone a ellos en riesgo de contraer enfermedades graves.

Muchas personas piensan que las enfermedades que se previenen con las vacunas, tales como la difteria y la varicela han desaparecido. No escuchamos casi nada acerca de éstas porque muchas personas en los Estados Unidos están vacunadas contra ellas. En los lugares donde las personas no han sido vacunadas, estas enfermedades son muy comunes.

Recientemente ha habido brotes de tos ferina, de rubéola y de varicela en muchos lugares de los Estados Unidos. Algunos bebés han muerto. Esto es un indicativo de que estas enfermedades no han desaparecido y de que no todos han sido vacunados.

Las vacunas protegen a tu bebé y a tu comunidad. En los lugares donde todos han sido vacunados o son inmunes porque sobrevivieron la enfermedad, esa enfermedad se da muy raramente. Cada persona vacunada ayuda a salvaguardar la salud de todos.

Vacuna a tu bebé entre los 12 y 18 meses

Tu bebé tiene la mejor oportunidad de mantenerse saludable si recibe todas las vacunas a tiempo. Lleva a tu bebé para recibir todas sus vacunas a más tardar a los 18 meses de edad. Muchas de las enfermedades que se previenen por medio de las vacunas son más graves en los niños pequeños.

*Vacuna: el líquido usado para inmunizar.

Para estar completamente inmunizado, un niño necesita varias dosis de la mayoría de las vacunas*. Estas dosis son más eficaces si se las dan en los tiempos adecuados. Es importante seguir el calendario recomendado para las dosis de las vacunas. Si a tu bebé le falta una dosis, consíguela lo más pronto posible.

(Continúa en la página 100)

Las vacunas y cómo previenen las enfermedades

El calendario para vacunas cambia de tiempo en tiempo. Pueden añadirse nuevas vacunas. Consulta con el profesional médico de tu bebé para ver cual es el mejor horario para tu bebé.

DTaP: para difteria, tétanos y tos ferina; 4 dosis hasta los 18 meses.
   Difteria: causa parálisis, problemas de respiración y del corazón, aun la muerte.
   Tétanos: (risa sardónica); causan problemas de respiración y músculares y aun la muerte.
   Pertussis: (tos ferina); causa tos aguda, problemas pulmonares, ataques, daños al cerebro y aun la muerte.
Hepatitis A: 1 dosis a la edad de 2 o más tarde (no es requerida pero se recomienda en ciertas áreas).
   Hepatitis es una enfermedad del hígado que pasa del excremento de la persona infectada a otra persona a través de la comida, agua, manos sucias.
Hepatitis B: 3 dosis hasta los 18 meses.
   Hepatitis B causa daño grave del hígado a largo plazo. Puede contagiarse de la madre al bebé.
Hib: 4 dosis hasta los 15 meses.
   Influenza Haemophilus tipo b causa infecciones de las coyunturas, piel, sangre, inclusive meningitis, daños al cerebro, aun la muerte, especialmente en niños menores de cinco años de edad.
VPI (IPV): Vacuna de Polio Inactivos; 3 dosis hasta los 18 meses.
   Polio causa parálisis permanente o muerte.
MMR: para sarampión, paperas y rubéola; 1 dosis entre los 12 y 15 meses.
   Sarampión: fiebre y sarpullido, puede causar sordera, problemas pulmonares, daños al cerebro, aun la muerte.
   Paperas: dolores de cabeza, fiebre, hinchazón de las glándulas, puede causar sordera, meningitis (hinchazón del cerebro), daños al cerebro.
   Rubéola: "Sarampión alemán", fiebre y sarpullido; causa defectos de nacimiento en los bebés de mujeres embarazadas, quienes pueden contagiarse de sus otros hijos.
VPN (PCV): Vacuna Polivalente contra Neumococos (Pnecumococcal Conjugate Vaccine); 4 dosis hasta los 15 meses (recomendada pero no requerida).
   Enfermedad neumococica: causa mayor de meningitis (hinchazón del cerebro), también causa infecciones de la sangre, pulmonía.
Varicela: 1 dosis entre los 12 y 18 meses si el niño no ha tenido varicela ya (recomendada pero no se requiere).
   Varicela es un sarpullido con picazón que puede ser grave en los bebés y puede causar pulmonía e hinchazón del cerebro.

Tomada de Centros para el Control y Prevención de Enfermedades y de la Academia Americana de Pediatría, 2001.

Algunas, pero no todas, las vacunas que se recomiendan son requeridas por la ley estatal antes de que el niño atienda una guardería infantil o la escuela. Sin embargo, si esperas hasta que tu niño esté listo para ir a la escuela, él puede haber sido expuesto a enfermedades ya.

Habla con el doctor o la enfermera especialista si tienes preguntas acerca de las vacunas.

¿Por qué exigen los estados las vacunas?

Los microbios que causan enfermedades se propagan en lugares donde los niños están en grupos tales como las guarderías infantiles y las escuelas. Estas pueden propagarse por medio de las personas que no sabe que acarrean los microbios consigo.

Preguntas acerca de las vacunas

¿Por qué se dan tantas vacunas a los bebés pequeñitos?

Es importante recibir todas las dosis lo más temprano posible, entre los 12 y 18 meses de edad. Esto es porque muchas de las enfermedades son más graves en bebés y niños pequeños. El darles varias inyecciones en una sola visita no le va a hacer daño a un bebé.

No es suficiente vacunar a los niños de edad escolar, como requieren las leyes estatales. Los recientes brotes de sarampión y tos ferina sucedieron porque demasiados niños pequeños no han sido vacunados.

¿Por qué los bebés necesitan tantas dosis?

Un bebé necesita varias dosis de la mayoría de las vacunas para protegerle completamente contra las enfermedades. Los niños de edad escolar también necesitan más dosis de algunas vacunas.

¿Cómo puedo consolar a mi bebé después de recibir una inyección?

Cuando un bebé recibe una inyección, le dolerá por un momento y llorará un poquito. A continuación están varias cosas que puedes hacer para hacerle sentir mejor tanto a él como a ti también.

Para consolar a tu bebé:

- Sostenle cerca de ti para consolarlo.

- Háblale muy suavecito y con calma.

- Dale el pecho u ofrécele un chupete o el biberón.

Para consolar a tu bebé mayor o niño pequeño:

- Honestamente déjale saber que las inyecciones duelen un poco pero que el dolor se pasará pronto.

- Distráele con un juguete, soplando burbujas o contando todos sus dedos de la mano y de los pies.

- Déjale que traiga consigo su muñeco de peluche favorito para que le consuele.

- Déjale llorar y abrázale.

- Nunca uses la amenaza de recibir una inyección para que haga algo o que pare de hacer algo.

Consuela a tu bebé. El dolor de la inyección no dura mucho.

¿Puede mi bebé recibir las vacunas si tiene un resfriado?

Si tu bebé tiene un resfriado, fiebre u otra enfermedad ligera, todavía puede recibir sus vacunas. Si a tu bebé se le pasa un examen de buena salud, es importante ir pronto para mantener el calendario de vacunas.

¿Puede una vacuna enfermar a mi niño?

Algunos bebés tienen reacciones leves a ciertas vacunas. Pregunta a tu doctor o enfermera especialista qué es lo que puedes esperar y cómo ayudar a tu bebé a que se sienta mejor.

El área donde le pusieron la inyección puede enrojecerse e hincharse. En el primer o segundo día después de ser vacunado, tu bebé puede tener una fiebre leve. Si tienes preocupaciones acerca de la reacción de tu bebé, llama a la oficina del doctor.

Es muy raro que haya una reacción muy severa. El riesgo de contraer una enfermedad grave es muy grande y mucho más grande si tú NO vacunas a tu bebé.

Algunas personas no desean que sus niños reciban ciertas vacunas. Estás deben firmar una declaración de estar exentos antes de que sus niños puedan atender la guardería infantil, el jardín de infantes o la escuela. Si hay un brote, sus hijos podrían tener que quedarse en casa sin atender la escuela para evitar contagiarse de la enfermedad o de contagiar a los demás.

¿Deben los bebés que tienen necesidades especiales de salud recibir las vacunas, siguiendo el mismo calendario?

Los bebés prematuros y otros con necesidades especiales deben ser vacunados, pero el calendario debe ser diferente. Bebés cuyo examen del virus VIH (HIV) es positivo, deben recibir sus vacunas de acuerdo al calendario. Habla con el doctor de tu bebé o la enfermera especialista acerca de cual es el mejor calendario para tu bebé.

Cómo Mantener Sanos los Dientes de Tu Bebé

Limpia las encías de tu bebé con una toallita suave y limpia.

Los primeros dientes de tu bebé no son solamente graciosos, pero también son importantes. Él necesita sus dientes para masticar bien y poder hablar bien. También los primeros dientes reservan un lugar en la mandíbula para los dientes permanentes.

Muchos niños pequeños sufren de caries en sus dientes. Esto puede ser bien doloroso y difícil para curarse. Las siguientes son maneras para mantener los dientes de tu bebé saludables:

- Limpia las encías de tu bebé diariamente aún antes de que le salgan sus dientes. Límpialas con una toallita suave y limpia la cual sea sólo para esto.

- Limpia sus dientes diariamente con una trapo limpio y suave o un cepillo suave. Después de su primer cumpleaños, utiliza una cantidad muy pequeña (tamaño de una arveja) de pasta dental con fluoruro*.

*Fluoruro: un mineral que ayuda a endurecer los dientes.

- Cerciórate de que tu bebé reciba suficiente fluoruro. El fluoruro reduce las caries dentales. Si tu bebé recibe el pecho o el agua que usas para mezclar la fórmula no contienen fluoruro, el doctor o enfermera especialista pueden sugerirte que le des unas gotas de fluoruro.

- Llévale a su primera visita con el dentista cuando cumpla su primer año y luego una vez al año.

- Dale la mamadera solamente a la hora de las comidas, no para que esté bebiendo constantemente durante el día o la noche. Dale jugo en una taza solamente (después de los 6 meses de edad).

- Evita que él se acostumbre a llevar el biberón a la cama. Termina de darle de comer y luego ponlo a dormir. El llevar el biberón a la cama puede causarle infecciones del oído a la vez que caries dentales.

- Limpia sus dientes antes de dormir. Si la leche o comida se queda en los dientes de tu bebé, puede causarle caries. Esto sucede mayormente cuando duerme y hay poca saliva* en la boca.

*Saliva: líquido que se forma en la boca y ayuda con la digestión.

- Cerciórate de que él continúa recibiendo la leche de pecho o fórmula enriquecida con calcio. Cuando comience a comer alimentos sólidos, limita los alimentos y bebidas que causan caries, tales como jugos azucarados, pasas, pan pegajoso (como bagels) y dulces. Evita que coma bocadillos todo el tiempo.

- Mantén saludable a tu bebé. Evita compartir las cucharas o cepillos de dientes. Si tus dientes o encías tienen problemas, los microbios que causan caries pueden diseminarse de ti a tu bebé.

Aire Puro para Tu Bebé

El humo del cigarrillo puede causar problemas o afectar la salud de los bebés, tales como resfriados, infecciones del oído, asma y pulmonía. También puede aumentar el riesgo del Síndrome de Muerte Infantil Súbita.

Evita tener a tu niño cerca de alguien que fume, sea en tu casa, tu auto o lugares públicos. Pide a las visitas que fumen afuera.

Si todavía fumas, ésta es una gran razón para que dejes de fumar. Pregunta a tu doctor o enfermera especialista acerca de maneras eficaces para dejar de fumar.

Asegúrate que cualquier persona que cuide de tu bebé sepa que tú no deseas que tu bebé esté en lugares con humo de cigarrillo.

Envenenamiento con Plomo: Un Peligro Silencioso

El plomo es un metal muy venenoso que se puede encontrar en agua de beber, pintura, tubería, polvo y suciedad. No lo puedes ver u oler. Sin embargo, puede dañar permanentemente el cerebro de un bebé que aún no nace, bebés y niños. Los bebés, niños y mujeres embarazadas necesitan alejarse del plomo.

Los niños pueden tener un nivel alto de plomo en la sangre y no tener ninguna señal de ello. Los profesionales médicos generalmente analizan la sangre de los bebés de 1 y 2 años de edad, si es que éstos han sido expuestos al plomo. El envenenamiento por plomo puede ser curable.

¿Cómo se envenenan con plomo los bebés?

La mayoría de las casas viejas (construidas antes de 1960) tienen cañerías de plomo o soldadura en las tuberías. El plomo se cala en el agua que se asienta en las tuberías toda la noche. Se cala más fácilmente en el agua caliente. Algunas casas más nuevas tienen llaves de agua que contienen plomo. El agua potable es analizada para verificar que cumple con las normas federales que estipulan niveles bajos de plomo. Averigua qué clase de tuberías tiene tu casa.

La pintura que se usaba antes de 1978 en las casas, en los muebles y juguetes frecuentemente contenía plomo. El polvo de pintura donde las ventanas y las puertas se rozan es muy tóxico para los bebés y los niños. Pedacitos pequeños de pintura (tan pequeños como una uña) pueden causar daños graves a un niño.

La tierra en las áreas cerca de las grandes autopistas contiene plomo proveniente de la gasolina con base de plomo que se ha usado en los años pasados. La tierra llega a las manos de los niños, su ropa y sus zapatos, si juegan afuera en estas áreas. Entra en las casas y en las bocas de los niños.

Los adultos que trabajan en industrias que usan plomo podrían traer el polvo a la casa en su ropa y zapatos.

Si tienes cualesquiera de estos problemas en tu casa o barrio, infórmale al doctor de tu bebé o enfermera especialista.

El agua de tuberías viejas puede acarrear plomo. Deja correr el agua en las mañanas. El agua caliente acarrea más plomo que el agua fría.

Cómo prevenir envenenamiento con plomo

- Usa solamente agua fría para beber, mezclar la fórmula y para cocinar. En la mañana, deja que corra el agua por dos minutos antes de usarla. Esto esclarece el agua que ha estado asentada en las tuberías durante toda la noche.

- Lava frecuentemente los juguetes y chupetes.

- Cerciórate de lavar bien las manos de los niños y sus caras antes de que coman.

- Alimenta a tu familia con suficientes alimentos que contengan hierro y calcio, los cuales protegen al cuerpo contra el plomo. Estos incluyen mariscos, carne, pollo (gallina), huevos, leche, queso, brécol, papas (patatas), vegetales verde obscuro y con follaje y pan de trigo.

Mantén el piso libre de polvo limpiándolo con un trapeador mojado.

- Asegúrate que tu niño no juegue en un cuarto con pintura vieja que se está pelando de las paredes. Fíjate bien para asegurar que él no mastique los marcos de las ventanas pintadas o los barrotes de la cuna. Limpia frecuentemente el piso con un trapeador mojado.

- Remueve la pintura o pinta sobre toda la pintura de la casa de antes de 1978. Mantén a los niños lejos del polvo de pintura. Guarda juguetes viejos en las repisas como antigüedades.

- Si estás remodelando una casa vieja, mantén a los niños y mujeres embarazadas afuera de la casa mientras se raspa y se lija la pintura vieja.

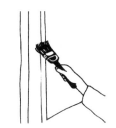

Cubre toda pintura vieja de base de plomo si es que no la puedes remover.

- Si tú u otro miembro de la familia trabajas con plomo, asegúrate de darte un baño y cambiarte de ropa antes de regresar a casa. Eso ayudará para quitarse el plomo en polvo. Deja tus zapatos afuera de la casa.

- Evita guardar comida en tarros (botes) abiertos, especialmente aquellos que son importados de otros países. No uses para comer platos de cerámica de otros países que tengan rajas en el acabado.

- Si te preocupa, puedes hacer un análisis para detectar plomo en tu casa. Existen equipos para detectar plomo en la casa. Busca estos equipos en las tiendas de artículos para niños, ferreterías o llama al departamento de salud local.

La Manera Correcta de Dormir para Reducir el Riesgo del SMIS

SMIS (Síndrome de Muerte Infantil Súbita o muerte de cuna) es la causa mayor de muertes de bebés sanos menores de 1 año de edad. Su causa es un misterio. Sin embargo, hoy sabemos que hay varias cosas que puedes hacer para disminuir el riesgo:

Tu bebé está más seguro durmiendo boca arriba. Él puede estar boca abajo cuando está despierto jugando.

"Yo usé colchas y cobijas muy bonitas cuando mi bebé jugaba en el piso. Y colgué una colcha de bebé en la pared."

*Apnea: una condición en la cual la respiración a veces se vuelve lenta o se para temporalmente.

- **Acuesta a tu bebé de espaldas.**

- Cerciórate que la cama tiene un colchón firme; evita usar un sofá o una cama de adultos contra la pared. El bebé puede quedar atrapado con su carita en la apertura junto a la pared o entre los almohadones.

- No pongas en la cama almohadas, pieles de oveja, juguetes rellenos tipo almohada, paragolpes, cobijas o mantas gruesas y colchas.

- Evita calentar mucho la habitación de tu bebé o de cubrirle con demasiada ropa y mantas gruesas. El cuarto no debe estar más caliente de 70° Fahrenheit (21° Centígrados/"Celsius"). Si está sudando mientras duerme, quiere decir que está demasiado abrigado.

- Viste a tu bebé suficientemente abrigado para que no necesite una manta. Si tú sientes que debes usar una cobija, ésta debe ser muy delgada. Cerciórate de sujetarle bien en los pies y a los dos lados para que no esté en la cara del bebé.

Otras maneras para reducir el riesgo:

- Mantén tu casa libre de humo de cigarrillo.

- Dale el pecho a tu bebé.

- Llévale a los exámenes de buena salud regularmente.

Algunos bebés prematuros o bebés con problemas respiratorios pudieran llegar a la casa con un monitor para apnea*. Esta máquina tiene una alarma que suena si el bebé deja de respirar por más tiempo de lo que es normal.

Para más información acerca de dormir en la misma cama, lee el Capítulo 12, página 147.

Padres— ¡Manténganse Saludables!

El llevar una vida saludable les ayudará a tener la fuerza y energía necesaria para ser unos padres saludables. Tú serás el modelo para tu niño mientras éste crece. La mayoría del comportamiento que aprenden los niños es mirando lo que hacen sus padres.

Algunos consejos prácticos para tener una vida saludable:

Aun ejercicios sencillos como caminar ayudan para mantenerse en buena forma.

- Come alimentos nutritivos, incluye por lo menos cinco porciones de vegetales y frutas diariamente.

- Haz ejercicios regularmente y duerme lo suficiente. El caminar por 30 minutos, tres a cuatro veces cada semana puede ayudarte a mantenerte en buena forma. Trata de dormir lo que más puedas cada noche.

- Evita fumar o usar drogas. Bebe alcohol en forma moderada.

- Hazte exámenes de salud regularmente.
  Mamá: auto examínate para detectar cáncer de los senos.
  Papá: auto examínate para detectar cáncer testicular.

- Cuida de tus dientes cepillándote y usando hilo dental todos los días. Ve al dentista dos veces al año.

- Demora tus embarazos por lo menos 18 meses aparte de manera que puedas tener hijos sin riesgo para tu salud o la salud de tus hijos.

- Usa condones de látex si tienes un compañero quien pudiera tener una ETS*, especialmente VIH*.

*ETS (STD): enfermedad transmitida sexualmente.

- Utiliza tus cinturones de seguridad en cada viaje por auto.

- Usa crema protectora contra el sol y gafas obscuras.

- Disminuye el estrés tomando tiempo para relajarte.

*VIH (HIV): el virus que causa el SIDA, el cual se contagia sexualmente y compartiendo jeringuillas (inyecciones).

- Lucha por tener un hogar amoroso con un compañero que te nutra u otras personas que te apoyen. Trata de resolver los problemas con tu compañero.

- Busca ayuda si tienes ira y sientes que no puedes controlarla. No debes avergonzarte por pedir ayuda.

- Participa en la vida de la comunidad y sé una buena amiga para otras personas.

La Depresión, la Ira y el Abuso

A veces, los padres se sienten abrumados, sin control y con ira debido a los problemas en sus vidas. Una madre que se deprime puede comenzar a descuidar a su niño. Si una madre siente que no puede ser una buena madre, es muy duro para ella pedir ayuda.

Si necesitas ayuda, no tienes por qué avergonzarte. La depresión puede afectar a cualquier persona. Dile a una amiga o a un profesional médico en quien confíes tales como un doctor, enfermera, pastor o trabajadora social.

Si necesitas, pide ayuda. Esto puede ser muy duro pero vale la pena.

La ira puede llevar al abuso y al daño

Una persona que tiene mucha ira podría no ser capaz de lidiar con sus propios sentimientos. Si los padres no toman medidas para lidiar con la ira, puede llevarles a hacerle daño a su bebé o su compañero. Abuso es el uso de palabras groseras, insultantes o violencia física.

Nadie desea dañar a otra persona. Si tú sientes ira contra tu bebé o compañero, aléjate un tiempo de la persona para calmarte. Cuéntale a una amiga acerca de tus sentimientos o llama a una línea telefónica para problemas críticos*.

*Una línea telefónica para problemas críticos: un servicio telefónico con personal capacitado para ayudarte en una manera confidencial y sin juzgarte.

Si estás siendo abusada, tú mereces ayuda. Nuevamente, el llamar a una línea telefónica para problemas críticos te puede ayudar.

La depresión, el abandono, el abuso, pueden dañar tanto a los padres como a los hijos

Una de las razones más importantes para lidiar con sentimientos negativos es que éstos pueden dañar a tu bebé. Una persona que está sufriendo tiene dificultades en ayudar a otros.

Cuando un padre o una madre abusa a un niño, ese niño aprende a tener miedo a las personas más importantes de su vida. Esto puede afectar el aprendizaje y cómo el niño se comporte con otros a lo largo de su vida. Cuando el abuso lleva al daño, la salud y vida del niño también están en peligro. El sacudir a un bebé por ejemplo puede causarle un daño para toda la vida.

Capítulo 10
Cómo Prevenir Lesiones

Hoy en día los bebés y los niños tienen más peligro de ser lesionados que tener una enfermedad infantil grave. Después del SMIS y los defectos de nacimiento, las lesiones son ahora la causa número uno de muertes e invalidez en bebés y niños pequeños.

La mayoría de las lesiones son debidas a accidentes automovilísticos y otros acontecimientos que no pudieron preverse. Además, un número de bebés menores de 1 año de edad muere debido a la violencia. Aunque los padres o cuidadores no quieren hacer daño a los bebés, la frustración, la ira o la desesperación llevan a la violencia.

Muchas lesiones pueden prevenirse. Aun si los acontecimientos no pueden prevenirse, muchas lesiones pueden evitarse. Por ejemplo, si un conductor borracho choca tu auto, los asientos para autos y los cinturones de seguridad pueden mejorar la posibilidad de que tú y tu familia salgan ilesos.

En este capítulo se incluye:

- Cómo usar productos correctamente
- Cómo usar productos de segunda mano
- Cómo aprender RCP (CPR) y primeros auxilios
- Cómo tener un hogar seguro; caídas; quemaduras; incendios; asfixia; ahogos; quemaduras solares
- Cómo escoger y usar asientos de seguridad para el auto correctamente
- Cómo mantener a los padres fuera de peligro

Los bebés y niños menores de 5 años son los que por lo general mueren de:

- choques automovilísticos—como pasajeros y peatones (transeúntes)

- ahogos en el agua

- asfixia (sofocación)

- incendios

Las causas más comunes de las lesiones graves en los niños son:

- choques automovilísticos—como pasajeros y peatones

- caídas

- envenenamiento

- escaldaduras

Los padres deben observar a sus bebés muy cuidadosamente cuando están en un posible lugar de peligro.

Como madre, tú puedes hacer mucho para proteger a tu bebé de lesiones. Existen productos diseñados para hacer tu trabajo más fácil. Los asientos de seguridad de autos, portillos para escaleras, alarmas para humo y otras ayudas son muy eficaces si se usan correctamente.

En algunos casos, las únicas formas de proteger a tu niño son estar con él y observarlo muy de cerca. Por ejemplo, cuando tu bebé está en la bañera o piscina portátil para niños, mantente tan cerca que lo puedas tocar.

El mantener a tus hijos fuera de peligro es un trabajo constante. Cambiará a medida que tu bebé crece y sus actividades cambian. Algunas cosas, tales como usar el asiento de seguridad de auto, se convertirán en un hábito tanto para tu niña como para ti. Cerciórate que las personas que la cuiden sepan que tú deseas que protejan a tu niña.

Cuando tu bebé se convierta en una niñita más grande, puedes comenzar a hablarle y enseñarle a comportarse con cuidado. Sin embargo, le tomará muchos años antes de que ella pueda cuidarse por sí misma. Por ejemplo, si una pelota salta a la calle, a un niño de apenas 5 ó 6 años de edad generalmente se le olvidará el peligro y correrá por ella.

Productos que protegen a los bebés

- **Asiento de seguridad para niños (asiento de auto):** disminuye las lesiones por choques, comenzando con el primer viaje del hospital a la casa.

- **Detector de humo:** alerta a la familia en caso de incendio en la casa para que puedan escapar rápidamente.

- **Cuna segura:** espacios bien angostos (no más de 2 ⅜ pulgadas o 6 cm—el ancho de un bote de soda) entre las tablillas o barrotes, no postes en las esquinas. Las cunas más antiguas tienen espacios más amplios.

- **Colchón firme:** la firmeza del colchón y que quede bien ceñido en la cuna puede prevenir que la cabeza del bebé quede atrapada y se estrangule.

- **Termostato del calentador de agua:** bajar éste a 120° Fahrenheit para prevenir la mayoría de escaldaduras.

- **Portillo para escaleras:** ayuda a evitar que un bebé se caiga.

- **Cerraduras para aparadores y armarios, caja con llave para pistola:** ayuda a evitar que los niños jueguen con venenos, medicinas y armas de fuego (pistolas).

- **Protectores de seguridad para enchufes de electricidad:** evitan que el bebé introduzca objetos en los enchufes.

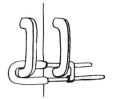

Ejemplos de productos de seguridad: aldaba para aparadores o armarios (arriba), protector de seguridad para enchufes de electricidad (abajo).

Cómo utilizar los productos correctamente

La mayoría de los productos de prevención sólo funcionan cuando se usan y se usan correctamente. Por ejemplo, un detector de humo funciona solamente si tiene pilas nuevas. Un asiento de auto funciona bien solamente si está instalado correctamente y el bebé está sujeto con el cinturón de seguridad en forma ceñida.

Siempre lee y sigue las instrucciones. Algunos productos, como los asientos de seguridad, no son tan fáciles de usar como aparentan. Muchas personas desean acortar el camino pensando que ellos saben cómo usar estos productos. Esto puede ocasionar el mal uso y en ocasiones lesiones innecesarias.

Lee y sigue las instrucciones para los asientos de seguridad de auto y otros productos para bebés.

Los Peligros de los Productos de Segunda Mano

Si has comprado o te han regalado aparatos de segunda mano (usados) para bebés, necesitas saber si son seguros. Los diseños antiguos pueden ser más difíciles de usar que los más modernos y algunos pueden tener peligros conocidos. Algunos artículos podrían estar muy usados, rotos o retirados del mercado.

Revisa estos puntos en cuanto a productos de segunda mano:

- ¿Puedes adquirir el manual de instrucciones del fabricante?

- ¿Ha sido el artículo retirado del mercado por problemas de seguridad? Con frecuencia el fabricante ofrece un equipo gratis para arreglar el producto, pero algunos artículos necesitan destruirse.

- ¿Sabes si los dueños anteriores lo cuidaron bien?

Lee el Capítulo 18 para saber a dónde llamar para obtener información sobre productos para bebés y asientos de seguridad que han sido retirados del mercado.

Muchas cunas más antiguas o portillos para escaleras tiene defectos en el diseño que se sabe son causantes de lesiones. Es mejor evitar éstos completamente.

Lo más probable es que los asientos de auto de más de 10 años estén muy usados y sean difíciles de usar correctamente. Algunos fabricantes ponen fecha de vencimiento en sus asientos. Si un asiento de seguridad ha sido usado durante un choque, no se debe utilizar otra vez. La mayoría de los asientos de auto que han sido retirados del mercado pueden componerse con un equipo de reparar gratis del fabricante.

"El tomar una clase de primeros auxilios para bebés me ayudó a sentirme más segura. Ahora sé qué hacer. Espero que nunca tenga que usarla."

Aprende Qué Hacer en Caso de una Emergencia

Prepárate antes de que algo suceda. A veces esto puede significar la diferencia entre la vida o la muerte. (Capítulo 16, página 230)

*RCP (CPR): reanimación cardiopulmonar, un método para re-establecer la respiración y la circulación de la sangre.

Ten el domicilio de la casa y el número de teléfono de emergencias cerca de tu teléfono. En la mayoría de los lugares, el número para emergencias es el 911.

Una clase de RCP (CPR)* para bebés y una de primeros auxilios es muy importante para todo padre. Encuentra una clase en tu comunidad a través del departamento local de salud, el departamento de bomberos, la Cruz Roja Americana o la sucursal de la Asociación del Corazón.

Cómo Mantener Tu Hogar Seguro

Asegurar la casa a prueba de niños significa quitar todos los peligros de tu casa o ponerlos fuera de su alcance. Esto te dará paz. Haz esto antes de que tu bebé comience a gatear y luego, cada cierto tiempo. Asegúrate que las casas de todas las proveedoras de cuidado infantil de tu bebé también estén aseguradas a prueba de niños*.

*Asegurar a prueba de niños: hacer que tu casa esté libre de cosas peligrosas que puedan hacer daño a tu bebé.

Las maneras más importantes para que tu hogar sea seguro:

- Guarda con llave las medicinas, venenos y armas de fuego.

- Ten alarmas de humo que funcionen.

- Cerciórate que la temperatura del agua caliente no sea mayor de 120° Fahrenheit (49° Centígrados).

- Usa muebles para bebés (tales como cunas y corralitos) que estén construidos de acuerdo a las normas establecidas.

- Coloca cubiertas protectoras en los enchufes eléctricos.

A medida que tu bebé crece, ella te sorprenderá con frecuencia metiéndose donde ella no podía hacerlo antes. Lee los Capítulos 14 y 15 para ver los puntos específicos para asegurar tu hogar a prueba de niños a medida que ella crece.

Cómo Prevenir las Caídas

Los bebés y niños pequeños pueden caerse por las escaleras o de las camas, mesas para cambiar pañales o sillas altas para comer. Un bebé necesita un lugar donde dormir del que no pueda rodar, patear, menearse o caerse de un borde. Un piso limpio es un lugar bien seguro para tu bebé.

Si cambias o vistes a tu bebé en el piso, ella estará a salvo en el caso de que ruede.

Consejos prácticos para prevenir las caídas:

- Antes de cambiar los pañales, bañar o vestir a tu bebé, reúne todas las cosas que necesitarás para que las tengas a tu alcance.

- Pon una mano sobre su cuerpo escurridizo cuando ella esté en la mesa, mostrador o cama.

Evita tomar bebidas calientes cuando tienes a tu bebé en tu regazo.

"Una mañana tomé mi taza de café mientras estaba sentada a la mesa con mi bebé en mi regazo. ¡De repente ella movió su mano y golpeó la taza y yo le salpiqué café caliente sobre ella!"

Tu bebé puede sorprenderte con cuan alto ella puede alcanzar.

- Pon a tu bebé sobre una manta limpia en el piso para que juegue.
- Pon su silla para bebés en el piso para que si ella se menea no se caiga del borde.
- Si deseas usar un asiento para bebés, consigue uno sin ruedas. Los andadores que ruedan provocan muchas caídas graves, especialmente aquellas caídas por las escaleras.
- Ajusta siempre la banda de seguridad en la silla para comer.
- Si tu casa tiene escaleras, instala un portillo arriba y otro abajo antes de que tu bebé comience a gatear. Cerciórate de que todos en la casa sepan que el portillo debe permanecer cerrado.

Usa un portillo que tenga la parte superior recta y no uno en forma de V al estilo de acordeón. Un bebé puede meter la cabeza y quedar atrapado en un portillo estilo acordeón.

Quemaduras de la Piel

La piel de tu bebé es mucho más delicada que la tuya. Se puede escaldar fácilmente de las siguientes maneras:

- **Agua caliente de la llave:** Prueba siempre el agua antes de poner a tu bebé en la bañera. Debe estar tibia y no caliente.

  Ajusta la temperatura del calentador del agua a 120° F (48.8° C). Esa temperatura es suficientemente caliente para muchos usos pero no quemará rápidamente la piel de un niño. Si vives en un departamento, pídele al dueño de casa que baje la temperatura del agua.

- **Comida o bebidas calientes:** Si tienes a tu bebé en tus brazos, no trates de beber una taza de té, café o sopa caliente. Si ella agarra la taza, le puede causar una quemadura grave.

- **Comida en una olla caliente:** Un bebé más grande o un niño pequeño puede alcanzar la taza o la olla de comida caliente sobre un mostrador, mesa o la estufa. Cocina en los quemadores de atrás. Mantén todas las agarraderas de las ollas vueltas hacia la parte posterior de la estufa. Mientras estás cocinando mantén a tu bebé afuera de la cocina por medio de un portillo. (Dale una olla pequeña y una cuchara para jugar mientras tú cocinas.)

Incendios del Hogar y Quemaduras

Muchos incendios comienzan en las chimeneas y calentadores portátiles. Mantén las cortinas y alfombras lejos de éstos. Coloca un biombo protector para evitar que los bebés y los niños se acerquen mucho.

Ponle a tu bebé o niño pequeño ropa para dormir que esté hecha de material con retardante de fuego*. Esta tela especial puede prevenir o limitar las quemaduras graves que los niños pueden sufrir si su ropa se quema por causa de las chimeneas o calentadores portátiles.

*Retardante de fuego: Un material especial que no se quema fácilmente si se prende en fuego. Estas telas ayudan a prevenir muchas quemaduras graves en niños pequeños.

Muchos incendios del hogar pueden prevenirse. Los adultos que fuman no deben hacerlo nunca en la cama. Los detectores de humo salvan muchas vidas pero solamente después de que el incendio ya empezó.

Demasiados incendios suceden porque niños pequeños han estado jugando con cerillos o encendedores de cigarrillos. Niños pequeños de hasta 18 meses pueden aprender a usar estos objetos cuando miran a los adultos pero no tienen idea de cuan grave un incendio es. Mantén todos los cerillos y encendedores fuera de su vista y alcance.

Cerciórate que los detectores de humo funcionen.

Asegúrate que las alarmas de humo están funcionando bien. La mayoría de las alarmas de humo funcionan con pilas. Estas pitan si las pilas están desgastadas. Pon pilas nuevas por lo menos una vez al año. Hazlo en un día de fiesta o cumpleaños para ayudarte a recordar. La mayoría de alarmas también tienen un botón de prueba que tú puedes oprimir cada mes para asegurarte que están funcionando.

Si tu detector de humo suena cada vez que quemas el pan, instálalo lejos de la cocina. Tendrás su protección pero no las alarmas falsas.

Si tu casa no tiene detectores de humo, instala varios. Ponlos pegados al techo o bien alto en una pared de cada piso de tu casa. Colócalos cerca de los dormitorios para que te adviertan de un incendio en la noche.

Ten un extintor de incendios a la mano.

Es importante tener un extintor de incendios, especialmente en la cocina. Lee las instrucciones para que sepas cómo funciona. Haz revisar la presión en el extintor cada año. Un buen momento para hacer esto es cuando reemplaces las pilas del detector de humo.

Planea una ruta de escape de los dormitorios para tu familia, en caso de que haya un incendio. La mayoría de las personas que mueren en un incendio mueren por inhalación de humo. Si necesitas escapar entre el humo, gatea pegada al piso. Practica con tus niños gateando por las rutas de escape. Establece un lugar afuera de la casa para reunirte con los otros miembros de la familia.

También puedes instalar un detector de monóxido de carbono. Te pondrá en alerta si hay un escape de gas en un calentador de gas o de petróleo en la casa.

Los globos de látex pueden ser muy peligrosos para que chupen los bebés. Esto es peligroso tanto con los globos inflados como con los desinflados.

Asfixia y Atragantamiento

Hay muchas cosas que pueden quedar atrapadas en la vía aérea (garganta) causando atragantamiento del bebé. Ella puede asfixiarse si no puede respirar aun por un tiempo bien corto. Si esto sucede, es esencial saber cómo sacar un objeto de la garganta de un bebé y dar RCP (respiración artificial). (Capítulo 16, página 231)

Globitos

La mayoría de las muertes por atragantamiento provienen de los globos. Tu bebé puede asfixiarse si mastica y chupa un globo de hule (látex). Puede cerrarle la garganta y sería imposible sacarlo. Para estar segura, no tengas globos en tu casa. (Los globos hechos de "mylar" son menos peligrosos que los de látex.)

Camas de agua, asientos rellenos de cuentas de poli estireno ("beanbag"), almohadones grandes o cojines de sofá

Un bebé acostado en una superficie blanda puede tener dificultad en respirar. Es mejor nunca poner a un bebé en una superficie de este tipo. También evite poner a un bebé en un asiento para bebés en una superficie blanda. El asiento puede voltearse dejando al bebé boca abajo.

Cunas viejas

Una cuna vieja con tablillas muy separadas (más de 2 ⅜ pulgadas) puede ser peligrosa. Un bebé puede quedar con su cabeza atrapada entre las tablillas.

No uses ninguna cuna con postes en las esquinas y áreas con huecos en la cabecera y al pie de la cama. Un bebé puede estrangularse si su ropa queda atrapada en el poste o si su cabeza se queda atascada en un hueco.

Colchones

Cerciórate que la cuna o la cama tiene un colchón firme. El colchón de la cuna debe encajar bien ceñido contra los lados de la cuna. Es importante que no haya una apertura donde la cara de tu bebé pueda quedar atrapada.

Ropa de cama blanda

Un bebé pequeñito durmiendo puede asfixiarse si su boca y nariz están contra una piel de oveja blanda y esponjosa, una colcha, una almohada o muñeco relleno al estilo de almohada. El aire que exhala se queda atrapado en el objeto blando y grueso. Luego ella inhala el mismo aire nuevamente. Después de poco ya queda poco oxígeno en el aire que ella respira y puede asfixiarse.

Bolsas plásticas

Mantén todas las bolsas plásticas fuera del alcance de tu bebé. Si una bolsa plástica llega a cubrir la cara o boca del bebé, ella no podrá respirar. Un bebé no es lo suficientemente mayor como para quitársela de modo que ella se asfixiará.

Objetos pequeños y juguetes

A los bebés les gusta ponerse cosas pequeñas en sus bocas. Mantén el piso libre de cosas pequeñas (tales como monedas, canicas y bloques pequeños). Asegúrate que tu bebé no juegue con juguetes muy pequeños o con juguetes con partes pequeñas sueltas. Escoge juguetes que estén hechos especialmente para bebés.

Usa el tubo del papel higiénico como prueba (a la derecha). Alguna cosa que sea lo suficientemente pequeña para pasar por el tubo, puede asfixiar al bebé.

Revisa los chupones para cerciorarte de que no tienen un chupón separado. Los bebés pueden atragantarse con el chupón si éste se desbarata. Evita poner un chupón en una cuerda porque puede enredársele en el cuello de tu bebé.

Si es posible, haz que los niños mayores guarden sus juguetes en un cuarto que tenga un portillo o una puerta que puedas cerrar.

Alimentos redondos (circulares) y duros

Un objeto redondo puede fácilmente quedar atrapado en la tráquea del bebé. Alimentos tales como pasas,

La prueba del tubo del papel higiénico: Revisa los juguetes de tu bebé. Permite que tu bebé solamente tenga juguetes que son lo suficientemente grandes de manera que NO pasen por el tubo.

Un juguete muy pequeño no es seguro.

Un juguete lo suficientemente grande es seguro.

cacahuates (maní), rodajas de salchichas, uvas enteras, dulces de bolas ácidas y palomitas de maíz, son peligrosos porque los niños pequeños no pueden masticarlos. Corta los alimentos en pedacitos, aun cuando tu bebé sea lo suficientemente mayor para masticar.

Cordeles de las persianas de ventanas

Un bebé que juega con un cordel de persiana de ventana puede amarrar el cordel alrededor de su garganta. Mantén las cunas o corralitos lejos de ventanas que tienen persianas o amarra los cordeles hacia arriba y lejos del alcance del bebé. Existen persianas hechas con accesorios plásticos que hace que los cordeles sean menos peligrosos. Lee el Capítulo 18 para ver información de cómo adquirir equipos portátiles gratis para arreglar persianas.

Asientos de auto para bebés que se usan para transportarlos

Cuando uses un asiento de auto para bebés para llevarlo a la tienda o a tu casa, asegúrate de abrochar el arnés. A veces las asas no funcionan y un bebé que no está abrochado puede caerse.

Ahogos en Agua

Los bebés pueden ahogarse rápida y silenciosamente en sólo unas pocas pulgadas de agua. **Los niños nunca están a salvo cerca del agua a no ser que haya un adulto cuidándoles.**

Este chaleco salvavidas está aprobado y diseñado para bebés. El cuello grande de esponja sostiene la cabeza del bebé afuera del agua.

- Quédate con tu bebé o niño pequeño en todo momento si ella está en la bañera o piscina portátil para niños, cerca de una alberca o un lago.

- Una piscina de casa debe de tener una cerca en todos los lados de ésta, con una puerta cerrada con llave.

  Si llevas a tu bebé o a cualquier niño en un bote, sobre un muelle o a una piscina, colócale un chaleco salvavidas que le quede bien y esté aprobado por la Guardia Costera. Para un bebé, usa el tipo que tiene material flotante adicional en el cuello para que le sostenga la cabeza.

- Las lecciones de natación para bebés no previenen que se ahoguen. No esperes que un niño menor de 4 años realmente aprenda a nadar.

- Los niños pequeños y bebés que pueden levantarse por sí mismos, pueden caerse de cabeza en los inodoros o cubetas grandes de agua. Mantén la puerta del baño cerrada y coloca un seguro en la cubierta del inodoro. Vacía cualquier cubeta de agua tan pronto como termines de usarla.

Quemaduras Solares

Los rayos solares pueden quemar la piel de un bebé muy fácilmente. Aun un bebé con piel naturalmente morena puede sufrir quemaduras solares graves. Las quemaduras durante la niñez son dolorosas y pueden causar cáncer de la piel en el futuro.

Los rayos solares son más fuertes durante el medio día. Quemaduras solares pueden suceder durante días con nubes leves o con niebla. El reflejo del sol en el agua o la nieve también puede producir quemaduras graves. La exposición al sol durante muchas horas puede dañar la piel aún sin producir una quemadura.

Cubre bien a tu bebé para proteger su piel delicada.

El sol es más fuerte entre 10 AM y 3 PM. Si ella tiene que salir por un período largo durante estas horas, vístela con ropa que tenga mangas largas, pantalones y un sombrero de alas anchas. Mantenla en la sombra el mayor tiempo posible.

Después de que tu bebé tiene por lo menos 6 meses de edad, puedes aplicarle en su cara, manos y piel desnuda una loción protectora contra el sol. Escoge una que tenga una medida de 15 GPS* o más alta. Encuentra una que bloquee los dos rayos "UVA" y "UVB". Cerciórate que todos los que cuidan de tu bebé le apliquen esta loción. La mejor protección es mantenerla lejos de los rayos solares durante el medio día.

*GPS (SPF): Grado de Protección Solar; mientras más alto es el número, más es la protección contra las quemaduras solares.

Aplícale la loción por lo menos 15 minutos antes de llevar a tu bebé afuera, para que tenga suficiente tiempo de hacer efecto. Ponle más si ella se encuentra afuera por un rato largo o si se moja.

Ajusta el Cinturón de Seguridad de Tu Bebé en Cada Viaje

Los choques de autos son el peligro más grande para los niños pequeños. Aun si tú eres un conductor cauteloso, es posible que no puedas evitar un choque. Los asientos de seguridad protegen muy bien a los bebés cuando se usan correctamente. Por eso es que los Estados Unidos y Canadá tienen leyes que requieren el uso de asientos de seguridad de autos.

El llevar a un bebé en tu regazo es muy peligroso. En un choque es imposible, aun para un adulto bien fuerte, el sostener a un bebé. El bebé sería arrebatado de tus brazos por la fuerza del choque. Si no tienes tu cinturón de seguridad puesto, tú puedes aplastar a tu bebé.

¡Empieza un buen hábito de seguridad durante el viaje del hospital a la casa! Muchos hospitales no te dejarán llevar a tu bebé a casa si no tienes un asiento de seguridad de autos. Usa un asiento de seguridad cuando viajas con una amiga o en un taxi.

Si no tienes un asiento de seguridad de auto, puedes encontrar un programa en tu comunidad para alquilar o comprar uno a bajo costo. Consulta en tu hospital, plan de salud o en el departamento de salud del condado. Esto es generalmente mejor que conseguir un asiento de seguridad de segunda mano.

Cómo escoger el mejor asiento de seguridad de autos

No existe un asiento de seguridad de autos perfecto para todos. (Mira la página 121.) Busca uno que:

- Sea apropiado para la edad y peso de tu bebé.
- Es fácil para usarlo correctamente de modo que tú le ajustas el cinturón a tu bebé en cada viaje.
- Encaja bien en tu vehículo o vehículos—pruébalo primero en tu auto antes de comprarlo.
- Cumple con las normas de seguridad federales— busca la etiqueta donde diga esto.

Para mellizos o trillizos, busca un modelo que tenga la base y el armazón más angosto. Esto te permite que puedas colocar todos los asientos juntos en el asiento posterior. Los asientos convertibles con protectores altos (sobre la cabeza) son especialmente anchos.

¿Son adecuados los asientos de seguridad usados?

Quizás. Un asiento nuevo viene con todas sus partes e instrucciones. Un asiento más o menos nuevo que ha tenido un dueño y ha sido cuidado bien puede ser adecuado. Un asiento de seguridad encontrado en una

(Continúa en la pagina 122)

Tres Clases de Asientos de Seguridad para Bebés

Los bebés de por lo menos hasta 1 año de edad deben viajar siempre mirando hacia la parte posterior del vehículo. Existen dos clases de asientos que miran hacia atrás y uno para bebés que deben acostarse en forma plana:

1. Asiento de seguridad de auto para usarse mirando hacia atrás solamente.

1.) **Asiento sólo para bebés:** construido para bebés desde recién nacidos hasta las 18 a 22 libras. Esta clase de asiento es muy pequeña y fácil para meter y sacar del auto. Muchos tienen una base separada que puede dejarse en el vehículo. Se usa hasta el peso máximo o hasta que la cabeza de tu bebé llegue a 1 pulgada debajo del tope del armazón.

Esta clase de asiento probablemente no le servirá para todo el primer año así que cambia a un asiento convertible a medida que tu bebé crezca.

2. Cama para auto para bebés con necesidades especiales.

2.) **Cama para auto:** para los bebés que por razones médicas necesitan estar acostados en forma plana.

3.) **Asiento convertible:** para usarse con los bebés mirando hacia atrás hasta la edad de 1 año y luego mirando hacia delante para niños pequeños de hasta 40 libras.

Si deseas usar este tipo desde el nacimiento, escoge un modelo que tenga un arnés de cinco puntas. Este tipo de arnés le queda mejor a los recién nacidos que un arnés con un protector acolchonado.

3. Asiento de seguridad convertible para usarse mirando hacia atrás para un bebé hasta la edad de 1 año (arriba) y mirando hacia delante para un niño pequeño mayor de 1 año de edad (abajo).

Los modelos actuales/recientes, pueden usarse hasta las 30 a 35 libras en la posición de mirar hacia atrás. Pasado ese peso, mueve el asiento para que mire hacia delante. Sigue el peso que indica en la etiqueta.

Los modelos más antiguos solamente sirven hasta 20 a 22 libras en posición de mirar hacia atrás. Un bebé grande alcanzará este peso antes de la edad de 1 año.

Pon atención especialmente a la clase de asientos de seguridad para bebés prematuros y bebés muy pequeños. (Capítulo 17, página 248)

> ### Un sistema nuevo de instalación "LATCH"
>
> Muchos vehículos nuevos y algunos asientos de seguridad tienen un nuevo sistema para instalar el asiento de auto sin usar un cinturón de seguridad. Generalmente se le llama "LATCH" (Lower Anchors and Tethers for Children [sujetadores y correas inferiores para niños). Úsalo si es que el asiento de seguridad y el vehículo tienen "LATCH". De otra manera, usa el cinturón para sujetar el asiento de seguridad al vehículo.

venta casera de cosas usadas o tienda de artículos usados o de segunda mano puede que no sea un buen trato. Evita los asientos de más de diez años (busca la fecha en la etiqueta) y aquellos que han tenido más de un dueño o han sido mal tratados.

Preguntas por hacer referente a un asiento de seguridad de segunda mano

Investiga cualquier asiento de seguridad usado que quieras usar para tu bebé.

- ¿Ha estado el asiento de seguridad en un choque? Si es así, o si no puedes averiguarlo ¡no lo uses! Pueden haber daños que no se ven.

- ¿Tiene las instrucciones y todas las partes? Éstas pueden obtenerse de las fábricas.

- ¿Ha sido retirado del mercado? Busca las etiquetas originales que muestren el número de modelo y la fecha de fabricación. Sin esa información tú no podrás averiguar si ha sido retirado del mercado o no. Algunos productos han sido retirados del mercado debido a problemas de seguridad muy serios. Muchos pueden ser reparados con un equipo portátil de reparación del fabricante.

Llama al 888-DASH-2-DOT para información sobre los asientos de seguridad de autos que han sido retirados del mercado.

Pasos para el uso correcto de un asiento de seguridad

Muchos padres, sin saberlo, usan los asientos incorrectamente. Algunas equivocaciones pueden causar lesiones muy graves.

Si es posible, practica la instalación y el uso del asiento antes que tu bebé llegue. Esto te permite solucionar cualquier problema antes de que necesites usarlo. Usa una muñeca para practicar los pasos para el uso correcto:

1.) **Lee, sigue y guarda las instrucciones** para tu asiento de seguridad y vehículo.

2.) **Pon las bandas de los hombros** en las ranuras más bajas para un bebé recién nacido. Mantenlas en las ranuras más bajas hasta que los hombros de tu bebé lleguen al nivel de las ranuras superiores. Luego mueve las bandas más arriba.

3.) **Coloca el arnés en los hombros del bebé en forma ceñida.** Está suficientemente ceñido si no puedes pellizcarle entre tus dedos. No debe hundirse en los hombros del bebé.

Acomoda el arnés a medida que tu bebé crezca. Si la banda pasa a través de una hebilla de metal, asegúrate de volver a jalar la punta a través de ésta.

Si el arnés tiene ajustador que sujeta las bandas juntas en los hombros, ponlo a la altura de la axila de tu bebé.

4.) **Instala el asiento de seguridad en el asiento posterior de tu vehículo.** El asiento posterior es por lo general más seguro para cualquier niño que el asiento delantero.

Si el vehículo tiene una bolsa de aire en el asiento del pasajero*, NUNCA pongas en el asiento delantero a un bebé que debe mirar hacia atrás. Si la bolsa de aire se infla, su fuerza puede matar a un bebé sentado en el asiento delantero. Busca una etiqueta de advertencia en el lado superior de la visera. Las bolsas de aire también pueden ser peligrosas para niños más grandes, por lo tanto todos los niños están más seguros viajando atrás.

Muchas camionetas y vehículos deportivos tienen un mecanismo para desconectar la bolsa de aire. Si la bolsa de aire tiene este mecanismo y la bolsa de aire ha sido desconectada, puedes poner a tu bebé en forma segura en el asiento delantero.

*Bolsa de aire en el asiento del pasajero: Un mecanismo de seguridad para los pasajeros del asiento delantero que se encuentra escondida en el tablero de mandos del auto. Se infla instantáneamente si ocurre un choque.

5.) **Instala el asiento de seguridad de modo que tu bebé viaje mirando hacia la parte de atrás de tu vehículo.** Ella debe viajar de esta manera por lo menos hasta que tenga un año de edad. La posición de mirar hacia atrás le provee la mejor protección a la cabeza pesada y la nuca débil de tu bebé en caso de un choque de frente. (El choque de frente es el tipo de choque más frecuente y peligroso.)

6.) **Abrocha el asiento de seguridad en tu vehículo.** Usa el cinturón de seguridad del auto a no ser que el

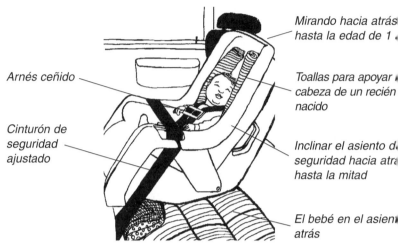

Mirando hacia atrás hasta la edad de 1

Arnés ceñido

Toallas para apoyar cabeza de un recién nacido

Cinturón de seguridad ajustado

Inclinar el asiento d seguridad hacia atrá hasta la mitad

El bebé en el asien atrás

Maneras de proteger a tu bebé en el auto

En muchas comunidades se llevan a cabo clínicas para revisar los asientos de seguridad. Para más información, llama al departamento de policía, bomberos u hospital.

vehículo y el asiento de seguridad tienen accesorios de "LATCH". Pon todo tu peso en el asiento y empuja hacia abajo para usar todo lo flojo del cinturón del asiento o el accesorio. El asiento de seguridad debe moverse menos de una pulgada hacia delante o de lado a lado. Está bien que un asiento que mira hacia atrás se incline hacia la parte posterior del vehículo.

Revisa el manual de tu vehículo para encontrar las instrucciones para instalar el asiento de seguridad. La mayoría de los cinturones de seguridad deben arreglarse para que queden ajustados durante un viaje normal. Algunos necesitan broches, hebillas o ajustadores, cinturones o amarres.

7.) Revisa el ángulo del cinturón de seguridad. Usa el indicador de la inclinación del asiento, si tienes uno. Si el asiento del auto está demasiado erecto de modo que la cabeza de tu bebé se va hacia delante, coloca una toalla enrollada o un periódico debajo del asiento. Inclina el asiento de seguridad hacia atrás hasta que su cabeza descanse contra el respaldar. Ten cuidado de no inclinar el asiento más de la mitad (45 grados) hacia atrás. Esto puede provocar una lesión.

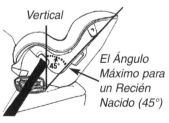

Vertical

El Ángulo Máximo para un Recién Nacido (45°)

Quizás no es fácil usar un asiento de seguridad correctamente. A veces el vehículo y el asiento de seguridad no se alinean bien. Si tienes problemas usando el asiento de seguridad, llama al fabricante del asiento de seguridad, o del vehículo o a la Línea Telefónica para Seguridad de Autos (888-DASH-2-DOT). Puedes encontrar una clínica para revisar asientos de seguridad en tu área. En las clínicas, los expertos te ayudarán con los problemas del asiento de seguridad.

Más consejos en el uso del asiento de seguridad

- **Mantén a tu bebé mirando hacia atrás.** Tú no tienes que mirarla cada minuto. Un bebé saludable no va a hacerse más daño estando sentada sin que tú le veas que cuando está dormida en su cuna.

- **Si tu bebé se pone quisquilloso** mientras estás manejando, para tu vehículo a un lado de la carretera y consuélale.

- **Coloca toallas enrolladas en un lado de su cabeza y cuerpo para mantenerla cómoda.** Un bebé muy pequeño puede necesitar una toallita enrollada entre su entrepierna y la correa del arnés. Si compras una almohadilla para la cabeza, asegúrate que tenga ranuras (aperturas) para las correas del arnés y una tela delgada detrás de la espalda del bebé. Una almohadilla gruesa hace que el arnés se quede muy flojo.

Coloca toallas enrolladas a los lados de la cabeza de tu nuevo bebé y su cuerpo para apoyarle. Usa una toallita enrollada entre su entrepierna para evitar que se baje.

- **Viste a tu bebé adecuadamente para usar el asiento de seguridad,** con ropa que tenga piernas. Esto permite que la correa del arnés pase entre sus piernas.

- **Mantén al bebé abrigado** poniéndole mantas encima del arnés y no debajo de éste. Si pones una manta gruesa debajo del arnés, el arnés quedará muy flojo para sostener al bebé en su lugar en caso de un choque.

- **Mantén a tu bebé fresco** cuando el clima esta caliente usando un forro de tela fina en el asiento, si la almohadilla es plástica. Cerciórate que tenga ranuras para que las correas del arnés puedan pasar.

  Cubre el asiento del auto con una toalla para evitar que el asiento se caliente mucho cuando el vehículo está estacionado.

- **NUNCA dejes a tu bebé solo** en tu vehículo. Un vehículo puede calentarse peligrosamente en pocos minutos. Existen muchos peligros para los niños que se dejan en un auto estacionado y sin un adulto.

- **Si tu bebé tiene una condición médica grave** que requiere supervisión, lleva a otro adulto contigo para que se siente atrás con tu bebé.

Las Mascotas y los Bebés

Mantén a las mascotas lejos de tu bebé a no ser que tú la estás sosteniendo. A veces los animales tranquilos se comportan de manera inesperada cerca de los bebés.

Cómo Te Proteges de las Lesiones

Como adulto joven, tienes mayor probabilidad de sufrir una lesión grave que contraer una enfermedad. La mayoría de las personas piensan que a ellos no les puede suceder nunca un choque o un accidente en un bote, pero estas cosas sí pueden suceder. Las lesiones pueden ser fatales o causar invalidez. Aun una lesión menos grave puede ser costosa. Ésta puede causar estrés y dificultades con tu compañero, hijos y el trabajo.

Tú eres la primera y mejor maestra de tu bebé. Ella aprenderá hábitos saludables y poco saludables observándote a ti. De manera que lo que tú haces por tu seguridad y salud hace una gran diferencia.

Siempre ponte el cinturón de seguridad. Los choques de autos son la amenaza mayor a la salud de los padres.

Pasos para mantenerte fuera de peligro:

- **Usa tu cinturón de seguridad** todo el tiempo que manejas o que viajas en un vehículo, aun si tu auto tiene bolsas de aire.

- **Evita manejar el auto después de haber consumido alcohol.** La mayoría de las fatalidades ocurren durante las noches de los fines de semana.

- **Evita manejar muy tarde los viernes o los sábados de noche** cuando es posible que un borracho te choque.

- **Usa un casco** para proteger tu cabeza si es que viajas en motocicleta, bicicleta, montas a caballo, usas patines o esquís.

- **Usa artículos de protección** para deportes, tales como rodilleras o bandas para las muñecas cuando estés patinando.

- **Deja de fumar.** Si fumas, nunca lo hagas en la cama.

- **Usa loción protectora** contra el sol y ponte gafas oscuras.

Lesiones debido a abusos

El abuso puede causar lesiones físicas. Si estás siendo abusada o con miedo de ser abusada, busca la forma de salir de la situación. Si necesitas ayuda, llama a una línea telefónica para problemas críticos, ahora. Pide ayuda—¡no esperes!

Si tienes miedo que tu bebé pueda ser abusado o sufrir lesiones, toma los pasos necesarios para sacarlo de esa situación inmediatamente.

Parte III: El Primer Año del Bebé

Capítulo 11
La Primera Semana de Tu Bebé

Durante los primeros días con un nuevo bebé o bebés, la mayoría de los padres se sienten entusiasmados y preocupados a la vez. Éste es el tiempo para los padres de conocer a su bebé. Cada padre comienza a darse cuenta de la gran responsabilidad del cuidado de un niño.

Tu bebé puede hacer cosas increíbles desde el comienzo. Él sabe como respirar inmediatamente. Él puede ver, oír y sentir lo que tú haces. Se acostumbrará enseguida a vivir afuera del ambiente seguro del útero. Él aprenderá que tú le das comida y consuelo. El acurrucarle, hablarle y darle de comer, le ayuda a sentirse amado.

Pronto comenzarás a comprender algunas de las señales que tu bebé puede darte. Él te enseñará lo que necesita y qué es lo que no le gusta. Deja que él sea tu guía.

En este capítulo se incluye:

- Los primeros exámenes del bebé recién nacido
- Cómo es el típico bebé recién nacido
- La llegada de tu bebé a casa
- El primer examen de buena salud
- Comprende el comportamiento de tu bebé
- El bebé llora: ¿qué puedes hacer?
- Señales de advertencia del bebé
- Jugar con tu nuevo bebé
- Consejos prácticos para los padres de gemelos y bebés múltiples
- Bebés con necesidades especiales de salud

Retrocede a los Capítulos 6 y 7 para encontrar lo básico del cuidado y alimentación de un recién nacido.

Los Primeros Exámenes de Salud del Bebé

Tu bebé será examinado inmediatamente después del parto.

Las enfermeras y doctores examinarán a tu bebé en varias maneras diferentes. Inmediatamente después del parto, el bebé será examinado rápidamente para asegurarse de que su salud es buena. Luego, dentro de unas cuantas horas, la enfermera le hará un examen más detallado.

Inmediatamente después del nacimiento, la enfermera pondrá unas gotas o pomada en los ojos de tu bebé. Esto protegerá sus ojos contra una infección por los microbios en el canal de parto de la madre. También recibirá una inyección de vitamina K para ayudar a su sangre a coagularse bien.

Antes de llevarle a casa, el doctor o enfermera especialista de tu bebé le hará un examen físico completo. Todo su cuerpo será examinado, que incluye cómo su cuerpo responde (reflejos), cómo están funcionando su corazón y pulmones y cómo reacciona a sonidos y luz. Pudiera ser que se le dé en este tiempo su primera vacuna para hepatitis B.

El comportamiento del bebé probablemente será examinado usando las Escalas de Reexaminación del Comportamiento Neonatal. Este examen indica cómo él responde a objetos, sonidos y personas. Pide que te permitan ver cómo se da este examen. Es una forma maravillosa para ti para ver lo que tu bebé puede hacer.

La enfermera y el doctor deben hablar contigo acerca de lo que encuentren.

Notas acerca de los exámenes del recién nacido

_____

_____

_____

_____

_____

_____

Antes de dejar el hospital, una pequeña cantidad de sangre será extraída del talón de tu bebé para una revisión médica de varias enfermedades muy raras y peligrosas. Estas enfermedades tienen que descubrirse y curarse rápidamente para evitar incapacitación por el resto de la vida.

En algunos estados se requiere un segundo examen de sangre al lapso de 10 días. Esto se hace para asegurar que todos los casos posibles de estas enfermedades son encontrados. Pregunta a tu doctor si tu bebé necesita un segundo examen.

Los bebés generalmente reciben su primera vacuna para hepatitis B antes de dejar el hospital después del nacimiento.

La Realidad de Tu Bebé

Durante los primeros días después del nacimiento probablemente tengas emociones mezcladas. Estás frente a frente con tu bebé y quizás tengas que renunciar a tu sueño del "bebé perfecto".

Por ejemplo, pudiera ser que querías una niña pero ahora tienes el tercer niño. Puedes estar decepcionada porque tuviste que tener una operación cesárea. Tu bebé puede que tenga una condición la cual requerirá cuidado especial.

Al comienzo, muchos padres tienen que enfrentar sentimientos de desilusión o sufrimiento. Estas realidades necesitan tiempo para aceptarse.

Cómo se ve un bebé recién nacido

Si tu bebé es el primer recién nacido que has visto, puede que te lleves una sorpresa. Un bebé recién nacido normal y saludable no se ve como un bebé modelo. Sin embargo, él puede ya verse un poquito como su papá o mamá. Dentro de unos pocos días sus facciones se suavizarán un poco. En unas pocas semanas él se verá más como el bebé que tú esperabas.

Muchas de las facciones normales de los recién nacidos son causa del proceso del nacimiento. Algunas desaparecen en unos días o semanas mientras que otras cambian más lentamente.

"Cuando vi a mi bebé por primera vez tuve que reírme. ¡Él parecía un viejito!"

La cabeza de un bebé recién nacido:

- Cabeza en forma de cono: Antes o durante el parto, la cabeza de un bebé puede haber sido apretada. El cráneo es flexible y volverá a su forma natural en unos pocos días.

- Áreas blandas: dos áreas blandas, llamadas fontanelas, en el cráneo de tu bebé, las cuales las puedes sentir muy blandas. La de la parte superior es fácil de sentir y se cerrará después de los 18 meses de edad. La otra, en la parte posterior, es más pequeña y se cerrará mucho más pronto. Hay una membrana fuerte (capa de material) debajo del cráneo que protege el cerebro.

- Hinchazón y rasguños: Rasguños por el parto, incluyendo una marca si es que tuvo un monitor interno en su cuero cabelludo. Éstas generalmente desaparecen en unos días.

- El pelo: algunos recién nacidos tienen mucho pelo pero otros no tienen nada.

La cara de un bebé recién nacido:

- Ojos hinchados y la nariz y mejillas aplastadas: por haber sido apretados en el canal del parto.

- Color claro de los ojos: los ojos azules pueden cambiar durante el primer o segundo año.

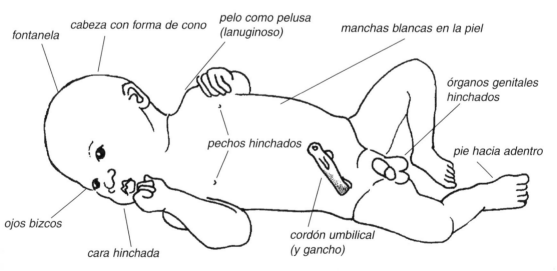

fontanela · cabeza con forma de cono · pelo como pelusa (lanuginoso) · manchas blancas en la piel · órganos genitales hinchados · pechos hinchados · pie hacia adentro · ojos bizcos · cara hinchada · cordón umbilical (y gancho)

Cómo se ve un recién nacido

- Los ojos que no se mueven en la misma dirección: comenzarán a moverse juntos generalmente en unas pocas semanas o meses.

La piel de un bebé recién nacido:

- Unas manchas blanquecinas (vernix): una capa protectora en el útero la cual se quitará o desaparecerá pronto.

- Color de piel: frecuentemente es más clara y más rojiza de lo que será su tono natural de piel.

- Pelo como pelusa (lanuginoso): pelo de antes de nacer, en la espalda, mejillas y a veces en los oídos; pronto desaparecerá.

- Piel seca y sarpullido: áreas de piel seca y escamosa, puntos oscuros, pequeñas ampollas, manchas rojizas o puntitos blancos pequeños (milia) alrededor de la nariz y del mentón (barbilla); se quitarán sin ningún tratamiento.

- Lunares: Manchas azuladas-negras (manchas Mongoles) cubriendo la parte inferior de la espalda o nalgas; son más comunes en los bebés de piel más oscura y se desaparecerán. Manchas rosadas planas (mordida de la cigüeña) en la parte posterior de la cabeza, nuca, párpados o nariz; generalmente desaparecen cerca de la edad de 2 años. Las manchas de vino son áreas grandes de color rojo oscuro o morado que no se desaparecen sin cirugía.

Otras facciones normales de un recién nacido:

- Latidos del corazón y ritmo de respiración casi el doble de los adultos: 120–160 latidos del corazón por minuto y alrededor de 30–60 respiraciones por minuto.

- Piernas y pies hacia adentro: su forma se debe a la posición del bebé en el útero. Éstas generalmente se enderezan sin ninguna ayuda.

- Pechos y órganos genitales hinchados en los bebés varones y niñas: esto sucede por causa de las hormonas de la madre durante el embarazo.

- Manchas de sangre en la vagina de las niñas recién nacidas: son causadas por las hormonas de la madre durante el embarazo.

- El cordón umbilical: el sobrante del cordón se secará y se caerá dentro de 10 a 14 días.

- Hernia umbilical: Una protuberancia en la piel alrededor del sobrante del cordón umbilical que frecuentemente se aplana alrededor de los 18 meses. Puede agrandarse cuando el bebé llora.

- Granos pequeños, blancos y firmes en el paladar (perlas de Epstein): estos no duelen ni hacen daño.

- Puntitos blancos bien pequeños en la nariz, mejillas o mentón (milia): estos desaparecerán en unas pocas semanas.

Cómo se ve un bebé prematuro

Si tu bebé nació antes de tiempo (prematuro), pesará menos que un bebé de término completo. Su cabeza será más grande con relación a su cuerpo y tendrá menos gordura. Esto quiere decir que su piel parecerá muy fina, sus facciones más acentuadas y él necesitará ayuda para mantenerse abrigado. Él tendrá más pelo rizado y una capa blanquecina sobre su piel que el bebé de termino completo.

Cómo mantener al bebé abrigado

Tu recién nacido puede tener dificultad en mantenerse abrigado por sí mismo. Una gorra pequeña le puede ayudar a mantener el calor de su cuerpo. Acurrucar la piel de tu bebé contra la piel de tu pecho es una forma cariñosa de mantenerle abrigado.

Aprende a tomar la temperatura de tu bebé usando su axila. (Capítulo 16, páginas 221 a 224.) Tómale la temperatura varias veces para que tengas una idea de cual es la temperatura normal de tu bebé.

Después de las primeras semanas tu bebé no necesita tanta ayuda para permanecer abrigado. Envolver a tu bebé en muchas mantas puede aumentar su temperatura demasiado. Él no debe estar tan caliente que perspire.

Si tú estás cómoda, vístele con una o más capas de ropa de las que tú estás usando. Tócale sus codos y rodillas para ver si él está suficientemente abrigado. Sus dedos y pies pueden sentirse fríos aun si su cuerpo está abrigado.

Los Reflejos Indican las Habilidades del Bebé

Un bebé recién nacido puede hacer muchas cosas. Tu bebé nació con reflejos automáticos que indican cómo su sistema nervioso se está desarrollando. Aunque todavía no puede controlar muchos de sus músculos, su cuerpo está preparándose para movimiento. La mayoría de los reflejos de un recién nacido desaparecen en unas pocas semanas. Ejemplos de reflejos:

Cuando tu recién nacido sostiene tu dedo, es un reflejo automático.

- La mano agarra tu dedo fuertemente
- Los dedos de los pies se curvan cuando la planta del pie es presionada
- Mueve los pies de arriba para abajo cuando tú le sostienes con sus pies en una superficie firme
- Los brazos se sacuden para empujar una tela liviana que cubre su cara
- Abre su boca y voltea la cabeza (arraigando) cuando tú le tocas su mejilla, como si él estuviera tratando de encontrar el pecho
- Chupa fuertemente el dedo limpio de un adulto
- Estira un brazo hacia un lado cuando la cabeza está volteada hacia el otro lado (reflejo tónico de la nuca)
- Los brazos vuelan hacia los lados, la espalda se curva, llora (sobresaltado) cuando le sorprende un ruido fuerte o un movimiento inesperado

Tu bebé puede sobresaltarse cuando le levantas súbitamente. Háblale primero, pon tus dos manos suavemente debajo de su cuerpo, luego levántale con una mano debajo de la cabeza.

Cómo Preparar la Llegada a Casa

Si los dos están sanos, la mamá y el bebé generalmente dejan el hospital o maternidad un día o dos después del parto. Después de una operación cesárea, la mujer usualmente se queda uno o dos días adicionales. Algunos padres están felices de regresar a la casa lo más pronto posible. Otros se preocupan de que ellos realmente no están listos para estar solos con su bebé.

El parto es bastante trabajo. Tú necesitarás descansar y recuperarte después del parto. Muchas mujeres prefieren descansar en la comodidad de su propia casa donde amistades y la familia están cerca. Un hospital generalmente no es un lugar de descanso.

"Mi esposa y yo quisimos pasar tiempo con nuestro nuevo bebé así que, al comienzo nos aislamos por unos pocos días. Les dijimos a nuestros padres que necesitábamos este tiempo para convertirnos en una nueva familia. ¡Fue increíble!"

A quién hacer preguntas

Durante una estancia corta en el hospital, podría ser que no recibas toda la educación que a ti te gustaría recibir. Podría ser que te sientas insegura de ti misma cuando lleves a tu bebé a casa. No importa cuanto has aprendido antes de que llegue tu bebé, tendrás nuevas preguntas cuando comienzas a cuidar de tu bebé. Saber a quién llamar puede ayudarte a estar tranquila.

Recuerda: ¡Las únicas preguntas tontas son aquellas que no se hacen!

Personas a quienes puedes llamar:

- El doctor de tu bebé, tu doctor o enfermera partera
- La maternidad o el hospital donde tuviste tu bebé (abiertos a todas horas)
- La especialista en lactancia la cual ayuda a las mamás que dan el pecho y quienes tienen preguntas o preocupaciones
- Una amiga que recientemente ha tenido un bebé
- Tu madre o suegra

Escribe estos números en el frente del libro para que estén siempre a la mano.

Cosas por hacer antes de regresar a casa

1) Haz una cita para el primer examen de tu bebé (generalmente durante la primera semana).
2) Trae la ropa para el viaje de tu bebé a casa.
3) Trae el asiento de auto para tu bebé para el viaje a casa. (Capítulo 10, página 121)

La Llegada de Tu Bebé a Casa

Tú quizás te sientas muy nerviosa con la idea de estar en casa con tu bebé. Las cosas importantes que tienes que recordar son:

- La mayoría de los bebés son fuertes, saludables y pueden adaptarse a lugares nuevos.
- Una enfermera puede visitarte en casa (lee más adelante) o tú tendrás una cita con el doctor de tu

bebé dentro de unos cuantos días. Guarda una lista de preguntas para ellos la cual está al final de este capítulo.

- Mira la lista de control en la página 143 para ver las señales de advertencia que debes saber. **Si estás preocupada por tu bebé, llama. No esperes.**

- Lee el Capítulo 16, página 215 para aprender qué hacer si tu bebé se enferma.

Agradece la visita en casa de una enfermera

A la mayoría de las nuevas mamás realmente les gusta tener una visita en casa. Tú podrías tener una visita en casa, especialmente si has llegado a casa dentro de las primeras 24 horas después de dar a luz. Una enfermera vendría a tu casa durante el primer o segundo día para revisar tu recuperación y la salud de tu bebé. Ella puede darte consejos expertos acerca del cuidado de tu bebé y contestar tus preguntas.

Si te gustaría tener una visita en casa, pregunta a tu profesional médico o a tu plan de salud si este servicio está disponible. Habla con tu doctor y consigue su aprobación.

La visita en casa permite que una enfermera especializada pueda ayudarte en el área de amamantar o el cuidado de tu bebé en tu propio hogar.

En algunas comunidades, las mamás nuevas pueden recibir asistencia de ayudantes preparados y con experiencia. Estas personas pueden hacer muchas cosas para darte apoyo, tales como preparar la comida o darte consejos prácticos de cómo dar el pecho. Tu plan de salud puede que no provea este servicio, pero éste puede ser de mucho servicio para ti. Tú podrías averiguar quién provee este servicio antes de salir del hospital.

El primer examen durante la primera semana

El primer examen de la buena salud de tu bebé con su doctor o la enfermera partera será un evento especial. La mayoría de los profesionales médicos desean ver a los recién nacidos durante la primera semana. Esto es especialmente importante debido a las estadías tan cortas en el hospital hoy en día.

Durante este examen, el doctor o enfermera especialista revisarán su peso y tamaño. Ella hablará contigo acerca de cómo el bebé está respondiendo al cuidado y alimentación. Ella también te preguntará cómo estás lidiando con la idea de ser una nueva mamá. Ella deberá tener tiempo para contestar cualquier pregunta que tengas.

Usa las páginas al final de este capítulo para escribir las cosas que necesitas recordar. Puedes anotar las preguntas que puedas tener para preguntar durante el primer examen. Usa la última página para guardar un registro de lo que se ha hecho y lo que has aprendido en el examen.

Ictericia: Una condición común del recién nacido

La piel de muchos bebés sanos recién nacidos puede tener un tinte amarillento durante el tercer o cuarto día de vida. Esto se llama ictericia. Esto sucede cuando el hígado del bebé se adapta a la vida después de nacer. Indícale al doctor de tu bebé o enfermera si ves que esto está sucediendo.

En los bebés de piel oscura, tú puedes ver el tinte amarillento en las palmas de las manos y las plantas de los pies.

Si tu bebé tiene ictericia dentro de las primeras 24 horas, llama a su doctor o enfermera inmediatamente. Él puede necesitar tratamiento.

La ictericia generalmente se desparece sin tratamiento en unos pocos días. En algunos casos un bebé puede necesitar un tratamiento ligero (fototerapia) por un día o dos. Algunos bebés con ictericia tendrán mucho sueño.

En los bebés que reciben el pecho, la ictericia puede durar más tiempo. Durante este tiempo, dale el pecho lo más frecuente posible.

Comprende el Comportamiento de Tu Bebé

Aun cuando tu recién nacido no puede hablar, él trata de decirte lo que quiere. Observa su cara y cuerpo y escucha su voz para ver estas señales.

- Tu bebé te indicará que tiene hambre mucho antes de que empiece a fastidiarse o llorar. Cuando voltea su cabeza hacia tu pecho, chupa su muñeca o hace sonidos bajitos quiere decir que él está listo para comer. Trata de darle de comer antes de que llore.

- Cuando tu bebé está somnoliento, sus ojos comenzarán a parpadear. Quizás haga sonidos bajitos. Su cuerpo puede sobresaltarse cuando escucha sonidos fuertes. Éste es el mejor momento para ponerle a dormir, antes de que comience a llorar.

- Cuando tu bebé está profundamente dormido, él respira uniformemente y no se despierta fácilmente.

- A veces su sueño es ligero. Su respiración será menos regular y probablemente tú verás sus ojos moverse. Él puede chupar con su boca y mover sus brazos y piernas lentamente. Ésto no quiere decir que se está despertando. Él quizás vuelva a dormirse profundamente.

- Cuando se está despertando, quizás no esté listo para comer o jugar. Dale tiempo para despertarse. Háblale en voz baja, sóbale suavemente sus piernas y barriguita y cambia su pañal. Entonces él probablemente querrá comer.

- Cuando está despierto y alerta, él está listo para aprender acerca del mundo. Él querrá mirarte y escuchar tu voz. Ten en cuenta que un bebé recién nacido puede hacer esto solamente un minuto o dos a la vez. Luego él mirará a otro lugar o volteará su cabeza. Ésta es una señal de que necesita descansar por unos momentos.

- Si tu bebé está cansado y fastidioso, tratará de calmarse a sí mismo. Una forma de ayudarse a sí mismo para sentirse mejor es ponerse su mano en la boca. Dale tiempo para que se relaje. Sostenle cerca de ti, mécelo.

- La forma cómo él pide ayuda es llorando. Él puede estar con hambre o estar adolorido. El llorar también le consuela cuando está cansado.

Tu bebé tendrá sus propias maneras de comportarse desde el comienzo. Algunos recién nacidos son muy silenciosos. Otros son más activos y te dicen que te necesitan. Estas diferencias son parte de la personalidad de un bebé.

No te alarmes si al comienzo tu nuevo bebé no reacciona mucho contigo. Durante esta etapa él quizás sólo quiera dormir, comer y que se le cambien sus pañales. Pronto él estará listo para escuchar, mirar y sonreírte a ti. Cuando está despierto, asegúrate de acurrucarle y hablarle.

¿Qué Significa el Llanto?

¿Qué puedes hacer?

Llorar puede significar muchas cosas.

El llorar es natural. Tu bebé llora para dejarte saber que él necesita algo. Al comienzo tú probablemente no sabrás qué significa su llanto. Tú querrás llorar también porque no sabes cuál es la mejor forma de parar su llanto.

El llorar puede significar que él tiene hambre, está cansado, mojado, se siente solo, incómodo, o muy alterado o enfermo. Tú aprenderás los diferentes mensajes que él te está enviando.

Si tu bebé se calma cuando tú le sostienes en tus brazos, acurrúcale tanto como él quiera. **El acurrucarle no le malcriará.**

La mayoría de los llantos no duran mucho.

Maneras de consolar a tu bebé

- Ofrécele tu pecho o fórmula en un biberón
- Cámbiale el pañal si está mojado o sucio
- Acúnalo en una habitación silenciosa con una luz tenue
- Sostén sus brazos pegados a tu pecho
- Envuélvele en una manta (mira la página 139)
- Sostenle pegado a tu pecho, piel contra piel
- Habla bajito o canta en un tono suave
- Dale palmaditas en su espalda o acaricia su frente
- Llévale a caminar afuera o en tu casa
- Ofrécele tu dedo limpio para que lo chupe

Cómo envolver a un recién nacido

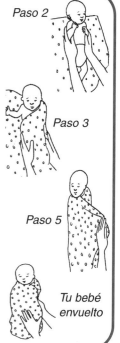

Paso 2

Paso 3

Paso 5

El envolver a tu bebé bien ceñido en una manta liviana le ayuda a sentirse seguro como si estuviera de regreso en el vientre.

1) En un lugar seguro, coloca la manta en forma de un diamante. Dobla la esquina superior.

2) Coloca al bebé en la manta con la cabeza sobre el borde de arriba.

3) Envuelve la esquina derecha de la manta alrededor del bebé. Dobla sus brazos sobre su pecho, a no ser que él quiera chupar su puño. En ese caso, déjale los brazos afuera de la manta. Mete la manta debajo de su lado izquierdo. Sujétale bien pero que no esté apretado.

4) Estira la esquina de abajo hacia el pecho del bebé.

5) Envuelve la esquina izquierda alrededor del lado derecho del bebé.

Tu bebé envuelto

Sin embargo, si su llanto suena diferente de lo usual (tal como un chillido fuerte) o tiene una temperatura sobre los 100.4° F (38° C), llama al doctor o enfermera.

Recuerda que tu bebé no está llorando para molestarte a ti o para hacerte sentir culpable.

Cómo tu bebé aprende a consolarse a sí mismo

Es importante que respondas cuando tu bebé te necesita. A veces haces todo lo posible pero parece que él se pone más agitado. Un bebé que se siente agitado o demasiado cansado puede llorar, mover sus brazos desesperadamente, escupir o tener una evacuación. Ni acunarle, jugar, hablarle o darle de comer lo puede callar.

A tu bebé probablemente le guste que le acunen o acurruquen.

En estos momentos puede ser mejor que dejes a tu bebé encontrar la forma de calmarse. Trata de sostenerle en tus brazos en una habitación oscura y silenciosa o ponerle a dormir.

Los bebés prematuros o expuestos a drogas pueden sentirse demasiado agitados cuando hay movimiento alrededor de ellos. Ésto puede causar el llanto y problemas para dormir. Un bebé como éste se sentirá mejor en una habitación silenciosa con luces tenues. Él podrá lidiar con solamente una actividad a la vez. Prueba simplemente acunarle o sostenerle en tus brazos. Si parece que tu bebé está ausente a veces, probablemente está tratando de mantenerse calmado.

Los gemelos o trillizos con frecuencia lloran cuando están separados y son más felices cuando están juntos. Les ayuda a calmarse si se les acuesta uno al lado del otro.

El uso de chupetes

Desde el comienzo tu bebé se puede calmar a sí mismo chupando su puño, dedo o dedo pulgar. Un dedo o el pulgar es un chupete natural. Es mucho más conveniente para ustedes dos.

Algunos bebés parecen preferir un chupón o tetina. Trata de no meter el chupón en la boca del bebé en cuanto se fastidia un poco. Trata de descubrir lo que realmente desea.

Recuerda, si estás dándole el pecho, evita darle un chupete durante las primeras seis semanas.

Para seguridad, escoge un chupete de una sola pieza, de modo que el chupón no puede salirse y ahogar al bebé. Algunos tienen una forma curva que alcanza bien en la boca del bebé.

Jugar con Tu Nuevo Bebé

Algunas personas piensan que los recién nacidos no hacen nada excepto comer y dormir. Los bebés hacen mucho más que eso. La mayoría de los recién nacidos son capaces de jugar a su manera durante períodos cortos de tiempo. Los padres y los bebés nuevos pueden disfrutar juntos. El juego ayuda a que se acerquen más uno al otro. También le ayuda a tu bebé a comenzar a aprender acerca del mundo.

Jugar con un recién nacido es muy sencillo. Escoge un tiempo después de la comida mientras tu bebé está despierto, tranquilo y alerta. Prueba el juego "mírame" (de la siguiente página). Fíjate cómo él reacciona con tu cara y voz.

El juego "mírame" para recién nacidos

Prueba este juego cuando tu bebé está despierto y alerta.

1) Sostenla cerca de tu cara. Mírala y mira cómo te devuelve la mirada.

2) Sonríe y habla con una voz suave y alta.

3) Mira cómo tu bebé se entusiasma. Ella quizás trata de alcanzarte, susurrar, mover sus brazos hacia delante y abrir bien sus ojos.

4) Después de uno o dos minutos ella se cansará y se volteará o mirará para otro lado. Ésta es tu señal de que ya es suficiente para ella.

Sostén a tu bebé lo suficientemente cerca para que se pueda enfocar en tu cara.

Cada padre tiene su propia forma especial de hablar y jugar con su bebé. Mientras más la tengas en tus brazos, le cambies los pañales y le des de comer, más fácil será jugar. Anima al papá de tu bebé a que le cuide y juegue con el bebé. No te sorprendas si tu bebé reacciona diferente a la forma de jugar de su papá.

Los bebés prematuros quizás no estén listos para jugar al mismo tiempo que los bebés de término completo están. Los prematuros generalmente duermen mucho más durante los primeros meses que los bebés de término completo. Al comienzo muchos no pueden lidiar con la agitación. Si tu bebé no juega mucho durante este tiempo, esto es normal para él. Espera unos pocos días y prueba otra vez.

Ayuda con los Gemelos y Bebés Múltiples

Si tienes gemelos o trillizos, asegúrate de conseguir la más ayuda posible. Quizás necesites dejar que otros te ayuden a bañarles y cambiarles los pañales para que tú puedas usar tu tiempo y energía alimentando y acurrucando a tus bebés.

Bebés con Necesidades Especiales de Salud

Algunos bebés nacen con más de tres semanas de anticipo (prematuros) o tienen defectos de nacimiento u otros

*Unidad de terapia intensiva neonatal: una sección del hospital para bebés que necesitan cuidado especial; también se le llama una "NICU" (nik-you).

problemas de salud. Gemelos y trillizos nacen con frecuencia antes de tiempo y tienen un peso muy bajo al nacer. Estos tienen que quedarse en el hospital para un cuidado especial. Un bebé con problemas de salud puede ser movilizado a un hospital que tiene una unidad de terapia intensiva neonatal*.

Si tu bebé (o bebés) debe permanecer en el hospital, es mejor si ustedes dos, tú y el papá del bebé pudieran ayudar a cuidarle ahí. Pasa el más tiempo posible cuidándole y jugando con él. Él necesita verles, oír sus voces y sentir que le tocan. También tú necesitas aprender todo lo posible acerca de su condición para que puedas cuidar de él cuando llegue a casa.

La condición de tu bebé probablemente te sacuda. Es muy importante que se cuiden ustedes durante este tiempo. Dense cuenta que van a necesitar consuelo y apoyo, los cuales probablemente les proveerá el hospital. Lee el Capítulo 17 para más información acerca de los bebés con necesidades especiales.

Recuerdos de la llegada a casa

Nuestro bebé nació el _____ (fecha) a las _____ (hora) en _____ (lugar), _____ (ciudad, estado).

Pesó _____ libras (_____ kilos) y fue _____ pulgadas (_____ centímetros) de largo.

Recibió su primera vacuna para hepatitis B. _____

Salimos del hospital el _____ (fecha).

Preguntas para hacer en el examen de la primera semana

_____

_____

_____

_____

_____

_____

_____

Señales de Advertencia de Bebés Recién Nacidos

Llama a tu profesional médico si tu bebé tiene:

Temperatura de menos de 97.8° F (36.6° C) o sobre los 100.4° F (38° C). Lee las páginas 221–224 para saber cómo tomar la temperatura de un bebé.

Cambios del comportamiento normal basados en lo que tú has esperado.

Llanto poco usual o chillidos muy altos de dolor.

Vómito fuerte que arroja a 1–2 pies desde la boca del bebé. (El vómito es más fuerte que el tipo de escupir que normalmente sucede después de comer.)

Barriguita endurecida que se siente muy apretada e hinchada.

Diarrea (excremento líquido y verduzco o evacuaciones) más de una vez o más de seis a ocho excrementos líquidos dentro de 24 horas.

No pañales mojados en 12 horas.

Rechaza comer por más de dos o más comidas seguidas.

Atragantamiento mientras come (a no ser que la leche materna o el chupón esta pasando muy rápido).

Desecho o sangrado por cualquier apertura (excepto por la vagina de una niña recién nacida).

Piel azulada, cuando el bebé está tranquilo y abrigado.

Color amarillento de la piel: indica ictericia, especialmente durante las primeras 24 horas después del nacimiento o si el bebé tiene otras señales de enfermedad. (Ictericia leve es normal en recién nacidos después de las 24 horas.)

Somnoliento, con mucho sueño para comer, menos actividad que lo usual o un cuerpo muy flojo y caído.

Respirando muy rápido o muy lento: o muy rápido (más de 60 inhalaciones por minuto), o una respiración muy pesada o no respira por 15 segundos o más.

Área rojiza e infectada alrededor del cordón umbilical o el pene circuncidado, con pus blancuzca y mal oliente.

Aftas, una infección común que se ve como manchas blancas dentro de la boca.

El Examen de la Primera Semana

Habla con el doctor o enfermera especialista acerca:

El dormir del bebé:

_____

_____

La experiencia de dar el pecho:

_____

_____

- ¿Extraer la leche del seno (si es necesario)? _____
  Onzas por días

- ¿Tomar vitaminas? (¿Recomendación del profesional
  médico o la especialista en lactancia?)

_____

Comida con fórmula:

¿ _____ onzas?   ¿Cada _____ horas?

¿Fórmula fortificada con hierro? _____

Orina, Evacuaciones

Pañales mojados: número _____ cada día

Excrementos: número _____ cada día

¿Cómo se ven? _____

Registro del examen: Fecha _____

Peso del bebé _____   largo _____

Tamaño de la cabeza (circunferencia) _____

Tamaño del pecho (circunferencia) _____

Exámenes de revisión médica:

____ Segundo examen de revisión para recién
     nacidos para PKU, otras enfermedades
     congénitas (si es necesario)

____ Oído (si no se ha hecho ya)

Vacunas: primera hepatitis B (si no se ha hecho)

Comentarios: _____

_____

Capítulo 12
El Primer Mes de Tu Bebé

Las semanas 2 a 4

Después de la primera semana tú probablemente estás comenzando a volver a la normalidad de estar en casa con tu bebé. Tú puedes sentirte exhausta por las necesidades del nuevo bebé pero probablemente estás empezando a sentirte mejor atendiéndola y cuidándola.

Aprender lo básico

Si te saltaste la Parte II, considera regresar y leer ésta ahora. Está incluye:

- Cuidado básico: cambiar los pañales, sostenerle, vestirle, bañarle, darle el pecho o la mamadera, ponerle a dormir
- Crianza: jugar, hablar y consolar a tu bebé
- Saber qué hacer cuando tu bebé está enfermo
- Prevención contra lesiones y enfermedades

En este capítulo se incluye:

- Crecimiento físico y el comportamiento del recién nacido
- Dormir, comer y jugar
- Fastidio y cólicos
- Darle un baño en la tina
- Seguridad en el hogar
- Seguridad en el auto
- El papá y los otros niños disfrutan del bebé
- El examen de 1 mes

Los Cambios de Tu Bebé Este Mes

Durante las primeras dos semanas, tu bebé probablemente recuperará cualquier pérdida de peso después del nacimiento. Después de un mes, es más que seguro que ella habrá subido alrededor de dos libras y crecido por lo menos una pulgada de largo. Su cabeza puede ser una pulgada más grande. Los varones tienden a crecer un poco más rápido que las niñas.

Durante el primer mes, los movimientos del brazo, la pierna y la cabeza de un bebé son agitados. Ella podrá levantar su cabeza mientras está acostada de estómago, pero ella no puede mantenerla levantada. Al comienzo ella dobla sus brazos y piernas pegadas a su cuerpo pero tú verás como éstos comienzan a estirarse a medida que crece. Ella mantiene sus dedos doblados y apretará tu dedo fuertemente.

Tu bebé puede ver objetos de 8 a 10 pulgadas de distancia. Ella mirará tu cara cuando la estás sosteniendo.

Al principio tu bebé puede dormir la mayoría del tiempo entre las comidas. Al fin del mes ella probablemente se quede despierta y juegue por más tiempo.

Cómo ayudar a tu nuevo bebé a crecer y aprender

Desde el primer día después de nacer, tu bebé está comenzando a aprender a través de ver, chupar, probar, oír y tocar.

Todas estas cosas sencillas pueden ayudar a tu nuevo bebé a sentirse amado y le ayudan al desarrollo de su cerebro:

"Yo jugué este juego con mi nuevo bebé: yo la sostenía cerca de mi y sacaba mi lengua varias veces. Frecuentemente ella también sacaba su lengua."

- Acurruca a tu bebé. Tú no la puedes malcriar al tenerla en brazos.

- Sostenla cerca de ti, sonríe y habla. Ella escuchará más a una voz alta y cantarina. Si tú hablas dos lenguajes, usa los dos.

- Responde a tu bebé cuando ella te demuestra que tiene hambre o no está feliz.

- Toca música suave y canta canciones de cuna sencillas como "Row, Row, Row Your Boat" y "Twinkle, Twinkle Litte Star".

Dormir Sanos y Salvos

Muchos recién nacidos duermen la mayor parte del tiempo entre las comidas. Ellos pueden dormir alrededor de 16 a 17 horas en un día. Ponla a dormir cuando sea que ella da muestras de cansancio. Sus párpados comenzarán a cerrarse, se sobresaltará fácilmente y probablemente se quejará. Trata de no esperar hasta que ella llore.

Si tu bebé no duerme mucho, prueba a sostenerla en una charpa o mochila frontal. Cuando ella está inquieta, prueba a envolverla en una manta liviana (página 139).

Deja que tu bebé vaya y venga entre el sueño profundo y el liviano sin despertarla. Los bebés aprenden a dormir en medio de muchas clases de ruidos del hogar.

Asegúrate de colocar a tu bebé de espaldas para dormir. **Prepara una cama segura para ella,** con un colchón firme sin topes, almohadas blandas, mantas o almohadas al estilo de juguetes rellenos.

Coloca a tu bebé somnoliento en su cuna antes de que ella se quede profundamente dormida.

Compartir tu habitación o tu cama

A muchos padres les gusta tener a sus nuevos bebés durmiendo en la misma habitación o la misma cama que ellos. Puede ser bien consolador y las comidas en la noche parecerán más fáciles. **Una cuna colocada junto a tu cama es la forma más segura para estar cerca toda la noche.**

Si tu bebé duerme en tu cama, pon atención a la seguridad. Mantén lejos de ella colchas y almohadas. Pon una barrera en el costado para que ella no se caiga.

Evita ponerle en el lado contra la pared. Puede que su cabeza se quede atrapada entre la apertura de la pared y el colchón. Pon un tablero debajo si el colchón está demasiado blando que ella puede rodar contra ti. Una padre que ha estado bebiendo o usando drogas no debe compartir su cama con el bebé.

Cuando ella sea de 4 a 5 meses de edad, probablemente dormirá toda la noche sin tener que comer. En ese tiempo puedes decidir si la pones en su

Las siestas son importantes tanto para la mamá como para el bebé. Toma siestas cuando tu bebé duerme.

propia cuna y habitación. Si ella se queda en tu habitación contigo, quizás se despierte durante la noche por mucho tiempo.

El Tiempo de Comer

La hora de comer no solamente le da a tu bebé comida. Éste es un momento cuando ella está cerca de ti y tú le pones atención. Cuando ella está en tus brazos, mírala y acaricia su cabeza y brazos. Si le das el biberón, asegúrate de sostenerla en tus brazos. No dejes apoyada la mamadera para que tu bebé la tome sola. Tú puedes pensar que tu bebé no te necesita, pero la verdad es que sí te necesita.

Durante los primeros seis meses, la leche materna o fórmula fortificada con hierro es el único alimento que los bebés necesitan. Algunas personas piensan que si añaden cereal a la mamadera durante los primeros meses esto ayudará a los bebés a dormir más tiempo. El hecho es que al darle cereal tan pronto no los ayuda a dormir. Puede causarles alergias a la comida y problemas digestivos. Espera hasta que ella pueda sentarse y tragar su comida con una cuchara antes de darle cereal.

Si estás dando el pecho, deja que tu bebé reciba el pecho lo más frecuente posible, esto ayuda a producir una buena cantidad de leche. Si tienes problemas tales como los pezones adoloridos, fíjate si tu bebé está agarrando el pecho bien. Si es que ella:

- ¿Está acostada en dirección al seno, de manera que ella no necesite dar vuelta a su cabeza para comer?

- ¿Está agarrando la areola al igual que el pezón en su boca?

Puede ser difícil saber cuándo los pañales están mojados. Si no estás segura, levanta el pañal usado y uno limpio frente a la luz. El mojado se verá diferente. Además, el mojado será más pesado que el seco.

¿Está tu bebé recibiendo suficiente leche materna?

Revisa para ver:

- ¿Está ella subiendo de peso (después de los primeros cinco a seis días)?

- ¿Tiene ella por lo menos seis pañales mojados en 24 horas?

Si no, llama a tu profesional médico inmediatamente.

Si es necesario, habla con una especialista de lactancia. Casi siempre hay una solución.

A veces tu bebé tendrá más hambre que otras. Esto es generalmente porque ella está creciendo más rápidamente que lo usual (etapa acelerada de crecimiento) de manera que necesita más comida. Déjala que reciba el pecho más frecuente para que tus pechos se adapten a la cantidad que ella necesita.

Si es posible, encuentra como apoyo, otra mamá que ha dado el pecho por lo menos seis meses. Busca al grupo de apoyo **La Leche League** en tu ciudad o barrio. Esta organización de mujeres con experiencia en dar el pecho puede ser un recurso muy útil. (Capítulo 18, página 253)

"Descubrí que las primeras semanas de dar el pecho fueron muy duras. Una amiga que había dado el pecho me decía que más adelante sería mejor, y sí lo fue."

Jugar y Hablar con Tu Bebé

Prueba a jugar con tu bebé cuando ella está tranquila y alerta. Fíjate en lo que ella hace y responde a ello. Imita sus gestos y sonidos. Ella comenzará a mirar tu cara intensamente y mirarte a tus ojos. Ella quizás responda de una forma especial a cada uno de ustedes.

Fíjate como tu bebé disfruta de la música suave, el canto, acunarle y los movibles de diseños de colores brillantes. Ponla en el suelo cerca de ti para que ella pueda mirar todo lo que tú haces.

Ponle boca abajo para que ella practique sosteniendo su cabeza y estirando sus piernas y brazos. No hay peligro del SMIS (SIDS) si ella está acostada boca abajo mientras está despierta.

A los bebés les encanta las caras. Mira lo que tu bebé hace con su boca y haz lo mismo. Haz los mismos sonidos.

Dar un baño de tina al bebé

Después de que el cordón umbilical se haya cicatrizado (y el pene también, si es que tu bebé varón fue circuncidado), puedes empezar a darle baños completos. Usa el fregadero de la cocina o una tina pequeña plástica sobre una mesa. Un forro de esponja para la tina le proveerá a tu bebé un material suave donde acostarse.

- Escoge un tiempo en que tu bebé está tranquilo y alerta, no cansado o con hambre.

- Asegúrate que la habitación está cálida.

- Usa solamente dos a tres pulgadas de agua tibia. Prueba la temperatura del agua con tu codo antes de poner al bebé dentro. El agua caliente puede quemar la piel del bebé fácilmente.

- Lávale su cara y cabeza antes de desvestirla. Sostenla en la posición de fútbol. Limpia cada ojo con la esquina de una toallita limpia, luego limpia su cara y cuello. Frota un poquito de champú para bebés en su cabello. Enjuágale usando una taza para recoger y poner el agua. Seca su cara y cabello con una toalla.

- Luego, desvístele y ponla en la tina. Sostenla con un brazo debajo de su cabeza y hombros. Enjabona su cuerpo y enjuágala con una taza plástica. Ten cuidado—un bebé enjabonado es muy resbaladizo.

- **¡Nunca dejes a tu bebé solo en el agua, ni siquiera por un segundo!** Si tienes que contestar el teléfono o la puerta, envuelve a tu bebé en una toalla y llévala contigo.

A algunos bebés no les gusta estar desnudos y mojados. Si tu bebé parece ponerse más quisquilloso en el baño de tina, puedes continuar dándole baños de esponja.

El Fastidio en la Noche

Muchos bebés tienen un período de fastidio por unas horas en la noche. Frecuentemente es peor alrededor de las 6 semanas de edad y desaparece para los 3 meses.

Puedes consolar a tu bebé sosteniéndole en tus brazos, acunándole suavemente o dejándole que chupe uno de tus dedos limpios. Intenta llevarle en una mochila frontal, o en una posición de fútbol o acostándola boca abajo.

El llanto es muy frustrante

Durante los primeros meses, algunos bebés tienen un período largo de llanto fuerte cada día. Nada parece ayudarles a sentirse mejor. Estos bebés no parecen estar mojados, tener hambre, enfermos o solitarios. Ellos simplemente lloran. Esto puede alterar mucho a los padres porque se sienten que no pueden hacer nada.

Si el doctor del bebé o enfermera especialista determina que no es enfermedad, entonces ella tiene cólico*. No se conoce la causa o la cura. Tú y tu bebé simplemente tendrán que esperar hasta que se le pase, generalmente cuando tenga los 3 meses de edad. ¡Esto puede parecer como una eternidad!

*Cólico: tres o más horas de llanto incesante cada día o noche sin aparente causa.

Algunos calmantes que pueden ayudar:

- Coloca a tu bebé en una charpa o mochila frontal y llévale de paseo.

- Envuélvele bien ceñida.

- Ponle donde ella pueda oír sonidos rítmicos tales como el sonido suave del chocar de la ropa en la secadora.

- Déjale chupar tu dedo limpio (o un chupón una vez que el amamantar ya es estable) para que se consuele.

  Si tu bebé desea chupar tu pecho, ofrécele el seno que ha terminado de chupar para que ella no se llene muy rápido. Cuando tú pienses que ella realmente tiene hambre, cambia al otro pecho.

- Colócale sobre tus rodillas y sóbale la espalda o cárgala en la posición de fútbol.

  Si le estás dando el pecho, trata de no comer alimentos que pueden producir gas en algunos bebés. Estos incluyen cebollas, ajo, frijoles secos cocidos, productos lácteos, col (repollo), brécol, coliflor, cafeína. Para de comer éstos uno a la vez. Si un alimento en especial le está causando su llanto, se le mejorará en uno o dos días. Si no, entonces la comida no fue la causa.

- Si toma la mamadera, prueba una fórmula diferente.

Si nada le ayuda, tu bebé simplemente tendrá que llorar. Esto no quiere decir que no eres un buen padre.

Tu bebé puede sentirse mejor cuando está acostada boca abajo y su espalda está siendo sobada.

Una vez que sepas esto, tú simplemente podrás sostenerle en tus brazos. Algunos padres deciden dejar llorar a su bebé por períodos cortos en otra habitación. Luego ellos van y la levantan y la consuelan de rato en rato.

Toma un momento para ayudarte a ti misma a sentirte mejor. Es muy natural sentirse frustrada y aun enojada cuando tu bebé tiene cólico. Si te sientes así, pregunta a alguien a quien le tienes confianza para que te cuide a tu bebé por una o dos horas. El llanto probablemente no le molesta tanto como a ti y así tendrás un descanso.

Nunca Sacudas a Tu Bebé

Cuando estás sosteniendo o llevando a tu bebé tierno, siempre sujeta su cabeza y nuca. Ten mucho cuidado de no sacudir la cabeza de tu bebé, jugando o enojada. ¡Asegúrate que todos los que cuidan de tu bebé sepan esto!

Sacudir a un bebé puede causar daño permanente al cerebro (Síndrome de un Bebé Sacudido). Es una forma grave de abuso infantil. La nuca es bien débil y las células y vasos sanguíneos en el cerebro son muy frágiles durante los primeros años de vida. Si se sacude la cabeza de tu bebé hacia delante y atrás, el cerebro golpea las paredes internas del cráneo. Esto causa que el cerebro sangre.

Si tú piensas que tu bebé ha sido sacudido alguna vez, llévale inmediatamente a la sala de emergencias del hospital.

Seguridad en la Casa

Recuerda estas prácticas de seguridad importantes:

- Nunca dejes a tu bebé solo sobre alguna superficie más arriba del piso.
- Si ella está en un asiento o columpio para bebés, siempre ajústale con un cinturón de seguridad. Coloca el asiento en el suelo.
- Usa una cuna o cama segura. Mantén las almohadas, pieles de oveja y colchas fuera de la cuna o cama.

- Evita amarrar un chupón con una cuerda en la ropa del bebé. Esta cuerda puede enrollarse alrededor de su nuca.

- Nunca acuestes al bebé en una cama de agua, silla o bolsa rellena de cuentas de poli estireno ("beanbag"), o un colchón suave o cojín.

- Nunca dejes a tu bebé solo en la casa, el patio o el auto.

Cómo Sacar al Bebé Afuera

Es mejor que evites llevar a tu bebé entre multitudes los primeros meses. Esto le ayudará a prevenir resfriados y otras enfermedades muy comunes.

Si el clima está bien, puedes sacar a tu bebé afuera para pasear. Asegúrate de vestirla de acuerdo al clima.

Las gorritas son bonitas y protegen a tu bebé.

- Con el sol del verano la piel de tu bebé puede quemarse fácilmente. Mantenla en la sombra y vístela con ropa holgada de algodón que le cubra sus brazos y piernas. Ponle una gorra con ala ancha si es que va a salir al sol.

- En clima caliente, un bebé no necesita estar envuelta en mantas. A los bebés les puede dar fiebre si tienen demasiada ropa.

- En clima frió necesitas mantener a tu bebé abrigada. Ella puede perder mucho calor por la cabeza descubierta así que usa un gorro abrigado. Vístela con un trajecito de una sola pieza y grueso. Si la llevas en una mochila frontal, el calor de tu cuerpo le ayudará a calendarse.

Cómo ajustarle el cinturón de seguridad en el auto

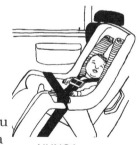

Cuando le abroches el cinturón de tu bebé en el asiento del auto, coloca toallas enrolladas alrededor de su cuerpo y cabeza para evitar que se mueva mucho. Revisa para asegurar que el asiento del auto está suficientemente inclinado para que su cabeza no se mueva hacia delante.

¡NUNCA pongas a tu bebé en el asiento delantero de un auto que tenga una bolsa de aire en el lado del pasajero!

En clima frió, calienta el auto antes de llevar al bebé a éste. Ponle una pijama con pantaloncitos abrigados o un traje para nieve liviano de manera que las bandas del arnés le sujeten cómodamente. Recuerda no vestirla con ropa muy gruesa porque se puede acalorar mucho una vez que el auto se caliente por dentro.

Si sientes que es necesario cubrirla con una manta, sujeta la manta alrededor de ella **después** de que le abroches el asiento de seguridad del auto. Evita usar un traje para nieve grande y grueso o de envolverla en mantas antes de ponerla en el asiento de seguridad del auto.

En clima caliente, mantén el asiento de seguridad fresco cuando el auto está estacionado cubriéndolo con una manta liviana o una toalla. Revisa las colchonetas y broches para ver que no están muy calientes antes de poner a tu bebé en el asiento. Tú quizás tengas que enfriar el auto antes de poner a tu bebé dentro de él. **NUNCA dejes a tu bebé sola en el auto, ni siquiera por un minuto.** En un auto caliente, un bebé puede calendarse en forma peligrosa en unos pocos minutos solamente.

Es mucho más fácil mantener el asiento a una temperatura cómoda, si llevas el asiento de seguridad con tu bebé en él, para adentro y afuera de la casa.

Para más detalles de cómo usar un asiento de seguridad de auto correctamente, lee el Capítulo 10, las páginas 122 a 124.

Los Sentimientos de Mamá

Este primer mes puede ser muy duro para ti. Tú todavía estás recuperándote física y mentalmente del parto. Probablemente te sientes muy cansada. Tu ánimo puede cambiar de un día para el otro. Esto es normal y mejorará con el tiempo.

Si te sientes muy triste por dos semanas o más, puede ser un buen momento para pedir ayuda profesional. Puede ser que tengas un problema físico o depresión después del parto. Revisa la lista con síntomas de depresión en el Capítulo 4, página 38.

Quizás te sientas mejor llamando primero a una línea telefónica para problemas críticos para hablar de tus sentimientos. Esto te permite hablar en forma confidencial con una persona que tiene entrenamiento.

¿Ayudantes? ¡Sí! ¿Invitados? ¡No!

Cuando tienes un bebé nuevo no necesitas tener visitas a quienes atender. Algunas amistades o familiares quizás no sean buenos ayudantes. Ellos pueden no saber lo que tú deseas que hagan o tú puedes sentir que tienes que hacerles sentir cómodos.

Este es el momento para pedir a un familiar o una amistad cercana que tomen a cargo algunos de los quehaceres domésticos. Pide a las personas que tú sabes están dispuestas a hacer lo que tú deseas que hagan. Las tareas más importantes son: lavar la ropa, hacer compras de comida, cocinar y entretener a los niños mayores. Este tipo de ayuda te permite prestar atención a tu bebé.

Está bien limitar las visitas casuales. Éstas interrumpirán tu descanso y el tiempo que tienes con tu bebé. Más tarde habrá suficiente tiempo para presentar a tu bebé a todas tus amistades y vecinos. Si ellos insisten en visitarte, pídeles que lo hagan por un corto tiempo solamente.

Además, las visitas pueden traer microbios a la casa. Asegúrate que todas las visitas se laven las manos antes de tocar a tu bebé. Si tú sabes que hay personas que tienen resfriados o tos, pídeles que vengan cuando se sientan mejor. Niños pequeños que visitan también pueden traer microbios y no saben cómo evitar el estornudar o toser sobre el bebé.

Asegúrate que la ayudante no te dé más trabajo a ti. Éste no es el mejor tiempo para demostrar a tu suegra cuan buena anfitriona tú puedes ser.

"Me cansé tanto de las visitas que yo les dije a algunas personas que el doctor de mi bebé había recomendado no más visitas excepto a miembros de la familia durante el primer mes."

Ayuda para padres de gemelos y trillizos

Los padres de gemelos y trillizos deben pedir a otros el tipo de ayuda que les sirva mejor. Probablemente los primeros en la lista están la limpieza de la casa, lavar la ropa y compras de comida.

Los padres deben guardar su tiempo y energía para los aspectos del cuidado que son los más importantes. Trata de encontrar una rutina de manera que cada uno de ustedes tenga un tiempo especial con cada uno de los bebés cada día. Pueden tomar un poco más de tiempo durante las tareas usuales como la comida, eructar y cambiar los pañales, para dejarle saber a cada bebé lo especial que ella es.

El cuidado de varios bebés toma todo tu tiempo y atención.

"Yo me sentía muy insegura por todos los consejos que las personas me daban. Después que comencé a ir a un grupo de apoyo, empecé a sentirme mucho mejor acerca de hacer lo que siento es mejor. Realmente me ayudó poder hablar de estas cosas con otros padres."

"Yo siempre digo: tu bebé será el mejor y el más paciente maestro que tendrás."—Una partera

Los Consejos de Otros

Todos parecen querer dar consejos a los nuevos padres. Tú no necesitas seguirlos todos. Está bien decir "gracias" y luego hacer lo que tú piensas es mejor. Lo que tú hagas básalo en lo que estás aprendiendo de tu propio bebé, el doctor de tu bebé o enfermera, la especialista de lactancia y tus lecturas.

Es muy difícil ignorar los consejos que vienen de tu propia madre o suegra, especialmente si ella vive cerca de ti y te ve frecuentemente. Tú quizás tengas que decirle muy políticamente pero firme, "Yo sé que estoy haciendo algunas cosas diferentes de lo que usted hace. Por favor comprenda que yo estoy haciendo lo que pienso es mejor".

Tú quizás necesites sugerir a los abuelos de tu bebé que lean un libro similar a éste. Si tú estás dispuesta, ellos pueden aprender porque tú estás haciendo las cosas a tu manera. Pudiera ser que ellos no sepan la información actual en cuanto a tópicos tales como asientos de seguridad para autos, posturas para dormir y amamantar. Las cosas han cambiado mucho desde que ellos tuvieron sus bebés.

El Papá y el Bebé Comienzan Bien

Tu bebé necesita a su papá para que la críe. Papá, toma un tiempo para cuidar de tu bebé tú mismo. Escúchala y mírala. No te tomará mucho tiempo para que comprendas su comportamiento y necesidades.

Habla con tu compañera si tú deseas hacer más o si te sientes que ella te está criticando mucho. Ella necesita darse cuenta que tú forma de "ser padre" puede ser diferente de la de ella. Los niños necesitan los dos tipos de cuidado.

Por supuesto, si alguno de los dos está haciendo algo que pueda ser dañino, tú necesitas hablar del asunto inmediatamente.

Cómo ayudar a tus hijos mayores

Con todo el entusiasmo del nacimiento y de traer al bebé a casa, tus hijos mayores pueden sentirse excluidos. Ahora que ya estás en casa nuevamente, tú estás cansada y no les puedes prestar mucha atención a ellos como lo hacías antes. Si el nuevo bebé está todavía en el hospital o tiene necesidades especiales, esto puede ser muy duro tanto para los hermanos como para ti.

Algunos hermanos pueden sentirse celosos del bebé. Los celos son normales pero tú les puedes ayudar a que manejen estos sentimientos. A continuación están unas maneras de ayudar a los niños para que se adapten al nuevo bebé.

- Cada niño necesita escuchar que los dos padres todavía le aman. Separa un tiempo para estar a solas con cada uno regularmente, aun si es un rato muy corto. Lean un libro juntos o lleva a un niño contigo a la tienda.

Deja que el hijo mayor forme parte del cuidado del bebé.

- Ayúdales a expresar sus sentimientos hacia el nuevo bebé. No les reprendas si ellos dicen que están enojados. Diles que entienden esos sentimientos y que está bien que ellos no aman al bebé.

- Muestra a tus niños sus fotos de cuando eran bebés.

- Toma fotografías de toda la familia, no solamente de ti y el bebé. Ponlas en la puerta del refrigerador o el tablero de anuncios.

- Anímales a tus niños a dibujar cuadros de la nueva familia o el nuevo bebé. Exhibe los cuadros también. Ellos pueden, si desean, dibujar en este libro, al final de este capítulo.

- Mientras le das el pecho al bebé, tú puedes leer un cuento a tus hijos mayores. Prueba a leer historias acerca de nuevos bebés. Esto puede ayudarles a expresar sus sentimientos acerca del bebé. Tú puedes encontrar este tipo de libro en la sección para niños de la biblioteca local.

- Dale a cada niño un regalo especial para celebrar el nacimiento del nuevo bebé.

- Si tu bebé necesita estar en el hospital, puedes grabar una cinta de los hijos mayores hablando o leyendo un cuento. Toca la cinta para el bebé.

Este tiempo es importante para toda la familia. El nuevo bebé ha cambiado su mundo.

Preguntas por hacer durante el examen del 1 mes:

_____

_____

_____

_____

_____

_____

Prepárate para decirle al doctor o la enfermera especialista acerca de:

El dormir del bebé:

_____

_____

La experiencia de dar el pecho:

¿Cuán frecuente? _____

¿Preocupaciones? _____

Alimentación con fórmula:

¿ _____ onzas por comida? ¿Cada ___ horas?

¿Fortificada con hierro? _____

¿Preocupaciones? _____

Orina, evacuaciones:

Pañales mojados: cuántos _____ cada día

Excrementos: cuántos _____ cada día

¿Cómo se ven? _____

Registro del Examen del 1 Mes

Fecha _____

Peso del bebé _____ largo _____

    Tamaño de la cabeza _____

    Tamaño del pecho _____

Vacunas:

    _____ Vacuna para hepatitis B (primera o segunda dosis)

Revisiones médicas (si no se han hecho ya):

    _____ Vista

    _____ Oído

Cosas que aprendiste tú: _____

_____

_____

_____

_____

_____

_____

_____

_____

Un lugar para una fotografía de toda la familia o un dibujo hecho por hermanas o hermanos mayores.

Nuestra Nueva Familia

_____ (fecha)

en _____

Capítulo 13
Tu Bebé de 5 Semanas a 3 Meses

Establecerse

Para cuando tu bebé tiene un mes de edad, tú has aprendido mucho acerca de él. Ahora probablemente te sientes mucho más tranquila cuidando de él. Tú ya tienes energía ahora para aprender más acerca de la crianza de los hijos.

La personalidad de tu bebé empezará a sobresalir ahora. Él puede ser muy tranquilo y calmado o fastidioso y se agita mucho. Tú probablemente ya sabes qué es lo que él quiere cuando gorjea o llora. Él quizás ya empieza a sonreír.

Durante los próximos tres meses tú verás muchos cambios. Tu bebé aprenderá a meterse tus manos en su boca y levantar su cabeza. Él gozará de los momentos de juego más y más. Fíjate en el diagrama de desarrollo en las páginas 90 y 91 y escribe la edad de tu bebé cuando él empieza a hacer estas nuevas cosas.

En este capítulo se incluye:

- El crecimiento y desarrollo
- Los problemas de alimentación
- La crianza y los juegos
- El dormir más en la noche
- Cómo sobrellevar el cólico
- Cómo prevenir enfermedades y lesiones
- Las necesidades de los otros niños
- Recordar la salud de la mamá
- El examen de dos meses del bebé

El Crecimiento y Desarrollo

La mayoría de los bebés suben $1\frac{1}{2}$ a 2 libras (0.7 a 0.9 kg) y crecen cerca de 1 a $1\frac{1}{2}$ pulgadas (2.5 a 4 cm) de largo cada mes. Recuerda que éstos son cambios promedios. Algunos bebés crecen más rápido que otros.

Si tu bebé es prematuro, su crecimiento puede ser un poco más lento. Quizás él no logre llegar a donde están los otros bebés por algún tiempo, dependiendo de su condición médica. Trata de no preocuparte por esto.

Aprendiendo nuevas habilidades

Durante los siguientes tres meses verás cambios increíbles. Los movimientos de tu bebé serán más controlados. Su nuca y hombros serán más fuertes. Él podrá controlar su cabeza cuando tú le levantas (mira las ilustraciones abajo). Él podrá estirar sus piernas cuando sus pies están apoyados en una superficie dura. Él tratará de alcanzar las cosas. Él podrá chupar sus dedos.

Tu bebé continúa gozando al mirar caras y a los diseños llamativos. Él comenzará a ver cosas más lejos de 12 pulgadas de distancia. Cuando miras a tu bebé y le sonríes, él probablemente te responderá.

Los sonidos que tu bebé hace, cambiarán. Él comenzará a arrullar y balbucear. Sus primeros sonidos serán sonidos de vocales tales como "ooo" y "aaah". Él puede entusiasmarse cuando tú repites los sonidos que él hace. Ésta es su primera conversación.

Tu bebé puede estirar sus piernas cuando tú le sostienes con sus pies en una superficie firme.

Tirando del bebé suavemente indica cómo él puede controlar su cabeza.

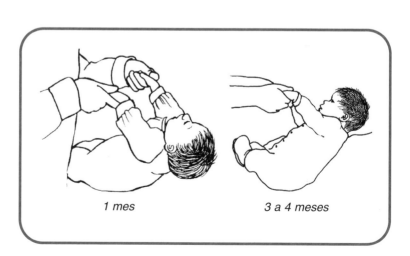

1 mes   3 a 4 meses

Sus primeras sonrisas

La sonrisa de un bebé es emocionante para cualquier padre. Durante los primeros tres meses, tú verás cómo tu bebé comienza a sonreír. Cuando tú le devuelves la sonrisa, le das una señal de que él te complace a ti. Esto le anima a sonreírte otra vez. Muy pronto él sonreirá frecuentemente.

La Crianza de Tu Bebé

De uno a tres meses tu bebé necesita:

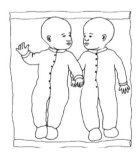

- Una buena cantidad de leche materna o fórmula

- Exámenes de la buena salud a la edad de 2 meses, incluyendo las vacunas

Masajea delicada y lentamente la piel de tu bebé para calmarle.

- Que lo mires a él, le hables, le consueles y le respondas a sus sonidos y movimientos

- Que lo toques suavemente cuando le bañas, le cambias los pañales o le das masajes en sus piernas, brazos, barriguita y espalda

Háblale a tu bebé con palabras sencillas, usando su nombre. Habla con voz de tono alto. Hablar como bebé está bien, pero usa palabras reales también.

Los bebés necesitan escuchar toda clase de sonidos, aunque ellos no puedan entender las palabras. Si hablas una segunda lengua, úsala con tu bebé también. El escuchar los sonidos de las dos lenguas le ayudará a él cuando esté listo para comenzar a hablar.

Tu bebé necesita suficiente tiempo para acurrucarse con papá y mamá. Mecerse en una silla puede ser relajante tanto para el bebé como para los padres. Llevarle puesto en una charpa o mochila frontal es una forma muy buena para calmarle mientras tú haces tus cosas.

Cuando tú respondes a las necesidades de tu bebé, tú le demuestras que él puede depender de ti. Esto establece conexiones en su cerebro que le ayudarán a sentirse seguro.

Los gemelos siempre están conscientes uno del otro y les gusta estar cerca.

A los gemelos o trillizos quizás les guste estar cerca uno del otro. Ellos estuvieron juntos en el útero y todavía les gusta acurrucarse para consolarse.

Asegúrate de que todos los que cuiden de tu bebé sepan cuánto estas actividades tempranas le ayudan a él a desarrollarse y a sentirse amado.

El tiempo para jugar

El mejor tiempo para jugar con tu bebé es cuando él está en un estado de tranquilidad y alerta. Préstale atención totalmente. Para de hacer otras cosas y apaga la televisión.

Tu bebé disfrutará de los objetos de colores brillantes y de juguetes que hacen sonidos. Mírale cuando sostiene un sonajero liviano y trata de ponérselo en su boca.

Dale a tu bebé suficiente tiempo para que se mueva:

- Sostenle parado, manteniendo una mano detrás de su cabeza. Déjale que empuje sus pies contra tus muslos.
- Acuéstale boca abajo en el piso cerca de ti. Coloca juguetes donde él pueda verlos y alcanzarlos. Le encantará empujar el piso con sus rodillas y brazos y mover su cabeza de un lado a otro.

Observa las señales de que tu bebé necesita descansar. Se pondrá fastidioso o se moverá a un lado cuando ya tuvo suficiente juego. Algunos bebés pueden jugar por períodos más largos de tiempo.

Si él está ya fastidiado, probablemente el jugar no le va a calmar. En vez de eso, él necesita descanso. Trata de acunarle o ponerle a dormir.

La Alimentación de Tu Bebé de 1 a 3 Meses

Probablemente tú vas a recibir más consejos de amigos de buena voluntad acerca de la alimentación que ningún otro aspecto de la crianza de los hijos. Si tienes preguntas o preocupaciones, asegúrate de consultar con tu profesional médico o la especialista de lactancia antes de hacer algún cambio.

¿Está comiendo tu bebé lo suficiente?

La única alimentación que tu bebé necesita en este tiempo es la leche materna o fórmula. Su estómago está haciéndose grande. Él podrá tomar más leche materna o fórmula en cada comida a medida que crece.

Tú vas a sentir la preocupación de si tu bebé está comiendo lo suficiente. Su crecimiento (subida de peso, largo y tamaño de la cabeza) son la medida más importante. Si estás preocupada, habla de esto con el doctor de tu bebé o la enfermera especialista durante el examen de los 2 meses.

La leche materna o fórmula es el único alimento que tu bebé necesita hasta que tenga 5 a 6 meses de edad.

Los bebés que reciben el pecho deben comer entre 6 y 10 veces en 24 horas. Las mamás que dan el pecho pueden contar los pañales mojados para ver si el bebé está tomando suficiente leche materna. Si un bebé tiene menos de seis pañales mojados en 24 horas, llama al profesional médico del bebé. (Capítulo 12, página 148)

La mayoría de los bebés que reciben fórmula toman de 20 a 36 onzas en 24 horas. Tu bebé te dirá cuando ha tenido suficiente. Él parará de chupar o volteará su cabeza hacia un lado. No le fuerces a terminar la mamadera.

¿Comida sólida? ¡No todavía!

Algunas mamás a veces desean añadir cereal u otro alimento sólido durante los primeros meses. En esta edad, el estómago del bebé no está listo todavía para digerir cereal u otros alimentos. El comenzar a darle alimentos sólidos muy temprano puede incrementar la posibilidad de alergias* a comidas. También puede causar problemas con la digestión. Darles comida sólida a los bebés no les ayuda a dormir más.

*Alergias: sensibilidad a comidas u otras sustancias, lo cual causa granos, dificultad en respirar u otros síntomas.

Por estas razones la mayoría de los doctores y enfermeras recomiendan alimentarles con la leche materna o fórmula solamente hasta por lo menos los 4 a 6 meses de edad.

Cómo Dar el Pecho a Tu Bebé que Crece

La leche materna es todavía el mejor alimento para tu bebé. Probablemente hoy te sientes como una experta. La mayoría de las mamás se dan cuenta que dar el pecho se hace más y más fácil. Tus pechos se estarán sintiendo más cómodos ahora pero éstos todavía producen suficiente leche. Este cambio NO significa que tú tienes menos leche. Si tú puedes continuar dando el pecho hasta la edad de 1 año, eso es maravilloso.

La mayoría de los bebés tienen etapas aceleradas de crecimiento alrededor de las 6 semanas de edad. Si tu bebé de repente actúa como que tiene más hambre que de costumbre, simplemente déjale que reciba el pecho más frecuentemente. Esto aumentará la cantidad de leche que produzcas. Si tienes preocupaciones acerca de amamantar, habla con una experta. Mientras más tiempo le des el pecho, mejor será para tu bebé.

Ahora que tu bebé está comiendo bien, quizás tú quieras que él aprenda a tomar la leche materna en una mamadera. Trata de extraer tu leche para que el papá u otra persona que le cuide le dé la leche del pecho en una mamadera. A tu bebé quizás no le guste si tratas de darle la mamadera. Una vez que el bebé se acostumbre al biberón, será más fácil que salgas con tu compañero y amistades.

Algunos bebés que reciben el pecho necesitan vitamina D adicional o hierro. Pregunta al doctor de tu bebé o enfermera acerca de vitaminas.

Pechos adoloridos: conductos obstruidos, mastitis

Si has estado dando el pecho bien pero encuentras una mancha enrojecida y adolorida en tu pecho o un bulto, puede ser que tengas un conducto de leche obstruido. Asegúrate de llamar a tu doctor o a la enfermera partera si piensas que tienes mastitis.

No necesitas dejar de dar el pecho. Es mejor que le des de lactar lo más posible usando el seno adolorido. Coloca a tu bebé de manera que el conducto de leche está entre su nariz y la barbilla. Ésta es la mejor forma de vaciar completamente el conducto. (Capítulo 4, página 33)

Pezones adoloridos y con comezón: aftas

Si tus senos se sienten de repente con comezón, enrojecidos y adoloridos, tú y tu bebé pueden tener aftas (úlceras blanquecinas pequeñas). Tu bebé puede tener unas manchas blanquecinas dentro de su boca o una irritación de pañal. Las aftas no son graves pero pueden ser bien incómodas. No hay razón de dejar de darle el pecho. Llama al doctor de tu bebé ya que las aftas requieren tratamiento para ti y tu bebé.

El dar el pecho y tu trabajo

Más y más mujeres descubren que ellas pueden continuar dando el pecho cuando regresan a sus empleos. Algunos empleadores se dan cuenta que amamantar es muy importante y ayudan para que sea más fácil. Tú necesitarás lo siguiente:

- Una extractora de leche (bomba) y un lugar privado y cómodo donde puedas bombear tus senos durante el día en el trabajo, y el tiempo para hacerlo.

- Un refrigerador o recipiente con hielo para guardar la leche hasta que puedas llevarla a casa.

- Una proveedora de cuidado infantil quien comprenda cómo cuidar de la leche del pecho y desea ayudarte a tener éxito en esto.

El éxito dependerá en muchas cosas que tú no puedes controlar. Tener seis a ocho semanas en casa para aumentar la producción de leche es importante. Algunas mamás pueden extraer más leche que otras. Los pechos de algunas mujeres continúan produciendo suficiente cantidad con la extracción durante el día. Algunos bebés se adaptan fácilmente a los cambios entre el hogar y la guardería infantil. Recuerda que amamantar, aun parte del tiempo o solamente los primeros meses, le ayuda a tu bebé a crecer bien y sano.

Sugerencias para la Alimentación con la Mamadera

Si le estás alimentando con fórmula, te vas a dar cuenta que el apetito de tu bebé está aumentando. Necesitarás mezclar hasta seis a ocho onzas de fórmula cada vez. Esto no quiere decir que tu bebé siempre va a tomar esa cantidad.

Es importante que no trates que tu bebé vacíe el biberón. Fíjate en las señales de que él ha tenido suficiente: cierra su boca firmemente, empuja hacia fuera la tetina con su lengua, voltea su cabeza a un lado, se pone fastidioso o se queda dormido.

"Yo he podido bombear mis pechos para producir suficiente leche para mi bebé mientras estoy en mi trabajo. Cuando llego a casa, le doy el pecho inmediatamente. Es una forma maravillosa de conectarme con mi bebé después de haber estado lejos todo el día."

Sostén a tu bebé durante sus comidas aun cuando tu bebé sostiene su propia mamadera.

Es importante que no dejes apoyada la mamadera y le hagas tomar solo. Tu bebé necesita tu atención amorosa y que le toques al momento de comer. Además, un bebé que toma su biberón mientras está acostado en forma plana puede contraer infecciones del oído más fácilmente que otros bebés.

Tu bebé comenzará a sostener su propio biberón alrededor de los 3 a 4 meses. Recuerda que él todavía necesita el consuelo de tus brazos mientras él come. Él necesita ver tu cara y escuchar tu voz. Continúa este momento especial juntos.

Pon a tu bebé en su cuna para dormir solamente después que él ha terminado la mamila. El permitirle que tenga en la cama una mamadera de fórmula, leche del pecho, jugo u otro líquido dulce no es saludable por dos razones:

- Infecciones del oído

- Caries en los dientes

Usa el biberón para las comidas rutinarias y no para consolarlo en la cama. Déjale que encuentre su propio dedo pulgar o dale un chupete si desea chupar algo.

Empieza el Cuidado de los Dientes Ahora

Comienza a limpiar las encías de tu bebé aún antes de que tenga dientes. Límpialas cuidadosamente con la esquina de una toallita suave y limpia. Esto le ayudará a acostumbrarse a tener sus dientes limpios.

Limpia las encías de tu bebé. Esto le ayudará a estar listo para la limpieza de los dientes más tarde.

Dormir

Sigue poniendo a tu bebé a dormir de espaldas en una cama segura. Mantén todas las colchas esponjosas, cobijas o mantas, pieles de oveja y juguetes grandes rellenos al estilo de almohadas afuera de la cuna. Si la habitación está cálida, vístele con ropa ligera.

Ahora tu bebé comenzará a quedarse despierto por períodos más largos de tiempo. Sin embargo, él todavía necesita dormir suficientemente. Después de estar despierto alrededor de dos horas, ponle a tomar una siesta. No esperes hasta que esté exhausto.

A medida que su estómago crece y su cerebro se desarrolla, él tendrá en forma natural, períodos más grandes de sueño. Para la edad de 3 meses, muchos bebés pueden ya dormir de siete a ocho horas en la noche. Si tú escuchas a tu bebé moverse y llorar suavemente en la noche, espera unos pocos minutos antes de levantarle. Quizás se vuelva a dormir. Y tú también podrás hacerlo.

Despídete de tu bebé en la noche antes de que se quede dormido para que se acostumbre ha hacerlo él solo.

Maneras de ayudarle a dormir a tu bebé

• Comienza una rutina para el tiempo de dormir: cántale una canción de cuna y masajea su cabeza o barriguita por unos minutos antes de salir de la habitación.

• Déjale usar un chupón si es que parece que necesita chupar más y no ha encontrado su dedo pulgar.

Quizás tu bebé tenga momentos cuando esté fastidiado. Recuerda que un bebé puede llorar cuando está cansado o muy agitado. Un juego muy activo que distrae a un bebé mayor puede hacer llorar a un bebé más tierno. Coloca a tu bebé a dormir antes de que esté demasiado cansado.

Cómo Vivir con los Cólicos

Si tu bebé tiene períodos largos de llanto continuo, seguramente te sentirás muy frustrada porque no hay mucho que hacer. Tú deseas poder ayudarle a sentirse mejor pero él simplemente necesita pasar esta etapa. Recuerda que el cólico se acaba alrededor de los 3 a 4 meses de edad. (Capítulo 12, páginas 150 y 151)

Una de las cosas más importantes que debes hacer es cuidarte a ti misma. Si te sientes muy molesta o cansada, será más difícil que puedas consolar a tu bebé.

Toma una siesta cuando el bebé duerme. Se hará más fácil pasar por los períodos de llantos si tú no estás exhausta.

Sal de la casa por un tiempo. Pide a otro adulto que se quede con tu bebé por una hora o dos de vez en cuando. Pídele a una persona que pueda comprender

"Cuando mi bebé no dejaba de llorar, la ponía en mi mochila frontal y caminaba afuera y adentro. Pienso que esto nos calmaba a las dos, por lo menos un poquito."

cómo consolar a tu bebé. Algunas personas tienen más paciencia con un bebé que llora que otras.

Cuidado con la Ira

Tú puedes sentirte enojada cuando tu bebé llora. Si esto sucede, habla con una amiga o familiar para que te puedas desahogar.

Si te enojas tanto que piensas que puedes hacerle daño a tu bebé (sacudirle fuertemente, golpearle, gritarle, etc.), ponlo en un lugar seguro como su cuna inmediatamente. Vete a otra habitación, respira profundamente y contrólate a ti misma. Luego llama al doctor de tu bebé o enfermera especialista, una amiga o a una línea telefónica para problemas críticos.

Ningún padre desea hacerle daño a su bebé. Con ayuda tú puedes encontrar otras maneras de enfrentar tu frustración e ira.

Cómo Prevenir las Enfermedades

Vacuna a tu bebé a tiempo

Las vacunas pueden proteger a tu bebé de un sinnúmero de enfermedades graves. Para estar completamente protegido, tu bebé necesitará varias dosis de la mayoría de vacunas para los 18 meses de edad. (Capítulo 9, páginas 99 a 101)

Para la mejor protección, sigue el calendario de vacunas que tu doctor o enfermera especialista te sugiere. Esto significa que tu bebé recibirá varias inyecciones durante su examen de 2 meses y la mayoría de las otras para los 15 a 18 meses. Si se le pasó una dosis, asegúrate de regresar a la clínica por ella.

Otros consejos prácticos para mantener a tu bebé sano:

- Lávate siempre las manos antes y después de cambiarle los pañales y darle de comer.
- Evita tener a tu bebé en multitudes de personas lo más posible.
- Mantenle a distancia de personas que tengan resfriados, gripes u otras enfermedades que se contagian fácilmente.

Cómo Mantener a Tu Bebé Fuera de Peligro

Frecuentemente los bebés sorprenden a sus papás cuando hacen cosas que no podían hacer antes. La prevención de lesiones es más y más importante a medida que tu bebé se vuelve más activo. (Lee el Capítulo 10 para ver detalles en cuanto a prevención de lesiones.)

Caídas

Recuerda, mantén siempre una mano sobre tu bebé cuando está en la mesa, mostrador o la cama. A veces los bebés aprenden a rodar por equivocación mucho más antes de que aprendan cómo hacerlo. Mantén los lados de las compuertas de la cuna levantadas. Siempre ajusta las bandas de seguridad en tu bebé cuando está en el asiento de bebés o el columpio.

Mantén por lo menos una mano sobre tu bebé mientras él está sobre el nivel del suelo.

Quemaduras

Tu bebé puede sorprenderte agarrando de tu mano la taza de **café caliente.**

Siempre prueba la **temperatura del agua para bañarle** antes de poner al bebé en ella.

Atragantamiento

Probablemente tu bebé ha comenzado a poner cosas en su boca. Revisa todos los juguetes que tengan piezas rotas, esquinas agudas o partes pequeñas que pueden romperse o salirse cuando chupa y mastica. Evita darle animales de peluche con ojos de botones pequeños que puede chuparse.

Seguridad en el auto

Revisa para ver si los brazos del asiento de seguridad de tu bebé han sido retirados del mercado. Llama a la Línea Telefónica para Seguridad de Autos: 1-800-DASH-2-DOT.

Siempre usa un asiento de seguridad de auto y úsalo correctamente. (Capítulo 10, página 122)

A casi todos los bebés les encanta el movimiento suave del auto pero algunos bebés lloran en el auto. Los padres quizás le echen la culpa a los asientos de seguridad de auto por el llanto del bebé. Hay varias razones para el llanto tales como: está con hambre, cansado o mojado.

Consejos prácticos para un viaje feliz en el auto:

- Fíjate para asegurar que el bebé está cómodo. Asegúrate de que la inclinación del asiento de seguridad no está muy vertical. Al sentarlo en el asiento de seguridad, ponle de nalguitas primero para que no se resbale hacia abajo en el asiento. Asegúrate que el arnés está ceñido pero que no presiona sus hombros.

- Para entretener a tu bebé, pon cintas de música suave y calmante. Cubre la parte de atrás del asiento con una tela de colores brillantes para que él pueda verla. Coloca cuadros de caras en la parte posterior del asiento donde él las pueda ver.

- Si tu bebé llora frecuentemente en el auto, sácale durante momentos del día cuando se sienta más contento.

Hermanas y Hermanos Mayores

Los hijos mayores pueden tener dificultades en ajustarse al nuevo bebé. Esto generalmente sucede después de que la novelería inicial de tener un nuevo bebé se pasa. Esto puede ser particularmente duro si es que tienes solamente otra niña. Tu hija mayor puede sentirse molesta porque ella ya no es el centro de toda atención.

Es importante establecer reglas bien claras tales como nunca levantar al bebé en los brazos sin que tú estés ahí para ayudar.

Una niña mayor puede demostrar su enojo pinchando o abrazando fuertemente al bebé hasta que llore. Trata de no enojarte. En vez de eso, explícale que tú le amas a ella mucho pero que no le permitirás que le haga daño al bebé.

Enséñales a tus hijos las formas en las que ellos pueden jugar sin peligro con su hermanita pequeña. Permíteles que te ayuden a cuidar al bebé en una forma cautelosa. Cada niño aprenderá acerca de cómo ser "el niño grande". Inclúyelos cuando hablas al bebé. Por ejemplo, tú puedes decir al bebé: "Sara va a ayudarme a cambiarte el pañal ahora".

Ayuda a tus hijos mayores a que aprendan cómo tocar a los nuevos bebés.

Llama a tu nuevo bebé por su nombre en vez de usar el término "bebé". Esto ayuda a demostrar a los otros niños que el nuevo miembro de la familia no es especial, sino es otro niño nada más, como ellos. Esto puede ayudar a que haya menos rivalidad.

Pasa algún tiempo especial con cada uno de los hijos mayores. Leerles siempre un buen cuento de buenas noches puede ser suficiente. Asegúrate que cada niño se sienta amado. Pide a los abuelos y amistades que ayuden pasando un tiempo adicional con los niños.

Consejos Prácticos sobre Niñeras

De vez en cuando te vas a sentir con ganas de salir y gozar un poco. Busca una niñera en quien puedas confiar. Algunos adultos o adolescentes no saben sobrellevar el llanto o una emergencia de un bebé tierno.

Asegurate que tu niñera:

- Conozca lo más básico del cuidado infantil (incluyendo darle de comer, cambiarle el pañal, hacerle dormir de espaldas y no fumar cerca de él)

- Comprenda cómo jugar y hablar con el bebé

- Conozca cómo consolar a un bebé que llora

- Entienda el riesgo muy grave de daños al cerebro al sacudir a un bebé

- Sabe primeros auxilios para bebés y qué hacer en caso de una emergencia

Pide a la niñera que pase un tiempo con tu bebé antes de que tú salgas. Así tú puedes ver si la niñera atiende bien a tu bebé. Si es posible, cada vez usa la misma niñera. Eso ayuda al bebé a acostumbrarse a la niñera.

Coloca junto al teléfono:

- Tu domicilio
- Tu número de teléfono
- El número del servicio de emergencias local (911 u otro número)

Cada vez que es posible, ve a los lugares que puedas tener acceso a un teléfono. Asegúrate de darle a la niñera el número de teléfono donde tú puedas ser localizada en caso de una emergencia. También debes dejar información de números de otras personas en caso de emergencias tales como abuelos que vivan cerca y el doctor de tu bebé.

Tú puedes llevar un control del desarrollo de tu bebé en las páginas 90 y 91 y en las páginas 261 y 262.

Preguntas para Hacer durante el Examen de 2 Meses:

_____

_____

_____

_____

_____

_____

_____

_____

_____

_____

_____

_____

_____

El Examen de 2 Meses: Página de Registro

Fecha: _____ Edad del bebé: _____ semanas

Peso: _____ Largo: _____

Medida de la cabeza: _____

Vacunas (en base a las necesidades de tu bebé, el calendario puede variar):

_____ Hepatitis B o "Hep B" (primera o segunda de 3)

_____ Vacuna DTaP (primera de 4)

_____ Vacuna VPI (IPV) (primera de 3)

_____ Hib/HBCV (primera de 4)

_____ PCV (primera de 4)

Informar al doctor o enfermera los siguientes datos:

¿Cuán frecuentes son las comidas? _____

¿Cuán frecuentes son las evacuaciones? _____

¿Escupe? _____

¿Cuántas horas duerme? _____

¿Qué sonidos hace él? _____

¿Alguna enfermedad? _____

_____

Información para recordar:

_____

_____

_____

_____

_____

_____

_____

_____

_____

_____

_____

Recordatorios sobre la Salud de Mamá

Las siguientes son algunas cosas que necesitas poner atención ahora. Fíjate el Capítulo 4. Puedes llamar a tu doctor o enfermera partera si tienes preguntas acerca de:

_____ Tu examen de cuatro a seis semanas después del parto

_____ Control de la natalidad antes del primer período menstrual

_____ Ejercicios

_____ Pérdida de peso

_____ Sentimientos de depresión (cansancio, llanto, falta de apetito, mucho sueño o falta de dormir aun cuando estés cansada, muy preocupada por tu bebé)

Asegúrate de ir a tu examen.

Preguntas que puedes hacer durante esa visita:

_____

_____

_____

_____

_____

_____

Cosas para recordar de la visita:

_____

_____

_____

_____

_____

_____

Capítulo 14
Tu Bebé de 4 a 6 Meses

La luna de miel

Después de los primeros meses de ajuste, este tiempo pueda parecer como una luna de miel. El cuidado del bebé se está haciendo más fácil. Tu bebé está aprendiendo más y más del mundo cada día. Ella goza de cada cosa nueva que aprende.

Tu bebé está siempre cambiando a medida que aprende nuevas cosas día a día. Tú necesitas seguir aprendiendo y cambiando a medida que ella cambia. A veces parecerá que ella retrocede hacia el comportamiento anterior como es despertarse más en la noche. Esto frecuentemente quiere decir que ella está alistándose para tomar un paso más grande hacia delante como comenzar a gatear.

Probablemente tú te sentirás cada vez más enamorada de esta pequeña personita. Cada vez gozas más y más al jugar con ella. Ella hace gestos, habla y hace caras. Ella está comenzando a reconocer a las personas que ella ve con más frecuencia.

En este capítulo se incluye:

- Crecimiento y desarrollo
- La crianza, el juego y la lectura
- El dormir
- Comidas—introduciendo la comida sólida cuando esté lista
- Los dientes y la salud dental
- Problemas de seguridad, asegurando la casa a prueba de niños
- Páginas para los exámenes de 4 y 6 meses

Exámenes de 4 y 6 meses

Los exámenes de 4 y 6 meses son importantes para revisar el desarrollo de tu bebé, para recibir las vacunas debidas y para hacer preguntas. Si tienes preocupaciones acerca de su crecimiento, vista u oído, habla de esto con el doctor o la enfermera especialista.

Crecimiento y Desarrollo

"A los 5 meses, a mi bebé le encanta su colcha de colores. Tiene mariquitas grandes de color azul, amarillo y rojo. ¡Cuándo le acuesto sobre la colcha en el piso, ella se empuja sola y mira todos los colores!"

Tu bebé continuará aumentando alrededor de $1\frac{1}{2}$ libras y crecerá $\frac{1}{2}$ pulgada de largo cada mes. Para la edad de 6 meses tu bebé pesará alrededor del doble de su peso de nacimiento.

Notarás el mejoramiento de su vista. Ella podrá ver objetos a más distancia y comenzará a disfrutar de los colores brillantes. Ella podrá seguir con la vista el movimiento de un objeto.

Para la edad de 6 ó 7 meses, tu bebé estará haciendo varios sonidos. Ella tratará de imitar los sonidos que tú haces.

Habilidades del cuerpo

Durante este período, tu bebé aprenderá a rodar, sentarse y prepararse a gatear. (Fíjate en el diagrama en el Capítulo 8, página 90.) Tú disfrutarás ver cómo sus habilidades aumentan más y más. No todos los bebés hacen esto en la misma forma, pero todos ellos pasan por estas etapas.

Sostenla erguida. Fíjate como se entusiasma mientras estira sus piernas. Esto demuestra cuan fuerte su espalda es, lo bien que controla su cabeza y lo fuertes que están volviéndose sus piernas.

El rodar (darse la vuelta) demuestra lo bien que el cuerpo de tu bebé se está desarrollando.

Fíjate cómo ella aprende a rodar. Primero ella rodará desde adelante hacia atrás, luego lo hará de atrás hacia delante.

Acuéstale boca abajo para que practique a levantar su cabeza desde el piso y su pecho. Su nuca y espalda deben hacerse más fuertes antes de que ella pueda sentarse. Alrededor de los 6 meses, ella podrá sentarse con un apoyo. Ella usará sus brazos para equilibrarse y para levantarse cuando empiece a caerse.

Fíjate cómo tu bebé practica a usar sus brazos y piernas en nuevas formas. Mientras está acostada boca abajo, ella comenzará a tratar de moverse. Por cuanto sus brazos son más fuertes que sus piernas a esta edad, ella se moverá hacia atrás en vez de hacia delante. ¡Ella se sentirá muy orgullosa cuando finalmente pueda moverse hacia delante! Ella quizás se mueva alrededor con sus brazos mucho antes que pueda gatear.

Tú verás como ella se hace más fuerte y aprende nuevas habilidades de un día para el otro.

Habilidades de los dedos

Alrededor de los 4 meses tu bebé probablemente pueda sujetar un juguete y llevárselo a su boca. Ella podrá sostener los sonajeros y juguetes, pero no podrá aflojarlos. Ella usa sus dos manos para sostener un juguete. A los 6 meses ella podrá levantar un juguete en una mano y pasarlo a la otra.

Aptitudes sociales

Tu bebé empezará a responder a su propio nombre. Probablemente ella ha aprendido a reír. Ella balbucea, chilla y hace gárgaras cuando tú le hablas. Ella puede usar su voz para demostrar gusto y disgusto. Ella quizás perciba tus sentimientos por el tono de tu voz.

Ella comenzará a darse cuenta de las diferencias entre las personas. Puede tomarle un tiempo para acercarse a las personas que ella no ve frecuentemente como los abuelitos o las niñeras. Esto no quiere decir que ella tiene temor. Simplemente ella se toma su tiempo para ajustarse a nuevas caras y voces.

Cómo habla y comprende

A los 6 meses tu bebé probablemente estará haciendo varios sonidos tales como "baa, baa" o "daa-daa". A ella le gustará escupir, murmullar y hacer zumbidos con sus labios. Ella te escuchará. Puede que tú sientas que ella comprende algunas de las cosas que tú dices. Puede que tengas razón.

El Juego, los Juguetes y la Lectura

Los bebés responden y gozan de estar con cada miembro de la familia. Tu bebé puede que actúe diferente contigo y tu compañero. Jugar con mamá puede ser tranquilo y calmante. Jugar con papá puede ser más brusco y más activo.

Éste es el mejor momento para que tus otros hijos jueguen con su hermanita o hermanito. Ellos le pueden ofrecer juguetes y ella probablemente tratará de alcanzarlos. Le encantarán los sonidos que los niños hacen con los juguetes.

Los libros son importantes ahora, aún antes de que tu bebé sepa las palabras verdaderas. Ella está acumulando su sentido de sonidos y las imágenes que van con éstos. Lee a tu bebé todos los días. Muéstrale libros con imágenes y háblale acerca de ellas.

La crianza

Leer un libro a esta edad significa acurrucarse, gozar cuando pasas las páginas y mirar los colores brillantes.

- Continúa acurrucándole y apretándole en tus brazos, no solamente cuando ella no se siente a gusto. Llevándole cargada en una charpa o mochila frontal le permite estar cerca de ti y de lo que estás haciendo.

- Háblale a tu bebé acerca de las cosas que están haciendo juntas. También repite los sonidos que ella hace.

- Mira con ella los libros de imágenes sencillas todos los días. Está bien si ella solamente quiere pasar las páginas.

- Anímala para que esté activa. Acuéstale boca abajo para que ella haga flexiones. Sostén los juguetes un poco fuera de su alcance para que ella trate de agarrarlos.

- Baila con ella en tus brazos para que ella sienta el ritmo de la música.

Cómo permitirle a tu bebé a que explore

Es tú obligación de padre el mantener a tu bebé lejos de cosas peligrosas para que ella pueda aprender acerca del mundo en una forma segura. Ella no está lista para saber lo que ella puede explorar y qué es lo que no está permitido. En vez, permítele jugar en áreas seguras y retira las cosas que ella no debe tocar.

Tu bebé no es lo suficientemente crecida para entender la palabra "no". Si ella está tirando de tus aretes, es más fácil quitártelos que decirle a ella que no juegue con ellos. Tú le puedes dar otra cosa para que juegue pero probablemente jalará tu arete otra vez. En estos momentos ella simplemente quiere explorar las cosas que le interesan a ella.

El quitarte los aretes es más fácil ahora antes que decirle a ella que no debe jugar con ellos.

Si tu bebé recibe cuidado infantil

El tiempo que tu bebé está lejos de ti debe ser lo más educativo posible. La calidad de aquellos que le cuidan es muy importante. De vez en cuando trata de llegar inesperadamente a la guardería infantil para ver que es lo que está sucediendo. Esto te ayudará a asegurarte que el cuidado infantil que tu bebé recibe es bueno.

Si tu bebé llora cuando llegas a recogerla, esto puede ser un indicativo de que ella está feliz de verte. Consuélale inmediatamente. Permítele un tiempo para que se acurruque contigo y tu compañero cuando llegas a casa para que ella pueda tranquilizarse.

Cómo Aprender Buenos Hábitos de Dormir

A la edad de 3 a 4 meses, muchos bebés duermen períodos largos (seis a ocho horas) en la noche. A los 4 meses de edad, tu bebé puede no necesitar la comida de la noche. También ella está lo suficientemente crecida para aprender a dormirse sin tu ayuda.

A ti probablemente te guste que tu bebé se quede dormida en tus brazos. Si esto sucede cada noche, tu bebé puede acostumbrarse de tal forma que no puede dormirse sin ti. Éste es un hábito que puede ser bien dificil de romper más tarde.

Ayuda a tu bebé a que aprenda a dormirse sola. Esto ayudará a que la hora de dormir sea más fácil y facilitará para que ella duerma toda la noche.

Una forma de ayudarle a que se sienta consolada y pueda dormirse sin ti es haciendo un ritual de la hora de dormir. (Lee lo indicado en el cuadro, abajo.) Prepárale para la cama antes de que ella muestre señales de estar con sueño. Las señales son párpados caídos y pequeños ruidos de fastidio. Ponla en la cuna antes de que ella comience a llorar fuerte. Sóbale la barriguita, sonríe y háblale suavemente o cántale una canción de cuna. Luego despídete y sal del cuarto. Ella quizás se queje por unos pocos minutos mientras se calma antes de quedarse dormida.

Para evitar problemas de dormir, los padres deben comprender como los bebés duermen. Cuando un bebé duerme toda la noche, tiene períodos de sueño profundo y sueño ligero. Durante el sueño ligero, ella se verá inquieta y puede que lloriquee un poco. Sin embargo, ella no está realmente despierta y generalmente volverá a quedarse dormida profundamente.

Evita correr a donde tu bebé cada vez que ella se sienta inquieta durante la noche. Espera unos pocos minutos para ver si ella está realmente despierta. Cuando le das de comer o la revisas en la noche, procura que las visitas sean tranquilas y calladas. Dale un palmadita suave, dile muy suavemente que es tiempo de dormir y sal de la habitación. Si prendes una luz fuerte y comienzas a jugar, ella va a pensar que está bien jugar durante la noche.

Un ritual de la hora de dormir

- Darle el pecho o la mamadera de la noche.
- Limpieza de los dientes y encías.
- Leer un libro de imágenes sosteniéndola en tus rodillas.
- Ponerla en la cama y tocarla muy delicadamente.
- Cantarle una canción o activar una cajita de música.
- Darle un beso de despedida y un chupón si ella lo desea para consolarse.
- Apagar la luz.

Las siestas todos los días son importantes

Un recién nacido puede dormir casi en cualquier lugar. A medida que tu bebé crece y se interesa más en el mundo, se le puede hacer más dificil dormir en lugares extraños. Es importante que ella tome sus siestas regulares en su propia cuna o en la guardería infantil.

Si tu bebé no toma sus siestas regulares, es probable que se sienta malhumorada y que no duerma bien en la noche. Planifica para que tome sus siestas en la mañana y en la tarde en su propia cuna. Por lo general, ella estará lista para dormir después de estar dos horas despierta. Ella puede que llore un poco mientras se calma. Esto no le hace daño. Ella está aprendiendo una destreza muy importante.

Darse vueltas en la cama y el riesgo de SMIS (SIDS)

Todavía es importante que pongas a dormir a tu bebé boca arriba. Pronto ella aprenderá a rodar o darse la vuelta boca abajo. Entonces tú ya no puedes estar segura que ella permanecerá de espaldas toda la noche.

Te preocuparás menos si sabes que el riesgo SMIS es menos frecuente a medida que los bebés crecen. Después de los 5 meses de edad el riesgo es muy pequeño y se eliminará completamente a los 12 meses. Además, si a tu bebé le encanta dormir de espaldas, ella probablemente permanecerá así la mayor parte del tiempo.

Es importante que continúes haciendo cosas que puedas controlar para minimizar el riesgo de SMIS. Mantén fuera de la cuna las pieles de oveja, mantas esponjosas, almohadas y animales de peluche. Mantén tu casa libre de humo de cigarrillo. Mantén la temperatura del cuarto bajo los 70° F (21° C). Ponle a tu bebé pijamas que sean apropiadas para la temperatura del cuarto para que no necesite una cobija.

Las Comidas

La leche materna o la fórmula deben ser el principal alimento para tu bebé durante el primer año. Si todavía le estás dando el pecho, debe ser ahora fácil. ¡Sigue así!

Probablemente para este tiempo tu bebé debe estar tomando el pecho o la fórmula regularmente. A los 4 meses de edad, a la mayoría de los bebés les gusta comer cinco veces al día, generalmente cada tres o cuatro horas durante el día y la noche. Puedes planear la última comida alrededor de la hora de retirarse a dormir. Por supuesto que cuando tu bebé está en una etapa acelerada de crecimiento, ella va a querer comer más frecuente durante unos cuantos días.

Cómo empezar a darle alimentos sólidos a los 5 ó 6 meses

*Alimentos sólidos: alimentos tales como cereal, frutas, verduras y carnes. Se llama a éstos "sólidos" aún cuando sean muy blandos para que un bebé los pueda tragar.

¿Cuándo está un bebé listo para comer alimentos sólidos*? En el pasado (probablemente cuando tú eras un bebé), los alimentos sólidos se comenzaban durante los primeros meses. Ahora sabemos que la mayoría de los bebés no están listos hasta por lo menos los 5 a 6 meses. Si se comienza muy temprano, esto aumenta el riesgo de las alergias a alimentos.

Si se le da muy temprano a un bebé alimentos sólidos como el cereal, sus intestinos no pueden digerir los alimentos adecuadamente. Puede que a ella se le desarrollen alergias a esas comidas. **Un bebé no está listo para los alimentos sólidos hasta que pueda comer con una cuchara.** Su boca y lengua deben trabajar juntas para tomar y tragar los alimentos. Prueba tú a sorber con una pajilla (popote) y comer. ¿Puedes tú ver la diferencia en las habilidades?

Tu bebé está lista para alimentos sólidos cuando:

- Ella mira con ansiedad a la comida que tú comes.
- Ella puede sentarse sin ningún apoyo.
- Ella puede comer un cereal bien fino con una cuchara y tragarlo. Si ella le empuja con la lengua, espera unas semanas antes de probar nuevamente.
- Ella abre su boca para la comida y se da la vuelta cuando está llena.
- Ella parece disfrutar el comer con una cuchara.

Algunas personas les dan a bebés muy tiernos cereal mezclado con la fórmula en una mamadera. Si un bebé tiene que sorber el cereal, ella no está lista para éste.

El esperar para darle alimentos sólidos por lo menos 6 meses no le hará daño a tu bebé. En realidad, tú puedes cambiar de comida para bebé a comida en la mesa más rápida y fácilmente si comienzas un poquito más tarde. Para cuando tenga un año ella necesitará recibir la mayoría de su nutrición de una variedad de alimentos sólidos.

Cómo empezar los alimentos sólidos

Tu bebé gozará aprendiendo acerca de los alimentos sólidos. Será un desorden pero también una diversión. Ella querrá usar sus manos porque ésa es una nueva forma en que aprenderá cosas nuevas. A ella no le importa cuan pegajosas sus manos se ponen. La comida la siente rica. ¡Disfruta la hora de la comida con ella y no te preocupes del desorden!

"Cuando mi bebé terminaba su cereal y fruta, me metía inmediatamente en la ducha (regadera) junto con ella para limpiarnos. También puse papel periódico debajo de su silla para que fuera más fácil de limpiar el piso."

- Dale a tu bebé leche del pecho o fórmula antes de los alimentos sólidos a los 7 u 8 meses de edad. Haz de los alimentos sólidos una especie de postre. Esto permite que tu bebé tome lo más posible de la leche materna o la fórmula que quiera antes de que se llene con otros alimentos. Ella todavía recibe la mayoría de su nutrición en la leche del pecho o fórmula.

- Sienta a tu bebé bien derechita en la silla. Esta posición es importante para que ella pueda pasar bien (tragar) la comida.

- Usa una cuchara bien pequeña que alcance en su boca. ¡Prepárate en el caso que ella agarre la cuchara! Déjale jugar con una cuchara mientras tú le das la comida con otra.

- Comienza con unas pocas cucharas de cereal de arroz durante una comida al día. Escoge un cereal con hierro, especialmente si tú le das el pecho porque la reserva de hierro de tu bebé se va disminuyendo después de los 6 meses.

- Prueba solamente un alimento nuevo por semana. Esto te da la oportunidad de ver si tu bebé tiene una reacción a éste, antes de darle uno nuevo.

¡Hum, hum, hum! Habla con tu bebé cuando le das de comer.

- Primero, dale a tu bebé una pequeña cantidad del alimento sólido durante una comida. Esto le permite a ella a acostumbrarse a nuevos sabores y texturas.

- Si ella escupe un tipo de alimento, trata éste otra vez en unas pocas semanas.

Cómo empezar a darle cereal

- **Primero dale a tu bebé un cereal de un sólo tipo de grano como arroz o cebada.** Dale un tipo de cereal por unos pocos días y observa cualquier señal de alergia alimenticia.

- El trigo es el grano que es más probable que cause alguna reacción. Debes esperar hasta los 7 a 9 meses de edad para probar el cereal de trigo.

- Le puedes dar cereales mezclados solamente después que hayas probado todos los granos separadamente.

- Mezcla el cereal seco hasta formar un puré fino usando leche materna caliente o fórmula. Si estás dando el pecho, puedes extraer la leche del pecho o puedes usar la fórmula para esto. No hay necesidad de añadir sal o azúcar al cereal de bebés. A ellos les gusta sin nada. (No le pongas miel de abeja ya que puede ser dañino para bebés menores de 1 año de edad.)

Mantén el registro de la página 212 de los nuevos alimentos que le das a tu bebé.

Alergias alimenticias

- Las señales de una alergia alimenticia incluyen dolor de estómago, diarrea, sarpullido de la piel y dificultad para respirar.

- Deja de darle al bebé cualquier comida que parece afectarle e indícale al doctor o enfermera. Puedes probar nuevamente cuando ella sea un poquito mayor.

Los bebés no necesitan jugos

El jugo no es un alimento muy nutritivo, especialmente para bebés menores de 6 meses de edad. No debe reemplazar a la leche materna o la fórmula. Después de los 6 meses de edad, no le des más de dos a cuatro onzas diarias de jugo en una taza. Muchos padres les dan a sus bebés demasiado jugo. La dieta del bebé no debe contener otras bebidas dulces (sodas y combinación de bebidas dulces).

Acostúmbrate a darle solamente la leche del pecho, fórmula o agua en el biberón. Dale jugo en una taza solamente.

En clima cálido, puedes darle a tu bebé agua entre las comidas si parece que tiene sed. Si estás amamantando, tú puedes beber más agua y darle el pecho más frecuentemente.

Cómo Cuidar de los Dientes Nuevos

Después de la comida de tu bebé, límpiale sus encías con una toallita húmeda. A medida que sus nuevos dientes comienzan a salir, asegúrate de limpiarlos bien todos los días. Usa un paño limpio o un cepillo de bebé muy suave y sin pasta dentífrica.

Cuándo aparecen los dientes

Entre los 4 y 8 meses de edad, a la mayoría de los bebés les comienzan a salir sus primeros dientes. Los dientes del bebé (dientes de leche) se forman en las encías durante la infancia. Generalmente salen en el siguiente orden:

1) Dos dientes frontales inferiores

2) Cuatro dientes frontales superiores

3) Dos dientes laterales inferiores (incisos)

4) Los primeros dientes posteriores (molares)

5) Los dientes laterales superiores (colmillos)

Cuando los dientes empiezan a salir, las encías de tu bebé se sentirán sensibles y enrojecidas. Puedes frotarle sus encías con un dedo limpio para ayudarle a sentirse mejor. A ella quizás le guste chupar un anillo de huele duro, bueno para cuando salen los dientes.

Si le duelen las encías cuando ella come, puedes disminuir su dolor fácilmente. Pon una toallita limpia y

"Cuando a mis trillizos les empezaron a salir los dientes, a veces trataban de morderse los dedos de unos a otros, tanto de las manos como de los pies. Ellos no tenían ni idea de lo duro que estaban mordiendo."

húmeda en el congelador para que se enfríe. Luego déjale que chupe ésta. El frío le ayudar a disminuir la hinchazón alrededor del brote del diente de modo que pueda chupar o comer mejor.

Algunos bebés se sienten molestos y tienen fiebre cuando les están saliendo los dientes. Si ella tiene una temperatura de más de 100 grados, llama al doctor o enfermera.

Cómo prevenir las caries dentales

Cuando le salgan nuevos dientes, límpialos diariamente. No hay necesidad de usar pasta dentífrica hasta por lo menos 1 año de edad. La causa de las caries es bacteria. Tú puedes tener esta bacteria en tu boca. Puedes prevenir la diseminación de ésta a tu bebé al no compartir cucharas o cepillos de dientes y no lamer la tetina o chupón. Además, evita que ella ponga su mano en tu boca.

Los bebés que toman su mamadera con fórmula (o jugo) en la cama, generalmente tienen caries. Si tu bebé quiere chupar algo mientras se queda dormida, dale un chupón. **No comiences el hábito de llevar la mamadera a la cama.** Si ella nunca tiene un biberón en la cama, entonces no le va a hacer falta.

Cómo Mantener a Tu Bebé Fuera de Peligro

Cuando tu bebé comienza a gatear y a recoger cosas con sus manos, tú necesitarás preparar la casa para seguridad de tu bebé. Además, lee la sección de primeros auxilios en el Capítulo 16, página 230.

Recuerda, algunas lesiones pueden solamente prevenirse estando cerca y observando a tu bebé. Algunas cosas suceden aún a pesar de lo cuidadosa que seas tú.

Lugar seguro para el bebé que gatea

Pronto tu bebé rodará, se retorcerá o gateará por toda la casa. Asegurando la casa a prueba de niños ahora, permitirá que tu bebé se mueva y explore sin peligro. ¡Ningún padre puede estar cuidando a su bebé cada segundo!

Para encontrar los peligros en tu casa, agáchate de rodillas. Esto ayuda a mirar las cosas que tu bebé puede

La mejor forma de descubrir los peligros es bajándose al nivel del bebé.

encontrar y alcanzar. Si tú decides asegurar a prueba de niños solamente unos pocos cuartos, asegúrate de cerrar los otros.

Pon atención a los peligros tales como los que se indican en el cuadro de abajo. Asegúrate de ponerlos fuera de su alcance.

Asegurar la casa a prueba de niños es un proceso que nunca termina. Acostúmbrate a poner las cosas en su lugar después que las usas. Fíjate detenidamente en tu alrededor cada una o dos semanas. Probablemente encontrarás nuevos peligros cada vez. Es mejor que tú los encuentres antes de que tu bebé los encuentre primero.

Asegura la ropa de tu bebé también. Usa ropa sin cuerdas en la nuca o capucha. Usa ropa de dormir que tenga retardarte de fuego.

Una vez que los niños comienzan a moverse por todos lados, ellos pueden encontrar todo tipo de cosas en lugares extraños.

Cómo usar los asientos para bebés y corralitos

Tu bebé se desarrollará mejor si puede explorar sin peligro, en vez de estar en un solo lugar. Un corralito o asiento para bebés que no se da la vuelta esta bien por períodos cortos de tiempo, tal como cuando tú estás cocinando o dándote un baño. Trata de no usar estos artículos por más de media hora dos veces al día.

Tu casa se verá vacía cuando la hayas asegurado a prueba de niños. Quizás descubrirás que es más fácil mantenerla limpia de esta manera.

Ejemplos de peligros en el hogar	Cómo asegurar a prueba de bebés
Escaleras donde caerse	Coloca un portillo (compuerta)
Alambres eléctricos para morder	Asegura los alambres contra la pared
Enchufes abiertos para meter cosas	Coloca cubiertas en los enchufes
Adorno de cristal en la mesa	Colócala en un estante alto
Polvo y pedazos pequeños de basura (tachuelas, monedas)	Limpia el piso frecuentemente
Artículos de limpiar debajo del lavabo	Muévelos a un armario cerrado
Platos de cristal en repisas bajas	Muévelos a repisas altas
Cordeles de persianas que el bebé puede alcanzar desde su cuna o el piso	Amárralas para que no alcance, mantén la cuna y el corralito alejados
Juguetes de la hermana mayor que tienen partes pequeñas	Mantén la puerta cerrada

Si tienes escaleras, éstas pueden ser un peligro. Mantén el portillo cerrado cada vez que el bebé está despierto.

"¡Yo estaba ahí mismo cuando mi bebé se viró hacia atrás en su asiento del baño. Su cara se volteó hacia el agua. Yo le agarré pero fueron los peores cinco segundos de mi vida!"

Si deseas tener un lugar para que tu bebé se siente y juegue, usa un **asiento para bebés que se quede firme** en un lugar. Tu bebé puede disfrutar mucho sentado en éste, rebotando de arriba abajo y mirando todas las actividades a su alrededor. Un asiento de este tipo puede usarse por períodos cortos porque tu bebé también necesita tiempo para explorar el piso.

Un **andador para bebés** puede ser peligroso. Los bebés pueden caerse por las escaleras y lesionarse seriamente. Parada en el andador, tu bebé puede alcanzar cosas que tú pensaste estaban fuera de su alcance. Un andador no fortalece los músculos que un bebé necesita para caminar. En vez de eso, hace que el bebé se empuje con sus dedos de los pies.

Si usas un **corralito** para mantener a tu bebé fuera de peligro, asegúrate que es seguro. La malla de los lados debe tener huecos finos para que botones no se queden atorados. Nunca dejes un lado abierto cuando el bebé está en él. Los bebés pueden atraparse en la malla suelta y ahogarse.

Un **asiento de baño para bebés** no es un artículo seguro. **Un adulto TIENE que estar con el bebé cuando ella está en el agua.** Se puede ahogar rápida y silenciosamente en sólo unas pocas pulgadas de agua. **Nunca** dejes a tu bebé sola o con un hermano mayor en la bañera.

Asegúrate que los muebles no se volteen o se caigan si ella trata de subirse en éstos. Sujeta la cómoda contra la pared para que no se caiga si ella tira de los cajones y trata de subirse en ella.

Revisa cómo le queda el asiento de auto a tu bebé

Mantén a tu bebé en el asiento de auto colocado mirando hacia la parte posterior del auto hasta por lo menos su primer cumpleaños. Si ella es alta o pesada para su edad, quizás esté llegando al límite de peso y altura para los asientos de auto diseñados para bebés solamente. Cambia a un asiento de auto convertible que mire hacia la parte posterior del auto con un límite de 30 a 35 libras.

Muchas instrucciones para asientos de auto más viejos o libros de cuidado infantil tienen información caducada acerca de cuándo se debe dar la vuelta al bebé para mirar hacia delante del auto. El **mejor consejo hoy** es de dar la vuelta a tu bebé alrededor o después de 1 año de edad. **Fíjate en el Capítulo 10, páginas 121 a 124.**

El Examen de 4 Meses: Página de Registro

Preguntas para hacer:

_____

_____

_____

_____

_____

Registro del examen

Fecha: _____   Edad del bebé: _____ semanas

Peso: _____   Largo: _____

Medida de la cabeza: _____

Vacunas (en base a las necesidades de tu bebé, el calendario puede variar):

_____ Vacuna DTaP (2da dosis)

_____ Vacuna VPI (IPV) (2da dosis)

_____ Hib/HBCV (2da dosis)

_____ PCV (2da dosis)

_____ Hep B (2da dosis, si no ha recibido ya)

Si se le ha pasado el recibir dosis anteriores de las vacunas, asegúrate de hacer una cita para ponerse al día.

Respuestas a las preguntas:

_____

_____

_____

_____

_____

El Examen de 6 Meses: Página de Registro

Preguntas para hacer:

_____

_____

_____

_____

_____

_____

Registro del examen

Fecha: _____   Edad del bebé: _____ semanas

Peso: _____   Largo: _____

Medida de la cabeza: _____

Vacunas (en base a las necesidades de tu bebé, el calendario puede variar):

_____ Hepatitis B (3ra dosis, puede darse hasta los 18 meses)

_____ Vacuna VPI (IPV) (3ra dosis, puede darse hasta los 18 meses)

_____ Vacuna DTaP (3ra dosis)

_____ Hib (3ra dosis)

_____ PCV (3ra dosis)

Si se le ha pasado de recibir dosis anteriores de las vacunas, asegúrate de hacer una cita para ponerse al día.

Respuestas a las preguntas:

_____

_____

_____

_____

_____

_____

Capítulo 15
Tu Bebé de 7 a 12 Meses

Los pasos hacia la independencia

La segunda mitad del primer año de tu bebé es una etapa de cambios increíbles. Puede ser difícil mantener un paso delante de él. Con frecuencia te sentirás maravillada de verle hacer algo nuevo y diferente.

Tu bebé está ansioso por aprender a moverse, hablar y comprender su mundo. Tú le ayudas a desarrollarse cuando le brindas oportunidades de probar cosas nuevas, de animarle y amarle. Mantén una rutina regular. Ofrécele a tu bebé un lugar tranquilo para sus siestas y un sitio seguro para jugar.

Este capítulo te presentará algunas de las cosas más importantes por conocer acerca del crecimiento de tu bebé durante este tiempo.

Los exámenes de la buena salud se hacen generalmente de los 9 a los 12 meses de edad. Asegúrate de llevar a tu bebé a estas visitas durante este tiempo de grandes cambios. Éste también es tiempo para un sinnúmero de vacunas. Mantén al día el registro de vacunas de tu bebé.

En este capítulo se incluye:

- El crecimiento y desarrollo
- La crianza, juegos y disciplina
- Cómo ayudar a tu bebé a dormirse
- Cómo cambiar de cereal de bebés a comida de mesa
- Cómo cuidar de los nuevos dientes
- Por qué retrazar el entrenamiento del uso del baño
- Seguridad en el hogar y el auto
- Exámenes de 9 y 12 meses

El Crecimiento y Desarrollo

El crecimiento de tu bebé probablemente disminuirá durante el segundo semestre de este año. En el primer año, el peso de un bebé promedio se triplica desde su nacimiento. Si un recién nacido pesa alrededor de 7 libras, probablemente pesará alrededor de 21 libras a la edad de 1 año.

Durante el siguiente semestre, tu bebé se desarrollará rápidamente. En este tiempo la mayoría de los bebés avanzan de sólo darse vueltas a ponerse de pie. Algunos empiezan a caminar. Ellos aprenden a usar sus manos para llevarse los juguetes a la boca y recoger pedazos de alimentos. Ellos se encuentran en una carrera hacia la independencia.

Tu bebé comenzará a levantarse y ponerse de pie él solo. Al comienzo él no sabrá cómo sentarse solo.

El crecimiento en el desarrollo social de lenguaje del bebé también es asombroso. A los 6 meses puede que este haciendo sonidos de un solo balbuceo. Al año, él te mirará y dirá "mamá" o "pa-pa". Él aprenderá juegos tales como "¡te veo!". También se dará cuenta de las personas que él no reconoce. Él puede sentirse triste cuando te alejas de él pero aprenderá que tú siempre regresas.

Observa el progreso de tu bebé y mantén un registro de éste en la gráfica acerca del desarrollo en las páginas 90 y 91.

La Crianza

Durante este tiempo el cerebro de tu bebé se está desarrollando rápidamente. Toda la atención que tú y otras personas que le cuidan le dan aumenta las conexiones entre las células de su cerebro. También fortalece las conexiones que ya existen. Esta actividad del cerebro le ayudará a desarrollarse lo más completamente que es posible.

Observa cómo tu bebé aprende a usar sus dedos para recoger cosas pequeñas.

En esta edad tú puedes ayudar a tu bebé para que aprenda:

- Pon atención a sus ánimos de alegría y tristeza. Responde a esto jugando con él o acurrucándole calladamente.

- Pon música o cántale para que tu bebé pueda oír y sentir ritmos y melodías. Baila con él en tus brazos.

- Permite que tu bebé explore las áreas seguras de tu hogar.

- Mira los libros sencillos junto con él, repitiendo aquellos que a tu bebé le gustan. Él no podrá escuchar todo el libro. Un bebé puede solamente poner atención por un período corto de tiempo.

Cuando tu bebé comienza a caminar es un momento muy emocionante.

- Recita o canta unos cantos de cuna cortos (tales como "Row, Row, Row Your Boat") una y otra vez.

- Deja que conozca a otros bebés y los padres, especialmente si él no está en cuidado infantil. Si actúa tímidamente, él puede sentarse en tus rodillas hasta que se acostumbre a las personas nuevas. No jugará con los otros bebés todavía pero disfrutará mirándolos y jugando al lado de ellos.

"Las mamás nuevas de mi clase de parto comenzaron un grupo para juegos. Ha sido muy divertido ver a nuestros bebés crecer y desarrollarse."

La Comunicación

Las formas principales de decirte lo que tu bebé desea son llorando, balbuceando y haciendo gestos con su cuerpo. Si observas y escuchas probablemente podrás adivinar lo que él te está tratando de decir. Él comenzará a señalar las cosas que quiere. Él levantará sus brazos cuando quiere que lo levantes.

Es importante que le hables a tu niño y mires lo que trata de hacer o decirte. Dale un tiempo para que entienda tus palabras y responda con sus gestos. Dile lo que vas a hacer antes de hacerlo de modo que él se aliste.

Por ejemplo, a algunos bebés no les gusta que le cambien el pañal. Tu bebé cooperará más si comienzas diciéndole: "Voy a cambiarte el pañal ahora" y le das unos minutos para que se acostumbre a la idea. Mientras le cambias el pañal, sigue hablando. "Ahora te quito los pantalones . . . ahora voy a limpiar tus nalguitas. . . ." Gradualmente él demostrará que sí entiende lo que le dices.

Los mellizos y trillizos pueden hacer gestos y sonidos para comunicarse entre ellos.

"Mi bebé y yo hemos disfrutado mucho usando señales con las manos. Primero, él aprendió a mover la cabeza para decir "sí" y las manos para decir "adiós". Luego hicimos una señal para perro (para nuestra mascota) y otra para el auto. Cuando comencé a hacer las señas, él las imitó y luego las usó sin ninguna ayuda."

Un bebé haciendo su propia señal para la palabra "sombrero".

Tú eres la primera maestra de tu bebé. Enséñale como ser dulce y considerado. A medida que tu bebé puede hacer cosas por sí mismo, él practicará lo que ha visto y escuchado.

Maneras de hablar con tu bebé

Es importante usar muchas y diferentes palabras y hablar en una voz suave. Tú puedes hablar de lo que estés haciendo. "Estoy doblando la ropa limpia. Está es tu camisa azul". Busca la forma de halagarle: "Tú puedes sostener el sonajero muy bien". El tono de tu voz le dice cómo te sientes respecto a él. Él aprende más cuando tu voz es feliz y amorosa.

Una forma maravillosa de pasar el tiempo juntos es leyendo. Escoge libros de cartulina gruesos y pesados con dibujos y pocas palabras. No te preocupes por leer cada palabra. Para un bebé, al comienzo es suficiente simplemente nombrar los objetos en los dibujos o fotografías. A los bebés les encanta pasar las páginas también, así que déjalo que practique.

Cuando estás mirando a los libros, puedes comenzar hablando acerca del cuento o las ilustraciones. Señala una fotografía y haz una pregunta. Luego haces una pequeña pausa y contesta tú misma. Por ejemplo: puedes leer "El osito se durmió". Para hablar más acerca de esto tú puedes preguntar: "¿Dónde duerme el osito?" Espera un momento, luego señala a la fotografía y di: "Mira la camita suave donde él está durmiendo". Un día él señalará la cama. En unos pocos meses probablemente dirá "cama".

¿Necesita disciplina un bebé?

No, no a esta edad. Tu bebé es muy tierno para aprender a seguir tus ideas de lo que él debe y no debe hacer. Él está comenzando a aprender lo que significa "no", pero no está listo para recordar lo que tú dices.

Él también es demasiado tierno para hacer algo a propósito que tú le dijiste que no lo haga. Puedes decirle lo que tú le dijiste que no hiciera pero no te enojes si él te ignora. Si está haciendo algo que no te gusta, distráele con un juguete o juega con él. Si no está seguro, llévalo a donde esté fuera de peligro.

El Tiempo de Jugar

Una área segura para jugar en el piso es importante. Revisa el área para asegurarte que está preparada a prueba de niños. Un bebé de 6 a 12 meses necesita poder moverse por sí solo, rodar, gatear, levantarse y ponerse de pie y finalmente, caminar. Deja que descubra los juguetes en el suelo mientras se mueve. Evita ponerle en un corralito por mucho tiempo o de usar un andador.

La mayoría de los bebés gatean. Algunos se dan vueltas o en vez de eso se arrastran ellos mismos alrededor del cuarto.

Usa un cajón bajo en la cocina para los juguetes de tu bebé. Coloca en éste las cosas que tú desees que tu bebé use para jugar. Cuando crezca un poco más, déjale que practique abriendo y cerrando, poniendo las cosas dentro y afuera.

Un bebé no necesita juguetes elaborados. Cosas muy sencillas como una bolsa de papel con una pelota de tenis dentro puede ser suficiente para que él disfrute mucho. Siéntate y observa como tu bebé aprende qué hacer con un nuevo objeto. Él aprende más tratando de descubrir por sí mismo en vez de que tú le enseñes.

Juguetes sencillos que disfrutará:

- Caja de cartón con cubierta que se abre (tú pones las cosas adentro—él las saca)

- Varios recipientes plásticos de comida limpios

- Juguetes que se amontonan y que caben unos en otros

- Bloques grandes y coloridos

- Autos y camiones (vagones)

- Caja de música

- Ollas y cazuelas de metal, cucharas de madera

- Juguetes para jalar y empujar

A los bebés les encanta hacer ruido. Una olla y una cuchara de madera se convierten en un tambor.

Cómo jugar juntos

Bájate al piso y juega con tu bebé. Los juegos tales como "¡te veo!", "patty-cake", "¿dónde está mi nariz?" y "¡suelta el sonajero!" les mantendrá a los dos ocupados y riéndose. Tú descubrirás que tu bebé tiene sentido del humor a una edad tan tierna.

¡Te veo!: Esconde tu cara detrás de un pedazo de tela, como el pañal. Luego remueve la tela, sonríe y di "¡te veo!". Pronto él esconderá su cara detrás de una tela o volteándose y luego te mirará. Este juego les hace reír a los bebés.

"Patty-cake": Bate tus manos juntas (como aplaudiendo) mientras cantas el ritmo de "patty-cake". Puedes crear cualquier ritmo con un buen toque. Al comienzo sostén las manos de tu bebé y bate sus manos con las tuyas.

¿Dónde está mi nariz?: Señala tu nariz con el dedo y di "nariz". Luego señala la nariz de tu bebé y nómbrale. Pregúntale: "¿dónde está tu nariz?". Pronto él podrá señalar a su nariz y a otras partes de su cara también.

¡Suelta el sonajero!: Tu bebé aprenderá este juego el mismo mirando como tú recoges las cosas que él deja caer. Él comenzará a dejar caer juguetes desde su silla o asiento de juego. Tú parte está en recogerlos y dárselos a él. Para hacer que él pare, ponle en el piso donde puede recogerlos él mismo.

Tiempos de Fastidio

Cuando tu bebé está fastidiado o molesto, no necesariamente es que necesita comida, el pecho o un biberón. A no ser que hayan pasado varias horas desde que tu bebé comió, él probablemente está cansado, aburrido o mojado.

Darle el pecho, el biberón o chupón en su boca cada vez que lloriqueé o se queja no va a satisfacer sus necesidades reales. Si siempre le das comida o un chupón primero, tu bebé aprenderá que la mejor forma de resolver un problema es comiendo.

Dormir

Los bebés que están creciendo todavía necesitan dormir bastante. La mayoría continúan tomando dos siestas bien largas **y** duermen 12 horas en la noche. Trata de mantener un horario regular para las siestas y para dormir en la noche. Vas a necesitar ser flexible y poner la necesidad de dormir de tu bebé como prioridad.

Si tu bebé todavía se queda dormido en tu pecho o con su mamila de la noche, o se despierta durante la noche, trata de cambiar la rutina. Dale su última comida más temprano para que le puedas poner a dormir cuando comienza a cansarse, no cuando está agotado. Dale la oportunidad de aprender a quedarse dormido por sí solo. Esto no es sólo por el beneficio de tu descanso. Él necesita dormir para desarrollarse bien.

Cuando los bebés necesitan dormir y cuando ellos quieren dormir pueden ser dos cosas diferentes. A tu bebé le gusta ser parte de la vida familiar. Sin embargo, si no se le acuesta cuando él tiene sueño, se pondrá muy fastidiado. Entonces será muy difícil lograr que se duerma. Puede también despertarse más a menudo durante la noche.

"Cuando llevamos a nuestro bebé de 8 meses de edad a visitar a mis padres, ella había comenzado a dormir toda la noche. En casa de ellos, las paredes son muy delgadas de modo que le daba el pecho cada vez que ella se despertaba para mantenerle callada. Ella se despertó más y más frecuentemente de modo que ninguno de nosotros pudo dormir suficiente. Cuando regresamos a casa, ella se seguía despertando. Finalmente la deje llorar hasta que se durmiera, por unas cuantas noches. Me sentí mal pero pronto ella empezó a dormir toda la noche nuevamente."

Pasos para dormir bien durante la noche

- Observa las señales de tu bebé de que tiene sueño.

- Sigue tu ritual regular de "buenas noches" (baño, dar el pecho o el biberón, un cuento, canción).

- Ponle en la cama cuando está despierto y dale las buenas noches. Sal de la habitación para que él aprenda cómo dormirse por sí mismo. Quizás quiera un chupón o su animalito de peluche favorito para consolarse. Evita darle la mamadera en la cama.

- Asegúrate que tenga siestas regulares también. El dormir poco durante el día no le dejará dormir muy bien durante la noche.

Si uno de los padres regresa a casa tarde del trabajo, quizás desees mantener despierto a tu bebé hasta después de su hora natural de dormir. Ésto no ayudará a ninguno de ustedes, al final, porque tu bebé estará más fastidiado y no dormirá bien. En vez de esto, es mejor seguir las señales de sueño de tu bebé. Trata de aprovechar lo mejor posible el tiempo que tienen juntos en tus días libres.

Despertarse durante la noche

Un bebé mayor que ha estado durmiendo durante toda la noche puede comenzar a despertarse otra vez. Esto generalmente sucede porque él se está preparando a tomar un nuevo paso en su desarrollo tal como aprender a caminar. Si no haces nada para motivarle a despertarse, probablemente no durará mucho.

Si se despierta llorando, ve y mira qué necesita. Si no puedes encontrar ninguna razón para su llanto (tal como un pañal mojado o fiebre), ayúdale a que vuelva a dormirse por sí solo. Evita darle de comer o jugar con él. Muy calmadamente dile que es tiempo para dormir, acuéstale y dale unas palmaditas suaves. Luego sal del cuarto.

Probablemente llore un poco pero dale tiempo para que se calme él solo. Si continúa por más de unos minutos, regresa solamente para decirle que tú estas ahí. Luego sal muy calmadamente. Pronto aprenderá a volverse a dormir solo.

Si tu bebé ha estado compartiendo tu cama o tu habitación, será muy difícil ignorarle cuando se despierte. Sin embargo, está suficientemente crecido para aprender a volver a dormirse por sí mismo. Todos ustedes comenzarán a dormir mejor si él tiene su propia cama en una habitación separada. Si él comparte tu cama hasta que está más crecido, será más difícil animarle para que duerma separado.

Si tienes preocupaciones acerca de los hábitos de dormir de tu bebé, habla con su doctor o enfermera especialista.

Cómo Aprender a Comer Nuevos Alimentos

Durante estos meses tu bebé tendrá grandes cambios en la comida. A los 6 meses, la leche del pecho o fórmula es todavía la comida principal. Para cuando cumpla un año, deberá estar comiendo por sí mismo comida de mesa* blanda y tomando en una taza. El comer con la familia se convertirá en una momento muy especial para él.

*Comida de mesa: los alimentos que tu familia come normalmente.

Tú primera tarea durante este período será dejar que tu bebé pruebe una variedad de alimentos suaves y que pueda comer con las manos. También debes comenzar a darle una cuchara y una taza para que practique. Dale unos pedazos pequeños de comida que él pueda tomarlos y comerlos solo. Escoge alimentos que son seguros para que coma porque no podrá masticar bien hasta que tenga todos sus dientes.

Los alimentos seguros para los 7 a 8 meses serían alimentos bien blandos y hechos puré o pedacitos de cereal secos. A la edad de 1 año, probablemente comerá por sí mismo, pedazos de comida de mesa suaves y pedazos de pan tostado.

Tu bebé podrá controlar lo suficiente sus dedos para comer pedazos suaves de comida.

La leche del pecho y fórmula para un bebé mayor

Hasta la edad de 1 año, la leche del pecho o fórmula continúa siendo la comida más importante para tu bebé. Es mejor amamantarle o darle su fórmula antes de darle los alimentos sólidos, así él recibe la nutrición que necesita. Si estás dando el pecho, esto ayudará para que mantengas tu producción de leche.

Alrededor de 9 a 10 meses, él probablemente estará comiendo más alimentos sólidos y recibiendo más nutrientes de éstos. A este punto él necesitará menos leche del pecho o fórmula. Entonces tú puedes darle sus alimentos sólidos antes del pecho o darle su mamadera.

Si le estás dando el pecho, continúa haciéndolo mientras tú y tu bebé disfruten de ello. La leche del pecho sigue proporcionándole una alimentación especial y le conforta a tu bebé. Además, la leche del pecho se digiere bien, especialmente cuando tu bebé está enfermo.

Tú puedes continuar amamantando mientras los dos, tú y tu bebé quieran hacerlo.

También es importante que tu bebé aprenda a alimentarse él mismo y use una taza. Probablemente tomará el pecho menos porque está comiendo más alimentos sólidos. Muchos bebés de 1 año de edad toman el pecho solamente en la mañana y la noche. Pueden ser amamantados más cuando no se están sintiendo bien.

¿Por qué el cambio de mamadera a una taza a la edad de 1 año?

- A la edad de 1 año los bebés necesitan más otros alimentos y menos leche. Si se utiliza el biberón, él puede recibir demasiada leche. Él necesita de dos a tres tazas diarias.

- Puede ser muy poco saludable dejar que un bebé lleve consigo un biberón o taza de fórmula, jugo u otros líquidos azucarados.

  Si los bebés toman leche o jugo todo el día o llevan su biberón a la cama, se les formarán caries en los dientes.

- Generalmente es más fácil que un bebé de 12 meses deje de tomar el biberón que un preescolar.

Cerca del primer año de edad, puedes cambiar a tu bebé de fórmula a leche de vaca. Mezcla la leche de vaca con fórmula por un mes o dos para que él se acostumbre al sabor. Lentamente aumenta la cantidad de leche y disminuye la cantidad de fórmula.

Si tu bebé es prematuro, continúa con la fórmula hasta por lo menos 12 meses después de su fecha original de nacimiento.

En esta edad necesita solamente de dos a tres tazas de leche diariamente. Parte de esta cantidad puede ser el queso y yogur sin azúcar. La leche tiene calcio, vitamina D y las grasas que un niño, en edad de crecimiento, necesita. La grasa que se encuentra en la leche entera (leche con toda la grasa) es importante hasta la edad de 2 años. Después de 2 años de edad, puedes darle leche con menos grasa.

Tú puedes preferir la leche de soya, pero ésta no tiene los nutrientes suficientes para un niño preescolar. La intolerancia láctea generalmente no afecta a un niño menor de 4 ó 5 años de edad. Si tu bebé parece sentirse muy molesto después de beber la leche de vaca, habla de esto con tu profesional médico o una especialista en nutrición.

Cómo aprender a usar la taza

Dale a tu bebé una taza con una cantidad pequeña de fórmula, leche del pecho, agua o jugo cuando le das la comida sólida. Déjale jugar con la taza. Muéstrale que también tú tomas de una taza. Aun si planeas seguir amamantando, tu bebé puede aprender a tomar otros líquidos en una taza.

Ofrécele a tu bebé agua con sus alimentos. El beber agua es un hábito saludable que le puedes enseñar.

Cómo conseguir que deje el biberón (destetar)

Ayúdale a tu bebé a que sea independiente. Observa las siguientes señales para ver si está aburrido de la mamadera:

- Está mirando a su alrededor mientras come
- Juega con el chupón
- Trata de bajarse de tus rodillas durante la comida

Puede tomar muchos meses para destetarle* del biberón. Ofrécele un poco de agua o fórmula en una taza con sus alimentos sólidos. Dale mamadera solamente durante la hora de la comida. No le des un biberón para que lleve consigo.

A finales del primer año, comienza a darle a tu bebé alimentos sólidos con su biberón. Observa cuánto bebe de su taza. A la edad de 1 año, puedes poner leche de vaca en una taza. Trata de cortarle la mamadera a la hora del almuerzo. Gradualmente deja de darle las mamaderas de la mañana y la noche cuando él está tomando más leche o fórmula en una taza. Puede que se ponga un poco fastidioso durante este tiempo de cambio. Préstale bastante atención y acurrúcale para que sepa que a ti te importa.

Cómo agregar los alimentos sólidos

Prueba nuevos alimentos, uno a la vez. Esto te dará una manera de descubrir si tu bebé tiene una reacción a alguno de los alimentos. Mantén una lista en la gráfica (página 213) de lo que has dado a tu bebé y cómo él reaccionó.

- **Dale cada nuevo alimento durante dos o tres días para ver si tu bebé tiene alguna reacción.** Una alergia alimenticia puede causar diarrea, dolor de estómago, un sarpullido de la piel o dificultad de respirar. Infórmale a tu doctor de cualquier reacción.

Dale a tu bebé una taza que tiene un pico y dos asas. Esto será más fácil para que él aprenda a usarla.

*Destetar: cambiar a tu bebé del pecho o mamadera a una taza.

Prueba a incluir a tu bebé en las comidas familiares lo más posible.

- Comienza con un cereal de arroz. (Capítulo 14) Luego prueba con cebada. Espera hasta los 7 a 10 meses de edad para darle cereal de trigo o un cereal de granos mixtos.

- Después de que tu bebé ha probado varios tipos de cereal, puedes agregar otros tipos de alimentos. Es una buena idea comenzar a darle los vegetales después del cereal. Si los bebés comienzan con frutas dulces, es posible que les gusten menos los vegetales. Añade las carnes al final.

- Evita los huevos hasta por lo menos los 9 meses y mantequilla de maní hasta por lo menos los 12 meses (o a la edad de 2 años si es que tu familia tiene muchas alergias). Si estos alimentos se comienzan muy temprano, pueden causarle alergias.

- **Cuando comienzas con un nuevo alimento, dáselo sin nada, sin mezclarlo con otros alimentos.** Evita el mezclar la comida del bebé hasta que tu bebé haya probado cada alimento individualmente.

- Si tu bebé comienza a comer frutas y vegetales después de los 6 a 7 meses de edad, él podría comenzar con vegetales cocidos o fruta madura hecha puré en vez de darle comida de bebé en botes. Tú puedes hacer tu propia comida de bebé fácilmente y a bajo costo si usas un molinillo de mano pequeño.

Tú puedes usar un molinillo para hacer comida de bebé con la comida que tú preparas para el resto de la familia.

- Cuando tu bebé comienza con algunos alimentos nuevos tales como los chícharos (arvejas) o zanahorias, sus excrementos pueden adquirir el color de la comida que le diste. No te preocupes. Su aparato digestivo necesita acostumbrarse a cada comida nueva.

- Agrega alimentos para comer con las manos como cereal de desayuno con poca azúcar y seco (tal como "Cheerios") y pan tostado o tortillas. Nota: Algunos panes (como "bagels") y galletas de sal se pegan en los dientes. Estos alimentos pueden causar caries a tu bebé si no le lavas los dientes. Los pedazos de pan tostado son mejores para los dientes.

- **Los bebés no necesitan jugos.** Nunca deben reemplazar a la leche materna o fórmula. Un bebé de más de 6 meses de edad no debe tomar más de cuatro onzas de jugo al día.

Menú diario típico
para un bebé de 9 a 12 meses

Ofrécele variedad pero permite que tu bebé decida cuanto come. Estas cantidades serán más para algunos bebés y menos para otros.

Desayuno:
$\frac{1}{2}$ taza de cereal, $\frac{1}{4}$ de taza de banana hecha puré, leche del pecho o $\frac{1}{2}$ a 1 taza de fórmula

Refrigerio:
$\frac{1}{4}$ de taza de queso en rodajas, $\frac{1}{4}$ de taza de una pera cortada en pedazos pequeños, $\frac{1}{2}$ de taza de agua

Almuerzo:
$\frac{1}{2}$ taza de requesón ("cottage cheese"), $\frac{1}{4}$ de taza de verduras cocidas cortadas en pedazos pequeños, leche del pecho o $\frac{1}{2}$ a 1 taza de fórmula

Refrigerio:
2 galletas de sal o rajas de pan de trigo tostadas, $\frac{1}{2}$ taza de jugo diluido de naranja

Cena:
$\frac{1}{4}$ de taza de pedazos pequeñitos de pollo o "tofu", $\frac{1}{4}$ de taza de calabaza cocida, $\frac{1}{4}$ de taza de arroz o fideos, $\frac{1}{4}$ de taza de fruta blanda, leche del pecho o $\frac{1}{2}$ a 1 taza de fórmula

Refrigerio antes de dormir (después, lávale los dientes):
leche del pecho o $\frac{1}{2}$ a 1 taza de fórmula

Si le das jugo, dilúyelo con agua y dáselo en una taza y no en la mamadera. Dale 100 por ciento jugo, no bebidas tipo de jugo azucaradas. Lee las etiquetas.

Evita otras bebidas azucaradas también. El jugo y bebidas azucaradas le dan muy poco o nada de nutrición, pero a los bebés les encanta porque tiene sabor dulce.

Cómo ayudar a tu bebé a comer por sí mismo

A los bebés les encanta ponerse cosas en la boca y hacer lo que tú haces. El primer esfuerzo de tu bebé de comer por sí mismo será el poner sus dedos en la comida y luego en su boca. Él también necesita sentir la comida para aprender acerca de ésta. Probablemente necesitarás darle un baño después de comer.

Dale una cuchara bien pequeña para que él pruebe a usarla. Al comienzo no logrará poner mucha comida en su boca, pero tú le das de comer mientras él juega. Déjale practicar a su manera, aún si hace un desastre. Anímale a que beba de la taza durante las comidas.

Servir una variedad de alimentos

Para cuando sea su primer cumpleaños, tu bebé podrá comer una variedad extensa de alimentos. Es importante darle todos los alimentos que niños y adultos necesitan para estar sanos. Permite que tu bebé decida qué alimentos comer de los que tú le ofreces. Para más información acerca de alimentos nutritivos, lee el Capítulo 9.

Anímale a comer los alimentos que tu familia come junta. Si tú generalmente preparas comidas de tu tradición cultural, él aprenderá a gustar de ellos. Este es un buen momento para asegurarte que las comidas de tu familia sean nutritivas.

Comidas vegetarianas

Si tu familia prefiere comer una dieta vegetariana, asegúrate de darle a tu bebé suficiente proteína. Huevos, queso, leche y yogur serían las mejores fuentes de proteína para él. Es muy difícil para un bebé o niño obtener suficiente proteína de una dieta vegetariana estricta*. Asegúrate de hablar con tu doctor, enfermera especialista o una especialista en nutrición acerca de cómo proveer una dieta vegetariana saludable para tu niño en proceso de crecimiento.

*Dieta vegetariana estricta: una dieta vegetariana sin productos lácteos o huevos.

Seguridad mientras come

Siempre dale de comer a tu bebé en una silla alta u otro asiento. Mírale mientras él come o bebé. Ayúdale a aprender a comer y beber mientras está sentado. Si come mientras está corriendo alrededor, puede atragantarse con su comida.

Usa las bandas de seguridad de la silla alta para prevenir las caídas. Él probablemente tratará de treparse o retorcerse en la silla alta.

Nunca le des a tu bebé trozos redondos y duros de comida como nueces, maíz, fresas, uvas enteras, dulces duros o rodajas de salchicha. Estos alimentos pueden causarle atragantamiento.

A los bebés les gusta la comida tibia pero no caliente. Prueba la comida para asegurarte que no está muy caliente. Coloca un poco de comida en la parte de atrás de tu mano para probar.

Ten cuidado con las quemaduras provenientes de los alimentos calentados en un horno de microondas. Los hornos de microondas calientan la comida muy desigual, por lo tanto, revuelve la comida bien después de calentarla. Siempre prueba la comida y las mamaderas calentadas en un horno de microondas.

Usa platos y cucharas diferentes para los gemelos. Esto ayudará a evitar que los microbios se diseminen.

Prueba la temperatura de los alimentos antes de servirlos. Asegúrate que estén solamente tibios.

Algunos alimentos de adultos NO son para bebés

Para cuando su primer cumpleaños llegue, él podrá comer mucho de lo que el resto de la familia come, si tú lo cortas en pedazos bien pequeños. Sin embargo, algunos tipos de comida de adultos no son saludables para un bebé. Evita darle a tu bebé:

- Bebidas gaseosas y bebidas azucaradas tipo jugo
- Té, café y gaseosas con cafeína
- Cerveza y otras bebidas alcohólicas
- Dulces y refrigerios como palomitas de maíz y papitas fritas

Saca la comida del frasco o bote antes de dárselo a tu bebé. No metas la cuchara que estás usando para darle de comer en la comida del bote.

Cómo Mantener los Nuevos Dientes Sanos

Los primeros dientes de tu bebé son muy importantes. Límpialos bien por lo menos una vez al día con una toallita o un cepillo de dientes muy suave y pequeño. Hasta la edad de 1 año no necesita usar pasta dentífrica.

Si tu bebé no bebe agua que contiene fluoruro, un suplemento de fluoruro le fortalecerá sus dientes. Pregunta al profesional médico de tu bebé si necesita un

Para averiguar si el agua de tu comunidad contiene fluoruro, llama al departamento local de salud pública o a la compañía de agua potable.

suplemento de fluoruro. Algunas ciudades y pueblos agregan a su sistema de agua fluoruro, pero otras no. Llama al departamento de agua potable para averiguar. El agua que se compra en botellas y el agua de pozos generalmente no contienen fluoruro.

¿Entrenamiento del Uso del Baño? ¡No Todavía!

Con frecuencia los nuevos padres se preguntan cuándo pueden comenzar a entrenar a su bebé a usar el baño. Quizás enfrentarás muchas presiones para comenzar pronto. **La cosa más importante de saber es que muy pocos bebés pueden controlar sus evacuaciones hasta por lo menos la edad de 2 a 3.** De modo que, aun si tu guardería infantil desea que tu bebé sea entrenado, es importante que esperes hasta que él este listo.

Entrenar a un niño muy pronto puede hacer que el proceso sea más difícil y se demore más. El niño tiene que haber desarrollado el control de su cuerpo y debe querer hacerlo él mismo. El esperar para empezar el entrenamiento de tu bebé hasta por lo menos la edad de 2 años no es una señal de fracaso de los padres.

Seguridad

Asegura tu casa a prueba de niños pronto y frecuentemente

La curiosidad y exploración son muy naturales en un bebé que está creciendo. Mientras aprende a caminar y a treparse, se meterá en las cosas que tú pensabas estaban fuera de su alcance. Él aprenderá a abrir puertas, gavetas y tapas de las botellas. Algunos niños pequeños pueden alcanzar estantes altos y abrir tapas aseguradas de botellas de medicinas.

Asegura tu casa a prueba de niños. Cierra con llave venenos, medicinas y cosméticos. (Capítulo 10, páginas 188 a 189)

Prevención de caídas

- Sigue usando portillos arriba y abajo de las escaleras.
- Si tu casa tiene un balcón, asegúrate que las rejas tienen barrotes verticales. Si no, puedes cubrir las rejas con una malla.

- Mantén los muebles que él puede trepar lejos de las ventanas. Si tú vives en un piso superior, instala seguros a las ventanas o abre las ventanas solamente unas pulgadas. Mallas protectoras no prevendrán una caída.

- Asegura los estantes de libros, gabinetes, estufa y cómodas de cajones contra la pared. Esto prevendrá que se caigan hacia delante si tu bebé trata de subirse a ellos.

Protección contra el sol

Protege a tu bebé con un sombrero y ropa que le cubra bien si va a estar afuera por largos períodos de tiempo al medio día. Después de los 6 meses de edad, usa una crema protectora contra el sol (GPS* de 15 o más alto). Dará mejor resultado si lo aplicas por lo menos 15 minutos antes de salir.

*GPS: Grado de Protección Solar, un número que te indica cuanta protección la crema provee contra los rayos solares. Fíjate en una crema protectora del tipo que bloquea los rayos UVA y UVB.

Seguridad en el agua

- NUNCA dejes a tu bebé solo, ni aun por un minuto, en el baño o piscina de niños. No esperes que un niño mayor le cuide.

- Si tienes una alberca, asegúrate que tiene una verja en todos los lados y tiene un portillo con llave.

- Vacía las cubetas grandes cuando no las estés usando.

- Coloca seguros en las cubiertas de los inodoros (baños).

Seguridad contra incendios

Revisa frecuentemente las pilas del detector de humo y su operación. Si el detector comienza a "piar", es tiempo de reemplazar las pilas. Haz esto una vez al año, el día del Año Nuevo o en el cumpleaños de tu bebé.

Un asiento convertible para un bebé que crece

¿Está tu bebé todavía usando un asiento sólo para bebés? A la mayoría de los bebés les quedan pequeños este tipo de asientos a la edad de 1 año. Revisa en el asiento el límite máximo de peso y su tamaño. Recuerda, si su cabeza está a una pulgada del tope del forro plástico, él necesita un asiento más grande. El siguiente paso es un asiento convertible.

Si tu bebé prematuro o gemelos son más pequeños que el promedio, ellos pueden continuar viajando mirando hacia atrás del auto después de un año de edad. ¡Esta posición provee la mejor protección!

Tipos de asientos de auto convertibles

Cuando vayas a escoger un asiento de auto más grande, elige uno que le permita viajar mirando hacia la parte de atrás del auto, por lo menos hasta su primer cumpleaños. Fíjate lo que indica la etiqueta para:

- Límite de 30 a 35 libras para posición de mirar hacia atrás. Hoy casi todos los asientos convertibles tienen este límite de peso. Si tu bebé pesa más del promedio (50 por ciento), este modelo le permitirá continuar viajando en la posición más segura.

- Límite de 22 libras para posición de mirar hacia atrás. Los productos antiguos generalmente permitían solamente hasta 20 a 22 libras en posición mirando hacia atrás. Éste puede ser suficiente para bebés hasta de 1 año de edad quienes pesan menos del promedio.

Un asiento que tiene un arnés de cinco puntas puede ser más fácil de ajustar que uno con tirantes de hombros y un protector acolchonado. También será más fácil para tu niño de entrar y salir del asiento, a medida que crece.

Para más detalles, fíjate en el Capítulo 10 (páginas 120 a 122).

Bebé menor de 1 año de edad mirando hacia la parte trasera del vehículo en un asiento convertible.

Niño preescolar mayor de 1 año de edad mirando hacia delante en un asiento convertible.

¡Cuidado! Algunos asientos de auto con posición de mirar hacia delante tienen un límite menor de peso de 20 a 22 libras. Usa estos asientos o una combinación de asiento de niños/asiento elevado para niños mayores de 1 año de edad, quienes son lo suficiente mayores para mirar hacia delante. Este tipo de asiento es ideal para un niño de 2 a 3 años de edad cuya hermanita necesita usar su asiento convertible. No es adecuado para un bebé menor de 1 año de edad.

El Examen de 9 Meses

Preguntas para hacer:

_____

_____

_____

_____

_____

_____

_____

Registro del examen

Fecha: _____   Edad del bebé: _____ semanas

Peso: _____   Largo: _____

Medida de la cabeza: _____

Vacunas:

Durante el examen de 9 meses, la mayoría de los bebés no reciben vacunas. Si a tu bebé se le ha pasado alguna dosis, éste es un buen momento para ponerse al día.

Durante la visita de los 9 a 12 meses, las pruebas para anemia, plomo y tuberculosis pueden hacerse, si son necesarias.

Respuestas a las preguntas:

_____

_____

_____

_____

_____

_____

_____

_____

El Examen de 12 Meses

Preguntas para hacer:

_____

_____

_____

_____

_____

_____

_____

Registro del examen

Fecha: _____   Edad del bebé: _____ semanas

Peso: _____   Largo: _____

Medida de la cabeza: _____

Durante el examen de 12 meses, tu bebé debe recibir las siguientes vacunas. Si no está al día, es importante hacerlo ahora.

_____ Vacuna contra el Polio (3ra dosis, si no la ha recibido)

_____ Hib (4ta dosis hasta los 15 meses)

_____ PCV (4ta dosis hasta los 15 meses)

_____ MMR (1ra dosis hasta los 15 meses)

_____ Varicela (viruela—1ra dosis hasta los 18 meses para niños que no han tenido esta enfermedad)

Respuestas a las preguntas:

_____

_____

_____

_____

_____

_____

_____

_____

Página de Registro: Comienzo de Alimentos Sólidos

5 a 6 meses	6 a 8 meses	7 a 10 meses	9 a 12 meses
cereal de bebé	puré de verduras pedazos pequeños de cereal seco	frutas blandas en puré comida suave de mesa carne suave	comida suave de mesa carne molida rajas de pan tostado

(Continúa la leche del pecho o fórmula durante todo el primer año.)

Fecha	Edad del bebé	Nueva comida dada	Reacción del bebé
___	___	___	___
___	___	___	___
___	___	___	___
___	___	___	___
___	___	___	___
___	___	___	___
___	___	___	___
___	___	___	___
___	___	___	___
___	___	___	___
___	___	___	___
___	___	___	___
___	___	___	___
___	___	___	___
___	___	___	___
___	___	___	___
___	___	___	___
___	___	___	___
___	___	___	___
___	___	___	___

El Segundo Año de Tu Bebé

El cuidado de la salud de tu bebé:

- Exámenes médicos regulares a los 15, 18 y 24 meses.

- Darle todas las vacunas recomendadas para los 15 y 18 meses. Si tu bebé no está al día con las vacunas, hoy es el tiempo para ponerse al día. Va a necesitar más vacunas antes de comenzar la escuela, de los 4 a 6 años de edad.

Acurrúcale cuando él necesite consuelo. Demuéstrale y dile frecuentemente que le amas.

El Habla: Comenzará a usar palabras y puede comprender mucho de lo que tú dices. Habla y escucha.

Juegos: Sus músculos están más fuertes y puede hacer más actividades. Asegúrate que tenga suficiente tiempo para correr, saltar y trepar diariamente.

Provéele juegos sencillos y seguros tales como una pelota, bloques, muñecos, autos de juguete, una cubeta con pala, rompecabezas fáciles, lápices de color, juguetes flotantes para el baño, teléfono de juguete.

Desarrollo del cerebro: Lee junto con él libros con ilustraciones y habla acerca de lo que ustedes dos están haciendo. Evita la televisión.

Cepilla sus dientes con un poco de pasta dentífrica con fluoruro. Llévale al dentista para un examen a la edad de 1 año y luego cada año.

Comida: Tu niño puede comer pedazos pequeños de comida de mesa blandos. Evita comida en botes, ofreciéndole una variedad de alimentos nutritivos y dejándole que él escoja cuanto comer. Coman juntos en familia si es posible.

Durante las comidas, él debe beber de una taza. Si ustedes dos todavía desean amamantar, no hay necesidad de parar. Destétale de la mamadera si todavía la toma.

Dormir: Ayúdale a aprender a dormirse por sí solo sin necesidad de la mamadera o el pecho.

Seguridad: Asegura tu casa a prueba de niños para garantizar que las cosas peligrosas están fuera de su alcance. Usa un asiento de seguridad en cada viaje. Ponle un casco protector si él maneja juguetes.

Establece un buen ejemplo para tu niño.

Parte IV: Ideas Útiles para Padres Nuevos

Capítulo 16

Cómo Cuidar de Tu Bebé Enfermo o Lesionado

Nadie completa el primer año de la vida de un bebé sin tener que sobrellevar algunas formas de enfermedades o lesiones. Algunos bebés sufren con frecuencia de enfermedades pequeñas pero muy incómodas. Algunos bebés, especialmente aquellos quienes nacieron demasiado pronto, tienen necesidades especiales de cuidado de la salud a largo plazo.

Este capítulo te da ideas de cómo enfrentar estas enfermedades o lesiones en el hogar. No te indica cómo curar la enfermedad. El doctor o enfermera especialista de tu bebé, o cualquier otro profesional médico son los lo que deben hacer esto.

Aprenderás a conocer cuando tu bebé está enfermo. Confía en tu propio juicio. Llama a tu doctor o enfermera especialista cuando estés preocupada o no sabes qué hacer. Puedes también usar un libro que habla de síntomas y qué hacer en cuanto a éstos. (Capítulo 18)

Llama cuando tú no estés segura qué hacer. Es mejor preguntar que permanecer preocupada.

En este capítulo se incluye:

- Llamadas a tu profesional médico
- Cómo tomar la temperatura de tu bebé
- Cómo manejar las enfermedades comunes
- Qué hacer en caso de emergencia
- Cómo pedir ayuda—911

¿Adónde Acudir por Ayuda?

Cuando tu bebé se enferma repentinamente o se lesiona, tú necesitas conocer el mejor lugar para llamar o llevarle. Esto dependerá de cuan serio piensas que es el problema.

Si tú piensas que el problema amenaza su vida, llama al 911 o el número para emergencias local (si no es 911). *Si has tenido entrenamiento, dale los primeros auxilios mientras estás esperando.* Para más información acerca de cómo manejar emergencias, ve a la página 229.

*De turno: un doctor o enfermera quien tiene la responsabilidad de contestar las llamadas después de las horas fijas de oficina.

- **Para problemas menos graves, primero llama a la oficina del doctor o enfermera especialista.** Aun si la oficina no está abierta, un doctor o enfermera deben estar de turno*. Tú tendrás que dejar un mensaje y un profesional te volverá a llamar. Si tu plan de salud tiene una línea telefónica para información o de enfermeras, tú puedes llamar ahí después de las horas fijas de atención.

- **Ve a una clínica de atención urgente*** si es que no es una emergencia pero la oficina de tu doctor está cerrada ya y tu bebé necesita atención rápida. Ten en cuenta que tu bebé recibirá el mejor y más consistente cuidado de su propio doctor o enfermera.

*Clínica de atención urgente: una clínica que atiende a pacientes enfermos sin necesidad de citas previas o después de las horas regulares de oficina.

- **Ve a una sala de emergencia solamente** si no hay una clínica de atención urgente y tu bebé necesita ayuda inmediata.

Cuándo Llamar al Doctor o Enfermera

Es razonable llamar en cualquier momento que tú piensas que tu bebé puede estar enfermo. Tú aprenderás a conocer cuándo el comportamiento de tu bebé no es normal. El cuidado a tiempo puede prevenir con frecuencia que una enfermedad se vuelva grave.

El doctor o enfermera te dará algunas ideas de cómo tú puedes ayudar a tu bebé a sentirse mejor. Ella puede ayudarte a decidir si llevar al bebé a la oficina o llevarla a una sala de emergencias.

¿Cómo saber si tu bebé está enfermo?

Ya que tu bebé no puede decirte cómo ella se siente, tú necesitarás observar los cambios en ella. Cualquier comportamiento o mirada que no es normal para tu bebé puede preocuparte. Si estás preocupada, es mejor llamar.

Antes de llamar, hay algunas cosas que tú necesitas observar y escribirlas. Esta información te ayudará a ti y al profesional médico a decidir qué tratamiento puede necesitar tu bebé.

Síntomas de Enfermedad en los Bebés

Tu bebé puede tener varios de estos síntomas alguna vez. Prepárate para dar la información al doctor o enfermera quien necesita tomar decisiones. Lee la siguiente página para más detalles.

Tu bebé necesita tu atención cuando ella no se siente bien.

- Cualquier cambio en el comportamiento normal de tu bebé

- Temperatura sobre los 99º F (38º C) tomada en la axila (un poco más alta si se le ha tomado por el recto o en el oído). Llama inmediatamente si la temperatura de tu bebé sigue subiendo rápidamente. Fíjate en las páginas 221 a 223 para ver cómo tomar la temperatura de un bebé.

- Diarrea (excrementos aguados cada dos horas o menos)

- No hay pañales mojados por 12 horas o más

- Vómito (no escupe después de comer)

- Cuerpo desmadejado, falta de energía

- Barriguita dura y apretada

- No le interesa tomar el pecho o la mamadera

- Respiración rápida o pesada, o períodos de no respirar por 15 segundos o más

- Llanto poco usual o períodos de llanto muy largos

- Gritos, resuello o períodos largos de tos

- Sarpullido en la piel

- Se pone la mano en el oído, se tira el oído

- Lesión de una caída, quemadura, accidente automovilístico o abuso

Síntomas de advertencia en un recién nacido: Capítulo 11, página 143.

Mantén un registro de los síntomas que tú ves para que puedas contestar a las preguntas de tu doctor o enfermera.

Qué cosas decir a tu doctor o enfermera

¿Cuándo notaste por primera vez el comportamiento diferente en tu bebé?

_____ hoy

_____ ayer

Otro momento, ¿cuándo? _____

Temperatura del cuerpo _____

¿Qué método usaste? _____

¿Cuán diferente se ve ella?

_____ No juega

_____ Duerme más de lo normal

_____ Abatida

_____ Llora más de lo normal

_____ Llanto agudo y fuerte

_____ Su voz suena ronca

_____ Tos

_____ Estornudos: si hay mucosidad, ¿de qué color? _____

La respiración:

_____ Rápida

_____ Lenta

_____ Ruidosa

_____ Dificultad de respirar/resuello

La comida/vómito:

_____ No come bien
¿Cuántas comidas le faltan? _____

_____ Ha vomitado casi toda la comida inmediatamente

_____ Ha vomitado entre las comidas
¿Cuán frecuente durante la última hora? _____

_____ Ha vomitado con fuerza (dos a tres pies) (vómito como proyectil)

Los ojos:

_____ La parte blanca está enrojecida

_____ La parte blanca está amarillenta

_____ Llorosos

_____ El bebé se refriega los ojos

La nariz:

_____ Acatarrada (color de la mucosidad _____)

Los oídos:

_____ El bebé se tira del oído (¿oído derecho o izquierdo? _____)

_____ El bebé voltea la cabeza de adelante hacia atrás

Tú aprenderás a conocer cuándo está enfermo tu bebé.

Los pañales:

_____ Número usual de pañales mojados en un día

_____ Número de pañales mojados cambiados en el último día

Excrementos/evacuaciones:

_____ Número usual de pañales sucios en 24 horas

_____ ¿Cuántos pañales sucios en el último día? _____

_____ ¿Bien blanda o aguada?

_____ ¿El color diferente? Describe _____

_____ ¿El olor diferente? Describe _____

La piel tiene sarpullido o manchas:

_____ ¿En qué parte del cuerpo? _____

_____ ¿El color? Describe _____

_____ El bebé parece tener comezón en la piel

_____ ¿Ampollas?

Movimiento del cuerpo poco usual:

_____ Tieso

_____ No se mueve

_____ Nervioso o agitado

¿Has hecho algo acerca de estas preocupaciones?

Qué: _____

_____

Ten un lápiz listo para que escribas aquí lo que el doctor o la enfermera, te diga lo que tienes que hacer.

_____

_____

_____

_____

_____

_____

_____

Cuando Tu Bebé Se Enferma

No todas las enfermedades en los bebés pueden tratarse con medicina. A veces es mejor observar y esperar para ver si los síntomas* se mejoran o empeoran. Por ejemplo, el descanso, los líquidos y mucha atención son la mejor medicina para los resfriados. Una tos, nariz acatarrada o fiebre le ayuda al cuerpo a curarse a sí mismo.

*Síntomas: las señales que el cuerpo de tu bebé da para indicar que ella está enferma, tales como la fiebre, la tos o el llanto.

Si un bebé tiene frecuentemente la misma enfermedad leve, tú aprenderás cómo juzgar los síntomas tú misma. Es mejor consultar al profesional médico de tu bebé en cualquier momento que tú no estés segura qué hacer.

Dar medicamentos a bebés

A tu bebé quizás no le guste tomar la medicina. A continuación están unos consejos para hacerlo más fácilmente:

Una forma fácil de dar la medicina a tu bebé es usando una cuchara de mango hueco.

- Para bebés tiernos, dale la medicina líquida en una jeringuilla especial. Para bebés mayores, tú puedes usar una cuchara para medicinas de mango hueco (la ilustración a la izquierda) adquirida en la farmacia. Sostén a tu bebé en una posición semierecta y pon la medicina lentamente en un lado de su boca, lejos de la lengua. Si la medicina se chorrea, usa una cuchara pequeña para recoger la medicina de su barbilla y vuélvela a poner en su boca.

- Un bebé tierno puede chupar la medicina líquida en una tetina. **No** mezcles la medicina con la fórmula en una mamadera porque el bebé quizás no la tome para nada.

- Para dar una píldora a un bebé mayor, tritura la píldora hasta que esté en polvo. Mézclala con un poco de comida blanda como el puré de manzana. (La ilustración en la siguiente página muestra cómo triturar una píldora.)

- **Nunca** le digas a un bebé que la medicina tiene un buen sabor si no es verdad. Pregúntale a un bebé mayor cómo es el sabor.

*Recetar, receta: las instrucciones del doctor para la farmacia para una medicina.

Cómo utilizar los antibióticos correctamente

Si tu doctor le receta* un antibiótico para tu bebé, asegúrate de darle el período completo (generalmente de

7 a 10 días). Esto es muy importante aún si ella se siente mejor. Si sólo se toma parte de la medicina, la bacteria en el cuerpo de tu bebé puede volverse inmune a ésta. Eso significa que en el futuro el antibiótico quizás no pueda curar una enfermedad similar.

Los resfriados y otras enfermedades causadas por viruses no pueden curarse con antibióticos. Algunos doctores pueden recetar antibióticos más frecuentemente de lo necesario porque los pacientes lo desean. El uso innecesario de éstos puede ser peligroso para tu niño.

Para triturar una píldora fácilmente, ponla entre dos cucharas y presiónalas juntas.

Cómo Tomar la Temperatura de Tu Bebé

La fiebre es un síntoma de enfermedad. Tú no puedes ver si es fiebre tocando la frente de tu bebé. La mejor forma de medir la temperatura de tu bebé es usando un termómetro. Es importante aprender cómo tomar su temperatura correctamente.

Existen tres lugares en dónde tomar la temperatura de un bebé:

1) En la axila (axilar)

2) En el oído (timpánico) después de los 3 meses de edad

3) En el recto en medio de las nalguitas (rectal)

Como tomar la temperatura en el recto en medio de las nalguitas (rectal).

Un bebé no es lo suficientemente mayor para tomarle la temperatura por la boca (oral). Usa uno de los métodos arriba indicados hasta que ella sea mayor y pueda mantener la boca cerrada alrededor del termómetro. Esto sucede entre las edades de 3 y 6.

Muchos padres de bebés descubren que el método de la axila es el más fácil de todos. Además es el más cómodo para sus bebés, especialmente si ella se está sintiendo enferma y fastidiosa. El método timpánico es el más rápido.

El método rectal es el menos cómodo para un niño enfermo y puede causarle daño, especialmente si se usa un termómetro con una punta delgada. No es generalmente necesario, a no ser que otros métodos más fáciles no pueden ser usados. En la mayoría de las situaciones, el método de la axila es el más exacto.

Asegúrate de decirle al profesional médico qué método tú empleaste. Si tu doctor prefiere el método rectal, habla con ella acerca de cualquier preocupación que tú puedas tener.

Tipos de termómetros:

- Digital: es fácil de usarse y leerlo; no es caro; puede usarse en la axila de un bebé o en la boca de un niño mayor; viene con envoltorios plásticos desechables.

- Timpánico: para leerse rápidamente en el oído; debe insertarse adecuadamente; es caro.

- Termómetros de cristal: no se recomienda.

- Tiras para la temperatura: se usan en la frente; fáciles pero no son muy exactas.

Advertencia: Envenenamiento con Mercurio

La Academia Americana de Pediatría (AAP) recomienda que no se usen los termómetros de vidrio porque el mercurio en éstos es venenoso. El mercurio causa problemas serios de salud y del medio ambiente. Si tienes uno, reemplázalo con un termómetro digital o timpánico lo más pronto posible. Desecha los termómetros de vidrio en un sitio para desechos de sustancias nocivas en tu área. Llama a tu departamento local de salud para saber dónde desecharlo.

Nunca permitas a un niño jugar con un termómetro de vidrio. Si uno se rompe, no dejes a nadie jugar con el mercurio. El AAP recomienda que se recojan las gotas de mercurio en un pedazo de cartón y se pongan en dos bolsas plásticas. Lleva a un sitio de desechos de sustancias nocivas.

Cómo tomar la temperatura en la axila

Sostén a tu bebé en tus brazos o en tus rodillas. Voltea el termómetro digital y coloca una envoltura en la punta delgada. Levanta su brazo y coloca la punta delgada en medio de la axila. Baja su brazo y sostén el termómetro contra su lado hasta que el termómetro te señale que ya es tiempo. Distráela meciéndole, cantándole o enseñándole un libro.

Lee la temperatura en la pantalla pequeña. Luego desecha la envoltura plástica que usaste.

No remojes el termómetro digital en agua. Para limpiarlo, si es necesario, simplemente lava la punta delgada con agua y jabón o con alcohol isopropil.

Cómo tomar la temperatura en la axila: primero, coloca la punta de un termómetro digital en su axila (arriba).

Cómo tomar la temperatura en el oído

Si tienes un termómetro timpánico, pregúntale al doctor de tu bebé o enfermera, qué edad debe tener tu bebé antes de que tú lo uses. Lee y sigue las instrucciones con mucho cuidado para tomar la temperatura correctamente.

Acuesta a tu bebé de espaldas en la cuna o en una superficie plana y segura como el piso. Voltea su cabeza hacia un lado para que sea fácil ver su oído.

Si deseas tomar la temperatura en el oído derecho, sostén el termómetro con la mano derecha. Para usar en el oído izquierdo, sostén el termómetro con la mano izquierda. Usa el mismo oído cada vez.

Luego, sostén el brazo de tu bebé hasta que el termómetro pite.

Jala la parte exterior del oído de tu bebé hacia atrás y dirige la punta del termómetro hacia el orificio. Da la vuelta el escáner y sigue las instrucciones.

¿Qué significa una lectura de la temperatura?

Los bebés usualmente tienen una temperatura normal más elevada que los niños mayores o adultos. Una temperatura que se toma en el oído o el recto tendrá una lectura más alta, una temperatura oral será un poco más baja y la temperatura axilar será aún más baja.

Una temperatura normal para un bebé o un niño pequeño es alrededor de 98.6° F* o 37.0° C*. Si se toma en la axila, puede ser un poco más baja. Si se toma por el recto u oído, será un poco más alta.

Toma la temperatura de tu bebé unas cuantas veces para ver cuál es cuando ella no está enferma. Naturalmente, será un poco más alta en la noche que en

*Celsius y Fahrenheit: sistemas para leer la temperatura. Una lectura Celsius está marcada con una "C". Una lectura Fahrenheit está marcada con una "F".

la mañana. Un bebé que está vestido con mucha ropa o un niño muy activo puede tener la temperatura un poco más alta pero no estar enfermo.

La mayoría de los termómetros en los Estados Unidos están marcados con el sistema Fahrenheit. Muchos hospitales y algunos profesionales médicos usan medidas "Celsius" o "centígrados". Los dos sistemas usan números diferentes para la misma temperatura.

Escribe la temperatura de tu bebé y la hora en la que tomaste para que puedas decirle al profesional médico. Dile al doctor o enfermera como tomaste la temperatura.

Maneras de Cómo Bajar la Temperatura

Una fiebre no es una enfermedad sino una señal del cuerpo de que tu bebé está peleando a una enfermedad. El bajarle la temperatura a la normalidad con medicamento no quiere decir que la enfermedad ya se curó. Las siguientes son maneras de bajarle la temperatura y mantenerle cómoda.

- Vístele ligeramente y evita muchas mantas.
- Mantén el cuarto confortablemente fresco.
- Dale el pecho frecuentemente o dale su fórmula. (Un niño preescolar o mayor puede necesitar también agua.)

*Ataque: Convulsión (un síncope) en el cual la persona pierde el control de los músculos, con frecuencia causando una tembladera violenta. Un ataque febril es causado por fiebre alta.

Una temperatura bien alta, más de 101° F o 38.4° C es muy seria y puede conducirle a ataques febriles*. Asegúrate de llamar al doctor o enfermera especialista inmediatamente. No le des medicamentos para la fiebre sin hablar con él primero.

Cómo Cuidar las Enfermedades Comunes

Sarpullidos

Muchos recién nacidos tiene manchas y sarpullidos leves. Generalmente éstos no son nada para preocuparse y desaparecen en unos pocos días. Un sarpullido no quiere decir que un bebé esté enfermo.

Llama a tu doctor o enfermera especialista si aparece un sarpullido que no habías visto antes o que te preocupa. Llama si las manchas parecen estar infectadas (con ampollas o con centros llenos de pus). También llama si ves manchas rojizas oscuras o moradas que son planas.

Irritación del pañal

La irritación del pañal es un sarpullido rojizo y granoso debido a la piel sensible o pañales mojados o sucios que se dejan puestos por mucho tiempo. Esto sucede con más frecuencia a los bebés mayores de 6 meses de edad. Lee el Capítulo 6 para ver las maneras de prevenir este sarpullido común.

Cómo curar la irritación del pañal:

1) Lávate las manos antes y después de cambiar el pañal a tu bebé.

2) Lo más importante: mantén la piel seca y limpia. (Pañales desechables súper absorbentes tienen un forro que ayuda a mantener la piel seca.)

3) Si usas pañales de tela, usa una pantaloneta que respire, no pantalones plásticos. También déjale sin la pantaloneta a veces, cuando el bebé no esta en los brazos. (Coloca una colchoneta impermeable debajo de tu bebé.)

4) Quítale los pañales en cuanto estén sucios o mojados. Limpia el área suavemente con agua tibia. Evita usar jabones perfumados o limpiadores de pañales comerciales. Éstos pueden empeorar la irritación más. Déjale sin pañal por un rato para dejar que el área se seque.

5) Aplica una pomada con óxido de cinc (tales como Desitin o Balmex) en la irritación.

6) Deja las nalguitas de tu bebé al descubierto durante un rato cada día. Déjale jugar desnuda encima de un pañal o en una colchoneta impermeable. Si la irritación también está adelante, déjale acostada de espaldas desnuda también.

El aire fresco en el cuerpo de tu bebé le ayudará a prevenir la irritación del pañal.

7) Si la irritación de tu bebé no se mejora en dos o tres días, prueba otro tipo de pañal o una marca diferente de pañal desechable.

Si estos remedios no funcionan, llama a tu doctor o a la enfermera especialista.

Diarrea y vómito

*Diarrea: excrementos aguados, más frecuentes que lo normal.

No existen medicinas que curen la mayoría de los vómitos y diarrea*. Generalmente el mejor tratamiento es evitar que tu bebé pierda mucho líquido (deshidratación). Aprende las señales de deshidratación abajo.

Continua dándole el pecho o su fórmula. No le des bebidas azucaradas o medicinas para diarrea.

Darle el pecho a tu bebé cuando está enferma puede ser muy consolador para ella.

Llama al profesional médico si tu bebé tiene diarrea con vómito cada una o dos horas. También fíjate si hay señales de deshidratación.

*Solución electrólita: un líquido que contiene los nutrientes que tu bebé necesita cuando está deshidratada.

El profesional médico puede decirte que pares de darle toda comida por un tiempo corto y darle una solución electrólita* que se puede encontrar en una farmacia. NO le des remedios caseros como "ginger ale" o gelatina. Éstos pueden empeorar la diarrea.

Señales de Deshidratación Leve

- Poca energía
- Menos pañales que lo normal
- Boca seca

Señales de Deshidratación Grave

Lleva a tu bebé a la sala de emergencias inmediatamente si descubres cualquiera de las siguientes señales:

- Muy soñoliento o lánguido
- La piel arrugada
- Las manos y pies fríos
- Ojos hundidos
- No hay pañales mojados por algunas horas
- Las áreas blandas (fontanelas) en la cabeza están hundidas

Muchos microbios pueden causar vómito y diarrea. La mayoría de estos microbios se transmiten fácilmente de una persona a otra, especialmente en una guardería infantil u otro lugar donde muchos bebés y niños pasan juntos algún tiempo. Es muy importante que el personal de la guardería infantil quienes cambian los pañales, se lave sus manos bien cada vez para evitar la transmisión de microbios. Ellos también deben limpiar bien el área después de cada cambio de pañales o usar colchonetas desechables cada vez que cambian los pañales.

Algunos de los microbios que causan la diarrea pueden encontrarse en alimentos tales como carne molida, pescado, pollo y huevos, que estén crudos o no completamente cocidos.

Estreñimiento (constipación)

Muchos padres se preocupan acerca de la frecuencia de las evacuaciones de su bebé. Después del período de ser recién nacidos, algunos bebés tienen una evacuación solamente cada dos o tres días. Otros las tienen mucho más frecuentes. Si el excremento es muy duro, puede ser muy duro para evacuarlo.

Los bebés que reciben el pecho muy raramente se estriñen. Los excrementos de un bebé generalmente se endurecen cuando se cambia de la leche materna o fórmula a leche de vaca.

Una vez que el bebé comienza a comer alimentos sólidos, la mejor forma para evitar la constipación es darle suficientes frutas, verduras, cereal de grano entero y agua con las comidas. Las ciruelas pasas y el jugo de ciruelas pasas son buenos para mantener los excrementos blandos. No le des ningún laxante u otro remedio a no ser que el doctor de tu bebé o su enfermera especialista te dicen que lo hagas.

Resfriados

Los microbios de los resfriados son tan comunes a nuestro alrededor que es muy difícil evitar que un bebé no se resfríe. Los resfriados son causados por viruses, de manera que los antibióticos no los curan.

La mayoría de los resfriados se mejoran en una semana. Sin embargo, si tu bebé es menor de 3 meses de edad, es importante decirle a tu doctor o enfermera especialista acerca de sus síntomas. Si tu bebé fue prematuro o tiene problemas en los pulmones o el corazón, es también importante llamar a su doctor o enfermera.

"Durante la primera semana después de que mi bebé dejó de recibir el pecho cuando tenía 11 meses, estuvo realmente estreñida. Finalmente le di de comer puré de ciruelas pasas. Esto le ayudó mucho pero ella todavía tenía dificultad en evacuar. Después de eso, la situación mejoró."

Generalmente los síntomas de un resfriado son:

- La nariz gotea o hay congestionamiento, estornudos
- Una fiebre leve
- Tos
- Menos apetito que lo normal

Asegúrate que tu bebé reciba suficientes líquidos y descanse. Nunca le des a un bebé medicamentos para resfriados a no ser que tu profesional médico te los recomiende.

Por cuanto tu bebé no puede sonarse la nariz, tú puedes extraer la mucosidad con un bomba extractora de hule. Extrae la mucosidad de su nariz antes de cada comida, si es que a tu bebé se le dificulta amamantar.

Extrayendo la mucosidad de la nariz de un bebé con una bomba. Aprieta la bomba (arriba), luego métela y afloja.

Cómo utilizar una bomba extractora

- Pon unas gotas de una solución salina (agua sal) en la nariz de tu bebé para aflojar la mucosidad. Puedes comprar la solución salina en una farmacia. Para prepararla tú misma, mezcla $\frac{1}{8}$ de una cuchara de sal y una pizca de bicarbonato con 8 onzas de agua tibia y mezcla bien.
- Aprieta y sostén la bomba.
- Coloca la bomba en un orificio nasal (hoyo en la nariz del bebé) con la bomba comprimida.
- Afloja la bomba.
- Retira la bomba y apriétala contra un papel higiénico. Repite si es necesario.
- Limpia la bomba con agua y jabón, enjuágala, aprieta y saca toda el agua y déjala secar con al aire.
- Lava tus manos antes y después.

Un humidificador con un vaho fresco (no un humidificador de vapor) aumenta la humedad al ambiente. Esto puede ayudar a aflojar la mucosidad gruesa en su nariz. Lava el humidificador cada día con jabón o vinagre blanco para evitar que crezcan microbios en el agua.

Tu bebé con resfrío puede respirar mejor en una posición semi inclinada en vez de acostada. Tú la puedes sentar en un asiento de bebés o en un asiento de seguridad para autos.

Llama al doctor o enfermera si tu bebé enfermo demuestra señales de una infección más grave:

- Respiración muy rápida o pesada
- Fiebre, temperatura sobre 101° F o 38.4° C (lee las páginas 222 a 224), especialmente si está subiendo rápidamente
- Mucosidad gruesa y verdusca en su nariz
- Tos profunda y frecuente
- Dolor de oído
- La piel gris-azulada

ADVERTENCIA:
Un resfriado que no es un resfriado

RSV (Virus Sincitial Respiratorio-VSR), un virus que parece resfriado, puede causar enfermedades graves en bebés prematuros o aquellos con problemas en los pulmones o el corazón. Un resfriado leve puede volverse de repente grave. Si tu niño comienza a tener dificultades al respirar, está respirando rápidamente o tiene una tos profunda, llama al doctor o enfermera especialista inmediatamente.

Infecciones del oído

Tu bebé probablemente tiene dolor del oído si está fastidiosa, especialmente cuando está acostada, o se frota o tira del oído. Un resfriado puede diseminarse hasta el oído el cual puede infectarse. Esto causa dolor y fiebre. Llama a tu doctor o enfermera para saber cómo cuidar de tu bebé.

Qué Hacer en Caso de Emergencias

En la mayoría del país, el número telefónico para emergencias 911 te conectará con la policía, bomberos y servicios de rescate. La operadora te enviará ayuda lo más pronto posible. Prepárate para decirle cuál es el problema y dónde estás tú. Quédate en el teléfono. La operadora puede aconsejarte qué hacer mientras esperas.

NOTA: Muchos sistemas de emergencias pueden saber dónde estás localizada aun si tú no sabes el domicilio. Sin embargo, esto no es posible si estás llamando con un teléfono celular.

Primeros auxilios* y RCP ("CPR") (Reanimación Cardiopulmonar) para bebés

*Primeros auxilios: cuidado que se presta en una emergencia, antes de que el personal médico llegue, o antes de que vayas a la sala de emergencias.

La respiración y el corazón pueden pararse como resultado de ahogos, envenenamiento, asfixia, inhalación de humo, atragantamiento, enfermedades pulmonares o la posibilidad de SMIS (SIDS). ¡El cuidado inmediato hace una gran diferencia!

Comienza RCP inmediatamente. Pide a otro adulto o a un niño mayor que llame al 911 inmediatamente.

El método para bebés de RCP es especial debido al tamaño del bebé y los huesos frágiles del pecho. Algunos libros sobre cuidado infantil dan instrucciones pero el tomar una clase es mucho mejor. El método es complejo y tú debes practicarlo hasta que se vuelve casi automático. El entrenamiento te da la oportunidad de ver el método demostrado y de practicar con un maniquí especial.

Si tienes una piscina (alberca) o vives cerca de un río o lago, es esencial aprender RCP para bebés, niños mayores y adultos. Nunca uno sabe cuando lo puede necesitar.

Tomar una clase en primeros auxilios y RCP para bebés. Puede salvar una vida. Además te puede ayudar a manejar emergencias y otras lesiones más comunes que no necesariamente son peligro para la vida. Te ayudará a saber cuales son las que necesitan el cuidado de un doctor. Practicando estos métodos en un entrenamiento es la mejor manera de aprenderlos.

Para tomar clases, llama a la sucursal de la Cruz Roja Americana, el departamento de bomberos o una sucursal de la Asociación Americana para el Corazón.

En Caso de Emergencia
Llama al 911 Inmediatamente

Problemas que requieren atención inmediata:

- Una lesión grave o ahogamiento
- No puede respirar (piel pálida o azulada)
- Perdida de conocimiento
- Envenenamiento
- Hemorragia que no para

Enseña a tus hijos mayores cómo llamar al 911 en caso de emergencia. Asegúrate de que ellos permanezcan en el teléfono para hablar con la operadora.

Atragantamiento

El toser cuando comida o líquido se va por el lugar equivocado, puede parecer terrible pero casi nunca es dañino. Deja que tu bebé tosa.

Atragantamiento sin embargo es un peligro a la vida. Cuando un objeto obstruye la vía respiratoria de un bebé (o de cualquier persona), la respiración se para. El bebé no puede toser o hacer ningún ruido normal. Su cara se volverá azul.

Si esto sucede, actúa inmediatamente. Pide a otro adulto (si es posible) que llame al 911. No metas tu dedo para tratar de sacar el objeto. Podrías empujarlo más hacia adentro. Sigue los pasos a continuación.

Primeros auxilios para atragantamiento:

1) Coloca al bebé boca abajo (mira la ilustración) y la cabeza hacia abajo, sujetándole la cabeza y el cuerpo.

2) Dale cinco golpes firmes en la espalda, entre los omoplatos, con la base de la palma de la mano.

3) Si todavía ella no respira, dale la vuelta y haz cinco compresiones rápidamente en el pecho, entre los pezones, con la parte acolchonada de dos dedos (no las puntas).

4) Si esto no ha dado resultado, fíjate dentro de la boca. Si tú puedes ver un objeto, voltea la cabeza del bebé de un lado. Barre tu dedo de un lado de la garganta al otro para sacar el objeto. No introduzcas el dedo recto. Si no puedes ver nada, prueba los pasos 1 al 3 nuevamente.

5) Trata de comenzar la respiración dando respiración artificial o RCP ("CPR") para infantes hasta que la ayuda de emergencia médica llegue. Haz esto solamente si el bebé esta inconsciente y tú has recibido entrenamiento.

Cómo sostener a un bebé atragantado y golpear su espalda si es que ella se ha atragantado y no puede respirar.

Lesiones del cerebro

Si tu bebé se cae o se golpea la cabeza fuertemente, ella puede simplemente tener un chichón en su cabeza. Sin embargo, ella puede recibir una lesión en el cerebro. Observa si hay señales de lesión del cerebro por 24 a 48 horas por lo menos. Si observas las siguientes señales después de la caída, llama al profesional médico inmediatamente:

- Pérdida de conocimiento, inmediata o después de unas pocas horas
- Demasiado sueño o dificultad en despertarse en la noche. Trata de despertar a tu bebé varias veces durante la primera noche después de una lesión.
- Dolor de cabeza o fastidio extremo
- Vómito más de una o dos veces
- Respiración irregular
- Ataque

Ataques

Si tu bebé tiene un ataque, voltéala de un lado para que cualquier líquido pueda salir de su boca. No pongas nada en su boca. El ataque se parará por sí solo en unos pocos minutos. Llama al doctor.

Envenenamiento

Los diferentes tipos de envenenamiento tienen diferentes tratamientos. Si tú encuentras a tu bebé con una sustancia venenosa, pide consejo inmediatamente. Llama al 911 o tu centro para el control de envenenamiento local. Ten listo el paquete, recipiente o una muestra (como una hoja o fresa, por ejemplo). Guarda el número del centro para el control de envenenamiento cerca del teléfono.

Asegúrate de llamar si tú piensas que tu bebé puede haberse tragado un veneno.

No induzcas a tu bebé a vomitar a no ser que el personal de emergencias médicas o expertos del centro para el control de envenenamiento te digan que lo hagas. Vomitar algunos venenos puede causar más daño a la garganta.

Señales de Envenenamiento

Llama al 911 si tu bebé demuestra alguna de estas señales:

- Dolor agudo de garganta
- Babeando excesivamente
- Dificultad en respirar
- Ataques
- Adormilado que no es normal

Si te han dicho que induzcas el vómito de tu bebé, usa jarabe de ipecac. Mantén el jarabe de ipecac en tu botiquín de primeros auxilios. Consigue una botella fresca cada año.

Si tu niño no demuestra señales de envenenamiento, pero tú piensas que ella se pudo haber tragado algo venenoso, llama al centro para el control de envenenamiento de tu localidad para pedir consejo.

Quemaduras

Si no hay ampollas o lastimados en la piel, inmediatamente sumerge la zona quemada en agua fría por unos pocos minutos. Esto puede evitar que la quemadura se empeore al mantener la piel fría. Si la quemadura está en una área pequeña solamente, una área enrojecida y adolorida, tú puedes simplemente cubrirla. No pongas mantequilla o aceite sobre ésta, esto puede hacerle peor. Observa para asegurarte que se cure.

Si el área quemada tiene ampollas, el profesional médico quizás desee ver a tu bebé. Llama al doctor o enfermera para averiguar.

Si la quemadura ha causado llagas abiertas, tu bebé debe recibir atención médica inmediatamente. Cubre el área con un trapo limpio (apósitos estériles si los tienes). Luego ve a la sala de emergencias.

En la página siguiente hay espacio para mantener el registro de cualquier enfermedad o lesiones que tu bebé ha tenido.

Anotaciones acerca de Enfermedades y Lesiones

Guarda una lista de los problemas de salud de tu bebé o de lesiones. Anota la fecha, el problema, el tipo de tratamiento y las medicinas que se le dieron. También fíjate en la página de registro en el Capítulo 18, página 263.

_____

_____

_____

_____

_____

_____

_____

_____

_____

_____

_____

_____

_____

_____

_____

_____

_____

_____

_____

Capítulo 17
Bebés que Necesitan un Cuidado Especial

La mayoría de los bebés nacen saludables. Sin embargo, algunos bebés tienen problemas de salud que requieren un cuidado especial. A veces es posible explicar por qué un bebé tiene tales problemas de salud. Para otras condiciones no hay explicaciones. Es importante que los padres traten de no culparse ellos mismos o uno al otro. Si tú te sientes culpable, puede servirte de ayuda el hablar con una consejera.

Es muy importante que te concentres en el cuidado de tu bebé. Tú atención es tan importante como todos los medicamentos y equipos de la medicina moderna. Tú serás una socia en el proceso de sanación de tu bebé.

Tu bebé puede necesitar quedarse en el hospital por unos pocos días o semanas más, en una unidad especial, o ser trasladado a un hospital para niños. Él mejorará si tú puedes pasar bastante tiempo con él. Él aprenderá a conocer tus caricias

En este capítulo se incluye:

- Qué puedes esperar si tu recién nacido tiene un problema médico
- El ser prematuro
- Defectos de nacimiento
- Bebés afectados por drogas
- Llevar a casa a un bebé con problemas especiales de salud
- El uso de asientos de seguridad para un bebé con necesidades especiales
- Lamentación cuando un bebé muere

y tu voz. Por lo general las enfermeras y otro personal ayudan a los padres e infantes para que estén más cerca uno del otro. Ellos te permitirán que les ayudes con el cuidado lo más posible.

Todos los bebés, aun aquellos que nacen mucho antes de tiempo o muy enfermos, están conscientes de lo que está pasando alrededor de ellos. Un bebé nacido a las 26 semanas puede sentir tu caricia cariñosa, oír tu voz, disfrutar cuando se le envuelve y mirar a objetos en movimiento. A él le encantará que le sostengas en brazos y le acunes, pero se cansara fácilmente. Unos pocos minutos pueden ser suficientes para él.

Las Condiciones que Preocupan

La condición especial más común es el nacimiento antes de tiempo (prematuro). Algunos bebés que nacen prematuramente pueden simplemente necesitar tiempo y alimento para crecer y subir de peso. Otros tienen problemas médicos. Con frecuencia los órganos del bebé no están todavía listos para funcionar bien.

Algunos bebés tienen defectos de nacimiento que se desarrollaron durante el embarazo. Otros tienen problemas de salud que comenzaron durante o inmediatamente después del nacimiento.

Cuidado Intensivo de un Recién Nacido

Si tu bebé tiene problemas serios de salud, probablemente será colocado en una unidad de terapia intensiva neonatal (NICU) o unidad de cuidado especial para bebés (ISCU). Puede ser que tenga que ser trasladado a un hospital especial. Éste tendrá el personal y equipo para atender a sus necesidades.

Tu bebé será atendido por un pedíatra neonatólogo, un médico con entrenamiento en referencia a los problemas de un recién nacido. Otros especialistas médicos tal vez tomen parte en el cuidado de tu bebé. Enfermeras especialistas neonatales, quienes reciben también un entrenamiento especial, se encargarán mucho de su cuidado. Puede haber también muchos otros profesionales para ayudarles a ti y a tu bebé, tales como los residentes e internos (doctores que están terminando su entrenamiento), especialistas en terapia física, trabajadoras sociales y clérigos.

Bebés Prematuros

Un bebé normal promedio nace alrededor de las 40 semanas de edad de embarazo* y puede pesar alrededor de 7 libras. Bebés prematuros, que nacen antes de las 37 semanas de edad de embarazo, generalmente pesan menos de las 5 ½ libras. Un bebé nacido antes de las 30 semanas es muy prematuro. Pocos bebés que nacen antes de las 25 semanas sobreviven. Mientras más temprano nace un prematuro, más cuidado necesitará y más alto será el riesgo de tener problemas de salud.

Edad de embarazo: la edad aproximada de un bebé al nacer. Ésta se basa en el número de semanas desde el comienzo del último período menstrual antes del embarazo.

Los gemelos y trillizos generalmente nacen antes de tiempo. Su peso puede ser bien diferente. En algunos casos uno tendrá complicaciones médicas y el otro (u otros) no.

Los bebés aumentan mucho en grasa y músculo durante el último mes en el útero. Un bebé que llega antes de tiempo se verá bien pequeño y delgado porque él no tiene todavía la gordura acostumbrada. Sus brazos y piernas pueden parecer caídos ya que los músculos no están bien desarrollados. Su piel es delicada y delgada de modo que se pueden ver sus venas. Él tendrá pelo suave como plumas en su espalda y cara. Su cabeza será más grande que su cuerpo. Sus orejas se doblan fácilmente.

El sostener a un bebé tan pequeño puede infundir temor al comienzo. Piensa que él necesita sentirte cerca y escuchar tu voz.

Muchos de los problemas de los bebés prematuros se deben a que los órganos no están desarrollados completamente. Un bebé prematuro es más que seguro que tendrá mucha dificultad en chupar y tragar o chupar y respirar al mismo tiempo. Él puede dejar de respirar por 15 a 20 segundos a la vez. Él tiene mucha dificultad en mantenerse abrigado y no puede luchar fácilmente contra las infecciones.

Estos tipos de problemas por lo general pueden controlarse en la NICU. Un bebé se mantendrá abrigado y protegido contra microbios lo más posible. Muchos de los tubos y monitores a los que está conectado le ayudan para que sus órganos funcionen mejor. Con tiempo, probablemente se librará de estos problemas.

El cuidado al estilo canguro significa acurrucar a tu bebé contra tu piel. Esto puede ser muy calmante para ustedes dos.

El cuidado al estilo canguro puede ser muy nuevo en algunas NICU y ISCU. Habla con el personal acerca de probar este método sencillo de acurrucar.

Cómo puedes criar a tu bebé prematuro:

- Tócale muy cuidadosamente.
- Háblale suavemente y mírale a sus ojos.
- Sostenle con sus brazos pegaditos a su cuerpo.
- Envuélvele bien ceñido.
- Mécele en tus brazos.
- Sostenle al estilo de "canguro" con su piel pegada contra la piel de tu pecho.

Los bebés prematuros tienen el mismo comportamiento para dormir, jugar y llorar que los bebés de término completo. (Capítulo 8) Sin embargo, ellos probablemente dormirán más. Ellos también necesitan chupar, especialmente si están recibiendo el alimento a través de un tubo. El chupar una tetina pequeña o tu dedo limpio puede ayudarle al bebé a sentirse feliz y a desarrollarse bien.

A medida que tu bebé prematuro crece, su desarrollo será un poco más retrasado en referencia a un bebé de término completo. El desarrollo de un bebé prematuro se relaciona con su fecha en la que debía nacer y no la fecha en la que nació. Si él nació ocho semanas antes de tiempo, probablemente comenzará a hacer cosas nuevas alrededor de dos meses más tarde que un bebé de término completo. Él se igualará después de un tiempo.

La leche del pecho puede ayudarle a tu bebé prematuro

La leche del pecho de una madre que da a luz prematuramente, es especialmente buena para su bebé. Ésta tiene más proteína y calorías que la leche de una madre que da a luz a un bebé de término completo. Es fácil para un bebé digerir y le protegerá contra las enfermedades. Bebés prematuros que reciben leche del pecho demuestran menos estrés que aquellos que reciben fórmula.

Algunas mamás sienten que el darles su leche materna es una de las pocas cosas especiales que ellas pueden hacer por sus bebés. Otras mamás sin embargo prefieren consolar a sus bebés tocándoles y hablándoles.

Dependiendo de la condición del bebé, una madre puede comenzar a darle el pecho en la NICU, tan pronto como a las 32 a 34 semanas. Aun si tu bebé todavía no puede chupar, puede ser alimentado con tu leche materna. Tú puedes extraer la leche de tus pechos y guardarla para su uso. Habla con el doctor y la especialista de lactancia, si tú deseas hacer esto.

Los bebés que han recibido una fórmula especial con frecuencia pueden cambiar a la leche del pecho aun después de varias semanas, si la mamá ha estado extrayendo la leche de sus pechos. Una vez que el bebé comienza a chupar, los pechos de la mamá responderán y la cantidad aumentará. Al comienzo las comidas serán cortas y frecuentes. La especialista de lactancia puede ayudarte a comenzar. Lee el Capítulo 7 para más detalles en amamantar.

Algunos recién nacidos pequeñitos pueden tomar el pecho por unos minutos por lo menos.

Cómo entender los problemas de respiración

Los bebés prematuros con frecuencia tienen problemas de respiración (apnea*) y períodos de ritmo cardíaco lento. Un bebé puede dejar de respirar por períodos cortos de tiempo, su ritmo cardíaco puede hacerse lento y su piel puede tornarse de color azulada. Simplemente el bebe necesita recordar respirar.

En la NICU, un monitor puede poner en aviso a la enfermera de que un bebé ha dejado de respirar. Ella simplemente le tocará su costado, o el pie o le dará un poquito de oxigeno para que él comience a respirar nuevamente. Si un bebé continúa teniendo apnea, el doctor puede enviarle a la casa con un monitor para controlarle.

Si tu bebé es prematuro, tú y las personas que le cuidan, deben tomar una clase de RCP (Capítulo 16, página 231). Una clase te enseñará lo que tú puedes hacer si tu bebé deja de respirar y no comienza nuevamente inmediatamente. Esto puede no pasar, pero es mejor estar preparados en caso que sí.

"Yo estaba tan maravillada de comenzar a darle el pecho después de la primera semana de estadía de mi bebé en NICU. Ella agarró el pecho inmediatamente."

*Apnea: pausas entre respiros que duran más de 20 segundos.

Ataques

Los bebés pueden tener ataques por varias razones. Los ataques por lo general no duran por mucho tiempo. (Capítulo 16, página 232) Si ves las siguientes señales, llama al doctor del bebé o la enfermera especialista:

- Movimiento nervioso que no para, aun cuando tú le sujetas sus brazos y piernas
- Arquea su espalda
- Se mueven sus ojos, boca y lengua
- Períodos de no respirar

Defectos de Nacimiento

Existen muchas clases de problemas de salud que un bebé puede tener al nacer. La mayoría de éstos son raros. Algunos tienen consecuencias serias a largo plazo. Algunos están presentes al nacer y otros suceden al nacer.

Otras condiciones causan demoras en el desarrollo y se aparecen cuando el bebé crece. El padre puede darse cuenta que su bebé no está aprendiendo como se esperaba.

El descubrir un defecto y comenzar tratamiento lo más temprano posible le da al bebé la mejor oportunidad para minimizar cualesquier problemas que el defecto cause.

Si tu bebé tiene un defecto de nacimiento, los doctores y enfermeras de tu bebé te hablarán de qué tipo de tratamiento tu bebé necesita. Haz todas tus preguntas. Las enfermeras y trabajadoras sociales del hospital te ayudarán a aprender cómo enfrentar esta condición inesperada. Trae a tu compañero o a una amistad contigo a las citas. Esa persona puede tomar notas para ti y ayudarte para que recuerdes y comprendas lo que se te ha dicho.

Asegúrate de pasar el más tiempo posible con tu bebé. **Tu amor y atención le ayudará a tu bebé a sentirse lo más saludable que sea posible.**

Información acerca de defectos raros de nacimiento puede ser difícil de encontrar. Si tu bebé está en un hospital para niños, esta información debe estar disponible. Habla con el personal y aprende lo más posible acerca de la condición de tu bebé y el cuidado para el futuro. Encontrarás recursos en el Capítulo 18, páginas 253 a 255. Busca en la Red (Internet) también.

Los Efectos del Tabaco, Alcohol y las Drogas en Tu Bebé

Algunas madres fuman, toman alcohol o drogas fuertes (tales como marihuana, cocaína, anfetaminas, metadona o heroína) durante el embarazo. Estas sustancias pueden afectar a los bebés después del nacimiento.

- El tabaco y algunas drogas ilegales pueden causar un nacimiento prematuro.

- Los efectos del alcohol pueden no aparecer al comienzo. Sin embargo, los efectos en el crecimiento, comportamiento y aprendizaje son permanentes.

- El uso de narcóticos por una mamá embarazada causará que su nuevo bebé experimente el síndrome de abstinencia. Algunas drogas pueden afectar al niño por años.

- El abuso de sustancias químicas pueden incrementar el riesgo del Síndrome de Muerte Infantil Súbita.

Muchas drogas se meten en la leche materna lo cual puede causar problemas serios para el bebé. Si tú estás tomando alguna droga, pide ayuda para que pares de tomarla. Habla honestamente con tu profesional médico acerca de tu hábito y pregúntale si debes amamantar o no.

El comportamiento de los bebés afectados por las drogas

Algunas drogas pueden dificultar el cuidado de un bebé. Estos bebés con frecuencia tienen un llanto bien estridente y pueden sentirse inquietos y adormilados. Puede que ellos no duerman profundamente o coman sin escupir. Ellos pueden que respiren muy rápidamente o paren de hacerlo completamente de 10 a 15 segundos, luego comienzan a respirar otra vez. Ellos pueden sentirse muy molestos por la mucha atención o juegos.

A un bebé afectado por drogas puede gustarle que le sujeten suave pero firmemente, sus brazos y piernas contra su cuerpo.

La crianza de un bebé afectado por drogas

- Un bebé afectado por drogas puede molestarse fácilmente por muchas actividades que toman lugar a la vez. Cálmale con luz tenue, una habitación tranquila y acariciándole muy suavemente. Prueba una música suave o mecerlo suavemente.

- Cuando está inquieto, prueba a sostenerle sus brazos y piernas cerca de su cuerpo. Tú le puedes envolver en esta postura. Esto puede hacerle sentir más seguro.

- Prueba a consolarle con tu dedo o un chupón.

- Cuando esté despierto, es posible que no te pueda mirar directamente a la cara. Trata de llevarle contigo en una mochila frontal para que pueda estar cerca de ti sin mirarte.

Consejos prácticos para darle de comer

- Si a tu bebé se le dificulta chupar, su nariz puede estar llena de mucosidad. Usa una jeringuilla extractora para limpiarle (página 229).

- Dale comidas pequeñas y frecuentes.

- Dale de comer despacio para que él aprenda a chupar y tragar al mismo tiempo. Hazle eructar con frecuencia.

- Para disminuir el escupido después de comer, ponle de su costado derecho o envuélvele en un asiento de bebé. Después de que se quede dormido, acuéstale de espaldas.

La frustración cuando se cuida de un bebé fastidioso

Si no se tiene ayuda y apoyo, el cuidado de un bebé afectado por drogas puede ser muy difícil. Esto es verdad cuando una mamá es soltera o está lidiando con sus propios problemas de drogas.

Ninguna madre desea hacerle daño a su bebé. A veces tú puedes sentir frustración y estrés por el cuidado de tu bebé. Si tú alguna vez sientes que puedes hacerle daño, primero ponle en un lugar seguro (como la cuna) y toma un momento para calmarte. Luego llama a una clínica local para crisis o a tu consejero de drogadicción.

Antes de sacar a tu bebé del hospital, averigua cómo puedes solicitar ayuda en caso que la necesites. Pregunta por los números de la línea telefónica de 24 horas de la clínica local para problemas críticos, el programa de ayuda para drogadicción y la trabajadora social de la clínica para problemas críticos.

El efecto del alcohol en un bebé

La causa principal del retardo mental en los niños es beber alcohol durante el embarazo. Esto se llama Síndrome de Alcoholismo Fetal (SAF)*.

Un bebé con SAF puede ser muy pequeño para su edad y su cara puede tener ciertos rasgos. Es bien difícil saber con certeza cuanto ha sido afectado hasta que comience a crecer. Cuando sea un niño preescolar, es probable que sea muy amistoso, extremadamente activo y tenga berrinches. Se le hará muy difícil aprender.

Descubrir temprano que un niño tiene SAF o EAF es importante. Aunque esta condición no se puede curar, tú puedes todavía ayudar a tu niño a desarrollarse lo mejor que sea posible. Si tú piensas que tus bebidas han afectado a tu bebé, es importante que le digas a su profesional médico. Esto puede ser bien duro para ti pero esto le ayudará mucho a tu niño.

*SAF: El nombre para los efectos más severos del alcohol en el cuerpo, comportamiento e inteligencia de un bebé. Los Efectos de Alcoholismo Fetal (EAF) es el nombre para los síntomas menos severos. Éstos todavía pueden causar problemas.

Las Preocupaciones en Cuanto al Oído y la Vista

Los problemas de la vista y el oído pueden no ser aparentes en el nacimiento. Asegúrate que el profesional médico de tu bebé le examine la vista y el oído durante los primeros meses. Lo más temprano que tú descubras un problema, menos le afectará al desarrollo de tu bebé. Algunos problemas de vista y oído pueden corregirse.

También debes observar cómo tu bebé se comporta. Desde el comienzo fíjate si tu bebé se sobresalta con ruidos fuertes inesperados. ¿Se voltea hacia donde provienen los ruidos a los 2 ó 3 meses de edad? ¿Te mira tu cara y mueve sus ojos para seguirte cuando te mueves? Si no lo hace, habla con su profesional médico.

Cómo Sobrellevar lo Inesperado

El tener un bebé con problemas de salud puede ser bien duro para ajustarse. Tú puedes sentirte asustada, triste o enojada, especialmente si la condición de tu bebé es seria. Es normal el lamentarse la perdida de tu bebé ideal. El aceptar lo que ha sucedido te ayudará a aceptar a tu bebé tal cual es.

Tú quizás desees o necesites ayuda para sobrellevar esta situación. Una enfermera o trabajadores sociales del hospital estarán ahí para ayudarte a ti y a miembros de la familia. También tu pastor o consejero religioso, o aun una buena amistad pueden ayudarte.

Otras maneras de ayudarte a sobrellevar:

- Pasa el mayor tiempo posible con tu bebé.

- Haz todas las preguntas que tengas. Diles a los doctores y enfermeras cuando no comprendes las palabras que usan o los tratamientos que ellos proponen.

- Escribe en una libreta las preguntas, respuestas, citas y tus pensamientos o usa una grabadora. Toma notas cuando hablas con los doctores de manera que puedas recordar lo que ellos dicen. Tú entenderás mejor si puedes oír o leer nuevamente más tarde.

- Lleva contigo a tu compañero o amigo a las reuniones con los doctores porque puede ser muy dificil para ti entender todos los detalles.

- Si tú deseas dar el pecho, puede ser posible que lo hagas. Para averiguar acerca de amamantar en la condición de tu bebé, habla con la especialista en lactancia del hospital o ponte en contacto con La Leche League de tu localidad.

- Busca un grupo de apoyo de otros padres que tienen niños con problemas similares. Ellos tendrán consejos prácticos al igual que compasión. La trabajadora social puede ayudarte a encontrar tal grupo en tu comunidad o en la Red (Internet).

- Si hay varias alternativas para tratamientos, pide una segunda opinión. Ésta es una manera para ayudarte a tomar la decisión de cuál es el tratamiento que deseas para tu bebé.

Preguntas para hacer:

- ¿Cuáles son las alternativas para este tratamiento?

- ¿Cuáles son los riesgos y efectos secundarios?

- ¿Qué es lo que pasaría si hacemos esto en vez de aquello?

Si el hospital está lejos

Si tu bebé está siendo atendido en un hospital que está lejos de la casa, esto puede aumentar el estrés. Los trabajos y los otros hijos pueden causar conflictos. Tú podrías conseguir licencia del trabajo por razones familiares. Tú y tu compañero podrían tomar turnos quedándose con el nuevo bebé. Cuando no estés ahí, pide a las enfermeras que toquen una cinta con la voz de los dos para que tu bebé les oiga. Graba una cinta también con las voces de tus otros hijos con mensajes para su hermanito o hermanita.

Algunos hospitales tienen viviendas de bajo costo para las familias de los pacientes. Pregunta por esto y trata de usar este servicio lo más posible.

Los Siguientes Pasos

Tu bebé dejará la NICU cuando su condición haya mejorado. Él puede ser trasladado a otra sección del hospital o a un hospital comunitario para la recuperación ulterior. Allí podrás participar más en el cuidado de tu bebé.

"Me fue posible usar algo de mi licencia por maternidad cuando mi bebé finalmente vino a casa. Ahí fue cuando realmente la necesitamos."

Si él tiene una condición seria, quizás necesite cuidado en el futuro. Las decisiones referentes a dónde puede un bebé bien enfermo ser atendido son muy complicadas. El doctor y la trabajadora social te ayudarán a decidir acerca del cuidado en el futuro.

La llegada del bebé a casa

La llegada de tu bebé a casa puede ser emocionante y amenazante a la vez. Si pasas bastante tiempo con tu bebé en el hospital tú aprenderás cómo cuidar de él en casa. Esto ayudará para que te sientas menos atemorizada cuando estés fuera de la seguridad del hospital.

El plan para dar de alta

El personal del hospital preparará un plan para darle de alta a tu bebé. Antes de que tu bebé deje el hospital, una enfermera deberá darte instrucciones por escrito acerca de cómo llevar a cabo cualquier cuidado especial que tu bebé necesite.

Además, una enfermera debe demostrarte cómo se usa cualquier equipo necesario tal como un monitor para controlar apnea. Asegúrate de entender cómo funciona éste al practicar mientras la enfermera te observa. Éste es el momento para hacer preguntas. No lleves a tu bebé a casa hasta que sientas que puedes manejar el equipo correctamente. Quizás te den un video de cómo hacer esto para que te lleves a casa.

Si necesitas ordenar algún equipo especial, solicita que te lo entreguen un día o dos antes de que tu bebé llegue a casa. Esto te permite tener tiempo para aprender a usarlo. Asegúrate que tienes suficiente corriente eléctrica para evitar el sobrecargar los circuitos de tu casa.

Aprende RCP ("CPR") antes de que tu bebé llegue a casa. Probablemente no tengas tiempo para hacerlo después. Si tu bebé está conectado a equipo de sostenimiento de vida, déjales saber a las compañías locales de electricidad, de gas y de teléfonos. Ten a la mano pilas (baterías) de repuesto. Además, notifica a los bomberos y agencia de rescate de la localidad para que sepan de las necesidades de tu bebé en caso de una emergencia.

Después de que tu bebé llega a casa

Algunas organizaciones de apoyo pueden ofrecerte ayuda después de que llegues a casa. Fíjate en las listas en el Capítulo 18. Recuerda además que puedes llamar al hospital si tienes preguntas. Ahí hay enfermeras todo el tiempo.

Cuando llegues a casa, acepta ofertas de ayuda con el quehacer doméstico y el cuidado del bebé. Tú vas a necesitar descansar y poder atender a tus otros hijos y tu trabajo también. Pregunta a la trabajadora social del hospital acerca de servicios de cuidado en casa.

Los bebés con necesidades especiales aún necesitan cuidado de buena salud y crianza

Disfruta de todas las maneras en las cuales tú ayudarás a tu bebé a crecer y a desarrollarse:

- Jugando, hablando, consolando
- Exámenes, vacunas, baños, cuidado de las encías y dientes, medidas de seguridad

---

Detectando apnea en un bebé prematuro cuando está reclinado

Durante los primeros meses, algunos bebés prematuros tienen apnea u otros problemas respiratorios cuando están sentados en una asiento infantil de casa, asiento de auto o columpio. La Academia Americana de Pediatría recomienda que el personal del hospital vigile a todos los bebés prematuros mientras están en un asiento de auto antes de darles de alta del hospital.

Si se encuentran problemas respiratorios o una cantidad baja de oxígeno en la sangre, el doctor probablemente recomendará que se le acueste al bebé en forma plana en el auto y en la casa durante los primeros meses. Esto prohíbe el uso de asientos de auto, asientos para comer, columpios y otro equipo que le pone al bebé en una postura semierecta. Un bebé con problemas respiratorios será examinado de tiempo en tiempo. Cuando los niveles de oxígeno y de respiración han mejorado, el bebé podrá sentarse en forma semierecta.

Aun si tu bebé tiene posibles problemas respiratorios en un asiento de auto, tú puedes sostenerle sobre tu hombro o en tus brazos a no ser que el doctor te diga que no lo hagas.

Seguridad en el Auto para Bebés con Necesidades Especiales

Tu bebé necesitará ir a casa desde el hospital y regresar al hospital para visitas médicas. Es importante tener presente su seguridad. Lee el Capítulo 10 acerca de seguridad en el auto. Después de problemas después del nacimiento, el mayor peligro para la vida de un niño son los choques automovilísticos.

Muchos bebés y niños pequeños con necesidades de salud especiales pueden usar asientos regulares que miran hacia atrás. Sin embargo, puede ser necesario una cama especial para auto o un asiento de auto especial para los bebés que:

*Yeso de cadera espica: yeso que se usa para separar bien las piernas del bebé y que se usa para problemas congénitos de la cadera.

- Son prematuros o muy pequeños
- Si usan un yeso de cadera espica* o yeso de cuerpo entero
- Tiene alguna otra condición la cual le hace imposible sentarse en una posición semierecta o no alcanza en un asiento de auto

Mecanismos de seguridad especiales para auto

En este momento existen dos camas para autos para los bebés que necesitan estar acostados. Dream Ride Ultra® (Costco) para bebés de 5 a 20 libras; la Cama para Auto Angel Ride® (Angel Guard) diseñada especialmente para prematuros de nacimiento hasta las 9 libras.

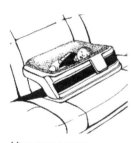

Una cama para auto para bebés prematuros.

Si un bebé está usando yeso de cadera espica, él estará mejor en un asiento para auto diseñado especialmente. El asiento para auto Spelcast® (Snug Seat) ha sido fabricado para bebés con yeso en las piernas. Se le usa mirando hacia atrás para un bebé de menos de 20 libras o mirando hacia delante para un preescolar.

Un programa de préstamo de equipo del hospital o un distribuidor de equipo médico pueden alquilar estos mecanismos de seguridad. (Revisa los recursos para asientos de auto, Capítulo 18, páginas 252 y 254.)

Equipo especial

Un bebé puede que sea enviado a casa llevando oxígeno u otro equipo tal como un monitor para apnea. Coloca este equipo en el piso del auto. Asegúrale bien o cálzale debajo del asiento para asegurar que no va a ser lanzado en todas direcciones en caso de un choque automovilístico. Asegúrate que otro adulto pueda verlo y esté al alcance de los controles. También asegúrate que tienes suficiente carga en la pila (batería) y oxígeno para que dure el doble de lo que generalmente demora el viaje.

Planea el que tú u otro adulto se sienten en el asiento posterior con tu bebé durante el viaje a casa. Esa persona puede mirar al bebé y al equipo para que el chofer ponga atención al tráfico.

Si Algo no Parece Estar Bien

A medida que tu bebé crece, tú puedes comenzar a preocuparte por su oído, vista, crecimiento o desarrollo. Informa al doctor o enfermera inmediatamente. Si ellos te sugieren que esperes, pon mucha atención durante los siguientes dos meses. Escribe cualquier cosa que te preocupa acerca de su comportamiento. Si piensas que hay algo mal, no te des por vencida. Tú conoces mejor a tu bebé.

Cómo descubrir discapacidades de desarrollo* temprano

En la mayoría de las comunidades existen servicios para ayudar a los bebés y preescolares que tienen problemas de desarrollo. Estos servicios (llamados "Intervención Temprana") ayudan a los padres a revisar los posibles problemas y aprender qué hacer para ayudar a sus bebés. Estos servicios pueden ayudarte a darle a tu bebé la mejor oportunidad para que tenga un vida plena.

Si tú piensas que pueden haber problemas, no tienes que esperar hasta que el doctor de tu bebé te dé una referencia. Llama para más información a tu departamento local de salud (Capítulo 18, página 252).

"¡Si tú piensas que algo está mal, no te des por vencida! Yo sé por experiencia propia el tratar de conseguir un diagnóstico de la sordera de mi niño. Nadie me creía al comienzo pero finalmente pudimos conseguir ayuda."

*Discapacidades de desarrollo: problemas que aparecen a medida que el niño crece. Éstos pueden envolver el movimiento, aprendizaje, el oído, la vista o el habla.

Lamentando la Muerte de un Bebé

Es terrible pensar que tu bebé pudiera morir, aun si tiene el mejor cuidado. Sin embargo, la condición crítica de algunos bebés prematuros o de aquellos que tienen defectos de nacimiento severos hacen que la muerte sea una posibilidad.

Si tu bebé está muriendo, es importante estar con él y consolarle. Si tienes gemelos y uno está muriendo, tú te sentirás desgarrada entre los dos. Trata de hablar lo que estás sintiendo lo más posible. Llora si sientes la necesidad de hacerlo. Cada persona experimenta la pérdida de un niño en forma diferente. Tú y tu compañero pueden tener dificultad en apoyarse mutuamente. Trata de encontrar la manera de lamentarse juntos. Deja que los abuelos, tus otros hijos y amigos cercanos y familiares compartan este tiempo contigo.

Los dos, el papá y la mamá, necesitan consuelo después de la pérdida trágica de su bebé.

Es importante para ustedes dos que puedan ver, tocar, sostener y darle nombre a su bebé. Esto les ayuda a ustedes a saber que su bebé ha sido una parte bien real de su vida. Puede que desees ver a un sacerdote, rabí o ministro para recibir ayuda durante este momento difícil.

La fotografia de tu bebé puede ser consolador. Puede ayudarte a que sentir que tu bebé es real y a que pases a través del proceso normal de lamentación. Aun si no deseas la foto o un pedacito de su pelo ahora, quizás lo quieras más tarde.

Puede tomar mucho tiempo para recuperarse de la pérdida de un bebé. Varias organizaciones están disponibles para ofrecer apoyo a familias quienes han perdido a un recién nacido. Algunas tratan con una condición especifica como SMIS o SIDS (Capítulo 18).

Un grupo de apoyo o trabajadora social puede ayudarles a ustedes y sus otros niños a hablar y llorar acerca de su pérdida. La vida nunca será la misma otra vez. Sin embargo, vendrá el tiempo probablemente cuando tú puedas sentir la aceptación.

Capítulo 18
Recursos

Ayuda, cuando la necesites

En este capítulo encontrarás ideas de cómo conseguir más información acerca del vocabulario y temas en este libro. Hay muchas personas, libros, organizaciones y lugares en el Internet a las cuales puedes recurrir. Sin embargo, éstas quizás te den información contradictoria. Es importante averiguar si:

- El libro, folleto o página del Internet está actualizado
- La organización o el autor tiene suficiente capacitación para dar consejos acertados
- La fuente de información se limita a un solo punto de vista

Confía en tu propio juicio en cuanto a qué información es práctica y útil. Si te sientes confundida por las ideas contradictorias o las sugerencias, pregunta al profesional médico de tu bebé y a otras personas en cuyas opiniones tú confías, antes de que cambies de modo de pensar.

En este capítulo se incluye:

- Lugares donde buscar más información o servicios, en tu propia ciudad o pueblo
- Líneas telefónicas de información y lugares del Internet
- Sugerencias de libros que contienen detalles sobre el cuidado de un bebé
- Vocabulario que debes conocer: el significado de muchas de las palabras sobre salud y desarrollo que se encuentran en este libro
- Páginas de registro: lugares para anotar las cosas que deseas recordar acerca de la salud y el crecimiento de tu bebé

Apoyo en la Zona Donde Vives

La mayoría de las comunidades tienen algunos o todos estos locales donde puedes encontrar servicios e información útil acerca del cuidado de tu bebé y servicios para la familia.

Para encontrar estas organizaciones, fíjate en las páginas comunitarias del directorio telefónico local. También puedes preguntar en tu clínica de salud, biblioteca, departamento de salud pública local o llama a la línea de información de la comunidad.

Apoyo para padres y la salud mental:

Domestic violence (Violencia doméstica): líneas telefónicas especiales del centro local y estatal para problemas críticos

Grupos de apoyo para padres: son grupos donde los padres y madres se reúnen para apoyarse y ayudarse mutuamente; grupos en muchas áreas para padres de bebés múltiples o bebés discapacitados

Local crisis line (Línea local para problemas críticos): ayuda confidencial y sin juicios para ayudar a las personas en crisis

Mental health center (Centro de salud mental): apoyo y consejería para personas necesitadas

Seguridad:

American Heart Association (Asociación Americana del Corazón), sucursal local: clases de primeros auxilios, RCP (respiración de rescate); 800/242-8721, *www.americanheart.org/affili/*

American Red Cross (Cruz Roja Americana), sucursal local: clases para padres, cuidado infantil, seguridad, RCP y primeros auxilios; *www.redcross.org/where/where.html*

Car seat checkup clinics (Clínicas para inspección de asientos de seguridad para auto): personas capacitadas y disponibles para enseñar a los padres a usar los asientos de seguridad correctamente; para averiguar las localidades, llama al hospital, la estación de bomberos, la policía o el departamento de salud pública

Local AAA club (Club local AAA): puede tener información o clínicas sobre asientos de auto para niños

Local fire and rescue service (Servicios locales de rescate e incendios): información sobre la prevención de incendios, puede tener información sobre la prevención de lesiones o clínicas sobre asientos de auto para niños

Local safety council (Concilio local de seguridad): puede tener información sobre asientos de seguridad para el auto

Servicios comunitarios:

Child Care Resource and Referral Service (Servicio de información y recursos para cuidado infantil): información acerca de cómo escoger cuidado infantil y los nombres de los proveedores locales

Community college (Colegios de la comunidad): clases para la educación de los padres

Community information line (Línea de información comunitaria): un teléfono para conexión con muchos servicios locales

Public library (Biblioteca pública): libros para el cuidado del bebé, revistas y listas de servicios locales

Tu iglesia, sinagoga, templo u otro centro religioso: pueden ofrecer apoyo para los padres y programas de cuidado infantil

Servicios de salud:

Clínicas comunitarias de salud: cuidado del bebé a un costo de acuerdo a los ingresos

Departamento de salud pública: atención prenatal y del bebé, educación para los padres

Hospital local: clases sobre el cuidado del bebé, información para los padres

International Childbirth Education Association (Asociación internacional de educación sobre el parto): clases locales sobre el parto y la crianza de los hijos; 952/854-8772, *www.icea.org*

La Leche League: información sobre cómo dar el pecho, apoyo local de voluntarias con experiencia para mujeres que dan el pecho; 847/519-7730, *www.lalecheleague.org*

Lamaze Internacional: clases de educación sobre el parto con el método Lamaze; 800/368-4404, *www.lamaze.org/2000/parents.htm*

National Easter Seal Society (Sociedad Nacional del Sello de Pascua), sucursales locales: ayuda para niños discapacitados; *www.easter-seals.org*

Planned Parenthood clinic (Clínica para planificación familiar): planificación familiar e información sobre métodos de control de la natalidad, servicios; el número nacional que conecta a la persona que llama con la clínica más cercana; 800/230-7526, *www.plannedparenthood.org*

Tu plan de seguro de salud: puede ofrecer educación sobre la salud, línea telefónica de información con enfermera

Women Infants and Children Program (WIC) (Programa para Mujeres, Bebés y Niños): información sobre alimentos nutritivos y la salud para mujeres embarazadas y que dan el pecho y para los bebés

Líneas Telefónicas de Ayuda y Páginas del Internet

Información general:

American Academy of Pediatrics (Academia Americana de Pediatría); 800/433-9016, *www.aap.org*

American Association for Premature Infants (Asociación Americana para Bebés Prematuros); *www.aapi-online.org*

Centers for Disease Control and Prevention, Immunization Program (Centros para el Control y Prevención de Enfermedades y Programa de Inmunización): línea especial; 800/232-2522 o *www.cdc.gov/nip/* (información confiable sobre vacunas)

Compassionate Friends (Amigos compasivos): apoyo por la pérdida después de la muerte de un niño; 877/969-0010, *www.compassionatefriends.org*

La Leche League International: ayuda para madres que dan el pecho a sus bebés, lee la columna anterior

March of Dimes Birth Defects Foundation (Información sobre defectos de nacimiento); 914/428-7100, *www.modimes.org*, (en español, *www.nacersano.org*)

Mothers of Super Twins (Para madres de gemelos); 613/859-1110, *www.mostoline.org*

National Clearinghouse for Alcohol and Drug Information (Cámara de autorización para información sobre alcohol y drogas); 800/729-6686, *www.health.org*

National Health Information Center: "Healthfinder" (Centro nacional de información para la salud); 800/565-4167, *www.healthfinder.gov* (un pasaje a muchas páginas de la red que se pueden confiar)

National Institute on Drug Abuse Helpline (Línea del instituto nacional sobre el abuso de drogas); 800-622-HELP (4357), *www.nida.gov*

National Organization of Mothers of Twins Clubs (Organización nacional de clubes de madres de gemelos); 877/540-2200, *www.nomatoc.org*

Planned Parenthood Federation of America (Federación americana de planificación familiar); lee la página anterior

Niños con necesidades de atención especial de salud:

Children's Hospice International (Residencia nacional para niños desahuciados); 800/2-4-CHILD, *www.chionline.org*

Exceptional Parent Magazine (Revista para los padres de los niños excepcionales); 877/372-7368, *www.exceptionalparent.com*

Family Voices (Voces de la familia); 888/835-5669, *www.FamilyVoices.org*

International Center for Injury Prevention (Centro internacional para la prevención de lesiones): asientos de auto para niños especiales (lee la lista bajo el título seguridad)

Internet Resources for Special Children (Recursos en el Internet para niños especiales): muchos enlaces; *www.irsc.org*

National Down Syndrome Society (Sociedad Nacional del Síndrome de Down); 212/460-9330, *www.ndss.org*

Pediatric AIDS Foundation (Fundación para SIDA Pediátrica); 310/314-1459, *www.pedaids.org*

Seguridad:

Consumer Information Catalog (Información para el consumidor); 719/948-3334, *www.pueblo.gsa.gov*

Consumer Product Safety Comission (Comisión de seguridad en productos); 800/638-2772, *www.cpsc.gov*

National Highway Traffic Safety Administration (Administración de la seguridad en las carreteras nacionales): Auto Safety Hotline; 888-DASH-2-DOT (888/327-4236), *www.nhtsa.dot.gov*

National SAFE KIDS Campaign (Campaña nacional para la seguridad de los niños); 202/662-0600, *www.safekids.org*

National Child Abuse Hotline (Línea nacional sobre el abuso de niños); 800/422-4453

SafetyBeltSafe U.S.A.: línea de ayuda, información sobre asientos de auto para niños; 800/747-SANO (7266) en Español, *www.carseat.org*

Window Covering Safety Council: equipos gratuitos para arreglar las persianas de las ventanas; 800/506-4636

Síndrome de Muerte Infantil Súbita:

American SIDS Institute (Instituto americano para SMIS); 800/232-SIDS, *www.sids.org*

National SIDS Resource Center (Centro nacional de recursos para SMIS); 703/821-8955, *www.cirsol.com/SIDS/*

SIDS Alliance; 412/653-8226, *www.sidsalliance.org*

Libros para Leer

Busca en tu biblioteca o librería libros sobre la salud de los niños o para padres. Cada año se publican nuevos libros, algunos con tópicos específicos tales como gemelos, amamantar o dormir. Revisa siempre la fecha de publicación para cerciorarte que la información está al día.

Muchos autores tienen su propia opinión respecto a la mejor atención. Si algún libro parece que no encaja con lo que tú piensas es lo mejor para tu bebé, o si es completamente diferente de lo que tu doctor o enfermera te dicen, puede que no sea el mejor libro para ti.

Libros en inglés

Alimentación, nutrición:

Breastfeeding Your Baby (Dándole el Pecho a Tu Bebé), Jane Moody, Jane Britten, & Karen Hogg, Fisher Books, 1997

Child of Mine, Feeding with Love and Good Sense (Mi Hijo, Alimentarle con Amor y con Sentido Común), Hellín Satter, Bull Publishing, 2000

The Womanly Art of Breastfeeding (El Arte Femenino de Dar el Pecho), La Leche League, Plume, 1997

Apoyo para los padres:

Fathers & Babies (Papás y Bebés), Jean Marzollo, HarperCollins, 1993

The Year After Childbirth: Enjoying Your Body, Your Relationships, and Yourself in Your Baby's First Year (El Año Después del Parto: Disfrutando de Tu Cuerpo, Tus Relaciones y de Ti Misma durante el Primer Año de Tu Bebé), Sheila Kitzinger, Scribner's, 1996

Bebés con necesidades especiales de salud:

Newborn Intensive Care: What Every Parent Needs to Know (Cuidado Intensivo del Recién Nacido: Lo que Todo Padre Necesita Saber), Jeannette Zaichkin, RNC, MN, NICU Ink; 888/NICU-INK (642-8465), 1996

The Preemie Parents' Companion (El Acompañante de Todo Padre de un Bebé Prematuro), Susan L. Madden, Harvard Common Press, 2000

Cuidado infantil en general:

Touchpoints, Your Child's Emotional and Behavioral Development (Puntos Sensibles, el Desarrollo Emocional y de Conducta de Tu Niño), T. Berry Brazelton, MD, Perseus, 1994 (& otros libros escritos por Brazelton)

Twins! Pregnancy, Birth and the First Year (Gemelos, el Embarazo, el Parto y el Primer Año), Connie L. Agnew, Alan H. Klein, and Jill Alison Ganon, HarperCollins, 1997

Your Baby's First Year (El Primer Año de Tu Bebé), Steven P. Shelov, MD, Editor, American Academy of Pediatrics, 1998

Madres adolescentes:

Nurturing Your Newborn, Young Parent's Guide to Baby's First Month (Criando a Tu Bebé Recién Nacido, la Guía de los Padres Jóvenes para el Primer Mes del Bebé), Jeanne Warren Lindsay, Kean Brunelli, PHN, Morning Glory Press, 1999; 888/612-8254, *www.morningglorypress.com*

Your Baby's First Year, A Guide for Teenage Parents (El Primer Año de Tu Bebé, una Guía para Padres Adolescentes), Jeanne Warren Lindsay, Morning Glory Press, 1998; 888/612-8254, *www.morningglorypress.com*

Palabras Importantes

Aftas – Una infección dentro de la boca con manchas blanquecinas en la lengua o las mejillas.

Alcohol isopropil – Líquido claro, sin color, que se usa con frecuencia para limpiar la piel.

Alimentos sólidos – Alimentos ordinarios que se comen en la mesa machacados o hechos puré para un bebé en crecimiento, quien está aprendiendo a comer.

Anticuerpos – Las proteínas producidas en el cuerpo para defenderse a sí mismo contra bacterias, virus u otras enfermedades; los anticuerpos también se pasan al bebé a través de la leche de la madre.

Apnea – Una pausa breve en la respiración.

Apretón Kegel – Es un ejercicio que se usa para fortalecer los músculos del perineo y vagina.

Areola – La parte oscura alrededor del pezón en cada pecho.

Asfixia – La muerte por causa de falta de aire.

Asiento de seguridad para niños – Un asiento especial hecho para proteger a un bebé o niño pequeño en caso de accidentes automovilísticos.

Ataque febril – Un ataque causado por una fiebre alta.

Ataques – Contracción súbita e incontrolable de los músculos, la cual puede ser causada por fiebre alta, lesión de la cabeza u otra aflicción del cerebro (también se conoce como convulsión).

Bacteria – Un germen, un tipo de microbio que causa muchas enfermedades.

Baño de asiento – Un baño en el cual sólo las caderas y nalgas se remojan en el agua.

Bomba de hule extractora – Una bomba con una apertura angosta que se usa para extraer la mucosidad espesa de la nariz del bebé.

Calcio – Un mineral en ciertos alimentos necesario para fortificar los huesos y los dientes.

Calostro – Líquido fino, amarillento, que se produce en los pechos durante los primeros días después del nacimiento. Contiene muchos anticuerpos y minerales.

Cama para auto – Un tipo de restricción especial en un auto que permite a un bebé permanecer acostado durante su transporte.

Celsius (centígrados) – Un sistema para medir la temperatura.

Circuncisión – Corte del prepucio (la tela que cubre) en la punta del pene.

Clínica de atención urgente (Urgent Care Clinic en inglés) – Un lugar en el que se recibe atención médica después de las horas regulares de oficina.

Clínica para revisar asientos de seguridad – Un evento o un lugar donde personas especializadas revisan los asientos para auto para asegurar que estén instalados y se usen correctamente; a veces se les conoce como estaciones de prueba.

Cólico – Llanto y molestia constante en los bebés.

Condón – Un protector de hule que se usa durante el acto sexual para evitar embarazos y enfermedades transmitidas sexualmente. Un hombre lo usa sobre el pene; un condón femenino lo usa la mujer dentro de la vagina.

Constipación (estreñimiento) – Una condición de la defecación en la cual los excrementos son duros y secos y hay dificultad en evacuar.

Convulsiones – Ver ataques.

Cordón umbilical – Un tubo flexible que conecta el abdomen de un bebé que no ha nacido todavía con la placenta de la madre. Éste lleva los nutrientes al feto y remueve los desperdicios.

Costra láctea – Costras gruesas y escamosas en el cuero cabelludo; común en los bebés.

Crianza – Ayudar a un niño a desarrollarse bien al darle amor, atención, cuidado, protección y educación.

Cuidador(a) – Una persona quien cuida de un niño.

Defecto de nacimiento – Un problema con el desarrollo físico o mental que ocurre antes o durante el nacimiento.

Depresión – Una condición emocional de sentirse extremadamente triste y sin esperanza.

Depresión del post-parto – Una afección con depresión severa que algunas mujeres sufren después del parto.

Deshidratación – La falta peligrosa de agua en el cuerpo que puede suceder después de que se ha perdido mucho líquido por causa de una fiebre, vómitos o diarrea.

Diarrea – Evacuación muy frecuente de excrementos muy aguados.

Digestión – El cambio de los alimentos a una forma que puede ser absorbida por el cuerpo; se efectúa masticando, añadiendo agua y la acción del estómago y los intestinos.

Discapacidad (invalidez) – Una condición prolongada que dificulta realizar algunos o todos los quehaceres de la vida diaria.

Edad de embarazo – La edad del feto o del recién nacido contada desde el primer día del último período menstrual de la madre; un bebé de término completo nace alrededor de las 40 semanas.

Enfermera asesora – Una enfermera con la capacidad para proveer consejos y apoyo por teléfono.

Envenenamiento por plomo – Sucede por tragar o respirar sustancias que contienen plomo, tales como polvo de pintura y partículas, la tierra cercana a las carreteras y agua para tomar acarreada en tuberías de plomo.

Envolver al bebé – Envolver a un recién nacido en forma ceñida en una manta liviana para que se sienta seguro.

Episiotomía – Un corte hecho para aumentar la apertura de la vagina durante el parto.

Escaldadura – Una quemadura a causa de líquido caliente o vapor.

Especialista de lactancia – Una persona experta en cómo dar el pecho.

Espina bífida – Un defecto de nacimiento en el cual una parte de la columna vertebral está abierta, creando una bolsa de líquido. El nervio de la columna sale hacia la bolsa. Esto puede causar la pérdida de movimiento en la parte inferior del cuerpo y otros problemas de salud.

Exámenes de la buena salud del bebé o niño – El cuidado de salud rutinario para los bebés y niños para promover el buen desarrollo y crecimiento físico, emocional e intelectual. Un examen puede incluir tanto las vacunas regulares y exámenes de revisión médica, como hablar de asuntos concernientes a la salud, el desarrollo y la seguridad.

Fahrenheit – Un sistema para medir la temperatura.

Farmacéutico (boticario) – Una persona entrenada y con licencia para dar medicinas y explicar cómo usarlas.

Palabras Importantes, continuación

Fluoruro – Una sustancia (mineral) que endurece los dientes y ayuda a la prevención de caries.

Fontanela – Áreas blandas en la parte superior y posterior del cráneo de un recién nacido; cubierta con una membrana fuerte.

Gestación – Período de tiempo desde la fertilización del óvulo hasta el nacimiento.

Hemorroides – Venas hinchadas en la parte baja del recto o del ano es algo muy doloroso y produce comezón.

Hierro – Un mineral en los alimentos necesario para la sangre.

Hormonas – Sustancias químicas producidas por el cuerpo las cuales controlan cómo funciona éste.

Ictericia – La piel y la parte blanca de los ojos adquiere un tinte amarillento causado por mucha bilis en la sangre; esto sucede con frecuencia en los recién nacidos.

Intolerancia a la lactosa – La incapacidad para digerir el azúcar de la leche (lactosa) debido a la falta de una enzima.

Jarabe de ipecac – Una medicina que se usa para hacer que una persona vomite, se usa para curar ciertos tipos de envenenamiento.

Jeringuilla medicinal – Un tubo hueco para medir y dispensar la medicina líquida por la boca a un bebé.

Labio hendido – Un defecto de nacimiento, una o más separaciones en el labio superior causadas cuando la mandíbula superior y el área del labio no se desarrollan completamente antes del nacimiento.

Lactancia – Dar el pecho o amamantar.

Licencia (permiso) por paternidad – Un tiempo con permiso para dejar el trabajo para un hombre cuando su compañera tiene un bebé.

Línea telefónica especial para problemas críticos ("crisis hotline") – Un servicio para llamar y pedir consejo para la salud mental y apoyo durante una emergencia o durante un tiempo difícil; generalmente anónimamente.

Loquios – Secreción vaginal normal después del parto.

Manchas en la piel (Vernix en inglés) – La sustancia blanquecina-gris como queso que cubre la piel de un feto y del recién nacido.

Mastitis – Una infección de las glándulas lácteas en el seno, común durante los primeros meses de dar el pecho. Los síntomas son dolor, hinchazón, enrojecimiento y fiebre.

Meconio – El material verde-negruzco, pegajoso y grueso que forma el primer excremento de un recién nacido.

Mercurio – Un metal líquido plateado, venenoso, que se usa en los termómetros de vidrio.

Monitor para apnea – Una máquina electrónica que pone sobre aviso en el caso que haya cambios en la respiración o el ritmo cardíaco.

Mucosidad – Material pegajoso y resbaloso que cubre y protege las paredes de la boca y la nariz.

Nutrientes – Las sustancias en los alimentos que ayudan al cuerpo a crecer y mantenerse saludable.

Paladar hendido – Un defecto de nacimiento, un espacio en el medio del paladar causado cuando sus dos lados (paladar) no crecen juntos completamente antes del nacimiento.

Parto por operación de cesárea – Una operación para sacar al bebé a través de un corte en el vientre de la madre y el útero.

Post-parto – Las primeras semanas después del parto.

Prematuro – Nacimiento antes de tiempo, el nacimiento ocurre antes de las 37 semanas del embarazo.

Programa para Mujeres, Bebés y Niños (WIC en inglés) – Un programa federal sobre alimentación que provee apoyo durante todo el año para alimentar a mujeres, bebés y niños e imparte educación sobre nutrición.

RCP o reanimación cardio-pulmonar **(CPR** en inglés) – Un método de emergencia para revivir a una persona a quien su corazón o la respiración se le paró.

Reflejo – Un movimiento automático de una parte del cuerpo como una respuesta a una acción o estímulo.

Resollar – Un sonido agudo en la garganta cuando es difícil respirar; causado con frecuencia por una enfermedad del aparato respiratorio como el asma.

Sacar leche del pecho – Presionar, apretar o bombear el pecho para sacar leche; se hace con la mano o con una extractora de leche del pecho.

Seguridad a prueba de niños – Hacer que una casa o área sea segura para un bebé o niño pequeño, manteniéndola limpia y apartando o guardando bajo llave todas las cosas peligrosas.

Síndrome de Down – Un problema genético en el cual existe la retardación mental y defectos físicos.

Síndrome de Muerte Infantil Súbita SMIS (SIDS en inglés) – Es la muerte inesperada y súbita de un bebé que ocurre cuando duerme sin causa física que se conozca.

Solución electrólita – Un líquido especial que se usa para reemplazar ciertas sustancias importantes (electrolitos) que se han perdido por causa de una enfermedad, especialmente por causa de diarrea o vómitos.

Tráquea – Un pasaje en el cuello que lleva el aire desde la garganta hasta los pulmones.

Tronco – La parte principal del cuerpo, que no incluye la cabeza, cuello, brazos y piernas.

Tuberculosis – Una enfermedad grave de los pulmones.

Unidad de cuidado infantil especial (ISCU en inglés) – Una sección del hospital para el cuidado especial de un bebé.

Unidad de Terapia Intensiva Neonatal (NICU en inglés) – Una sección del hospital para bebés prematuros o aquellos con problemas médicos graves.

Vacunas – Sustancias que se dan para ayudar a una persona a que combata una enfermedad. La sustancia se da en una inyección o por la boca.

Vómito como proyectil – Un vómito fuerte, lanzado a dos o tres pies de distancia de la boca del bebé.

Yeso de cadera espica – Un yeso que se usa para separar bien las piernas del bebé, se usa para problemas congénitos de la cadera.

Registro Básico
de la Salud del Bebé

Nacimiento: Fecha _____   Hora _____

Lugar del nacimiento _____

Tipo de parto: Vaginal _____ Operación cesárea _____
   ¿Provocado? _____

Medicinas usadas durante el parto _____

¿Cuántas horas duró el trabajo del parto? _____

Comentarios sobre el nacimiento _____
_____
_____

Bebé: Peso _____   Largo _____
   Circunferencia de la cabeza _____

Tipo de sangre _____

Examen de sangre de recién nacido _____
   Segundo examen (si se hizo) _____

Revisión médica del oído _____

Examen para detectar plomo (a los 12 meses si el bebé
pudo haber sido expuesto) _____

Primera visita al dentista (inmediatamente después del
primer cumpleaños) _____

Alergias a medicinas _____

Alergias a alimentos _____

Vacunas hasta los 18 meses

Escribe la fecha de cada dosis: (para más información lee
la página 98)

(En años posteriores serán necesarias dosis adicionales o
refuerzos para ciertas vacunas)

DTaP	_____	_____	_____	_____
Hepatitis B	_____	_____	_____	_____
Hib	_____	_____	_____	_____
MMR	_____	_____	_____	_____
Polio (IPV)	_____	_____	_____	_____
PCV	_____	_____	_____	_____
Varicela	_____	_____	_____	_____
Otra _____	_____	_____	_____	_____

El Desarrollo de Tu Bebé

Tú disfrutarás al mirar las cosas nuevas que tu bebé aprende a hacer. Escribe la edad cuando ella empieza a hacer estas cosas. Más tarde podrás mirar hacia atrás y ver cuanto ella ha cambiado en un período corto de tiempo.

No todos los bebés aprenden una destreza nueva a la misma edad. La edad exacta cuando tu bebé hace algo nuevo es menos importante que el progreso que ella haga. Si piensas que tu bebé no está progresando, habla con su doctor o enfermera durante el siguiente examen.

En el primer mes (4 semanas):   **Edad (en semanas)**

Mira las caras de los padres   _____

Reacciona a sonidos (llorando, callándose)   _____

Otra   _____

A los dos meses (9 semanas):

Primera sonrisa   _____

Hace sonidos de estar contento   _____

Levanta la cabeza y pecho cuando está boca abajo   _____

Otra   _____

A los cuatro meses (17 semanas):

Reacciona a otros con risas, chillidos   _____

Sostiene la cabeza bien   _____

Se voltea (de adelante hacia atrás)   _____

Se estira para alcanzar los juguetes   _____

Otra   _____

A los seis meses (26 semanas):

Se sienta con apoyo   _____

Repite los sonidos: "ma-ma", "pa-pa"   _____

Pasa juguetes pequeños de una mano a otra   _____

Reacciona diferente con mamá y papá   _____

Por lo general le brota el primer diente   _____

Duerme toda la noche (8 horas o más)   _____

Otra   _____

A los nueve meses (39 semanas):   **Edad (en semanas)**

    Se sienta solo sin apoyo   _____

    Trata de pararse   _____

    Gatea   _____

    Tímida con personas extrañas   _____

    Señala con su dedo índice   _____

    Come por sí sola con los dedos   _____

    Entiende "no"   _____

    Sostiene y bebe de una taza   _____

    Otra   _____

A los doce meses (52 semanas):

    Se estira sola hasta pararse   _____

    Da sus primeros pasos solo   _____

    Juega los juegos como "¡Te veo!" "Tortillitas"   _____

    Busca juguetes caídos u otros objetos   _____

    Dice sus primeras palabras reales   _____

        lista: _____   _____   _____

    Come pedazos blandos de comida de mesa   _____

    Otra   _____

Durante el año siguiente   **Edad (meses)**

A la edad de dos (24 meses):

    Dice por lo menos 20 palabras   _____

    Usa dos palabras juntas   _____

    Hace una torre de 5 ó 6 bloquecitos   _____

    Come con una cuchara   _____

    Patea una pelota   _____

    Señala a objetos sencillos en un libro de dibujos   _____

    Abraza y besa a quienes le cuidan   _____

    Otra   _____

Registro de Enfermedades del Bebé y Operaciones

Problema	Edad	Tratamiento	Comentarios
Primer resfriado	_____	_____ _____ _____	_____ _____
Primer dolor de oído	_____	_____ _____ _____	_____ _____
Primera diarrea	_____	_____ _____ _____	_____ _____
Primer vómito	_____	_____ _____ _____	_____ _____

Otras enfermedades:	Edad	Tratamiento	Comentarios
_____	_____	_____	_____
		_____	_____
_____	_____	_____	_____
		_____	_____
_____	_____	_____	_____
		_____	_____
_____	_____	_____	_____
		_____	_____

Operaciones del bebé	Edad	Qué se hizo	Comentarios
_____	_____	_____	_____
		_____	_____
_____	_____	_____	_____
		_____	_____

Lactancia—los primeros días

Fecha	Tiempo	Minutos	
		1er pecho	2do pecho
_____	_____	_____	_____
_____	_____	_____	_____
_____	_____	_____	_____
_____	_____	_____	_____
_____	_____	_____	_____
_____	_____	_____	_____
_____	_____	_____	_____
_____	_____	_____	_____
_____	_____	_____	_____
_____	_____	_____	_____
_____	_____	_____	_____
_____	_____	_____	_____
_____	_____	_____	_____
_____	_____	_____	_____
_____	_____	_____	_____
_____	_____	_____	_____
_____	_____	_____	_____
_____	_____	_____	_____
_____	_____	_____	_____
_____	_____	_____	_____
_____	_____	_____	_____
_____	_____	_____	_____
_____	_____	_____	_____
_____	_____	_____	_____

Usa esta página para mantener el registro de lactancia de tu bebé durante los primeros días.

Si tienes preguntas o problemas graves sobre cómo amamantar, ¡llama ahora mismo! La mayoría de los problemas tienen soluciones fáciles con la ayuda de una especialista en lactancia o una madre con experiencia y que está dando el pecho.

Usa esta página para mantener el registro de las comidas de tu bebé durante los primeros días.

Las comidas con fórmula—los primeros días

Tipo de fórmula: _____

Tipo de chupón: _____

Fecha	Tiempo de la comida	Onzas tomadas
_____	_____	_____
_____	_____	_____
_____	_____	_____
_____	_____	_____
_____	_____	_____
_____	_____	_____
_____	_____	_____
_____	_____	_____
_____	_____	_____
_____	_____	_____
_____	_____	_____
_____	_____	_____
_____	_____	_____
_____	_____	_____
_____	_____	_____
_____	_____	_____
_____	_____	_____
_____	_____	_____
_____	_____	_____
_____	_____	_____
_____	_____	_____
_____	_____	_____
_____	_____	_____

Índice